古代歷史文化 研究輯刊

十七編

王明蓀 主編

第 **17** 冊

明清士紳家訓研究
（1368～1840年）（上）

王 瑜 著

國家圖書館出版品預行編目資料

明清士紳家訓研究（1368～1840 年）（上）／王瑜 著 — 初版
— 新北市：花木蘭文化出版社，2017〔民 106〕
目 4+158 面；19×26 公分
（古代歷史文化研究輯刊 十七編：第 17 冊）
ISBN 978-986-404-957-8（精裝）
1. 家訓
618   106001391

ISBN-978-986-404-957-8

古代歷史文化研究輯刊
十七編　第十七冊
　　　　　　　　　　　ISBN：978-986-404-957-8

明清士紳家訓研究（1368～1840 年）（上）

作　　者　王 瑜
主　　編　王明蓀
總 編 輯　杜潔祥
副總編輯　楊嘉樂
編　　輯　許郁翎、王筑　美術編輯　陳逸婷
出　　版　花木蘭文化出版社
社　　長　高小娟
聯絡地址　235 新北市中和區中安街七二號十三樓
　　　　　電話：02-2923-1455／傳眞：02-2923-1452
網　　址　http://www.huamulan.tw 信箱 hml 810518@gmail.com
印　　刷　普羅文化出版廣告事業
初　　版　2017 年 3 月
全書字數　287144 字
定　　價　十七編 34 冊（精裝）台幣 68,000 元

版權所有・請勿翻印

明清士紳家訓研究
（1368～1840年）（上）

王　瑜　著

作者簡介

王瑜，女，漢族，1969 年生於湖北十堰。獲華中師範大學歷史學博士學位。現爲廣東石油化工學院文法學院歷史系教師。主要研究方向爲文化史、家訓史。曾在《北方論叢》等刊物發表核心論文多篇。先後主持《明清官僚士大夫女訓文化研究》等省、市、校級多個課題。

提　　要

　　家訓是明清士紳實施家庭教育的重要途徑，尤以經濟文化發達、習文好學的江南地區爲重。他們普遍寄希望於家訓，將階層優勢和文化基因代代相傳，實現「修齊治平」的家國情懷。概言之，明清士紳家訓對男女規約各有側重：針對男性子弟，輒以治家、修身、治學爲主，強調內聖外王之道和治生隆家之策，體現程朱理學及科舉制度的要求；做順女、賢妻、孝媳、良母，則爲訓女核心要義，強調「三從四德」的修煉和相夫教子的擔當，凸顯男權社會中士紳階層對女性特有的規範約束。

　　明清士紳家訓特色鮮明。科舉取士標準使修身治學成家訓主旋律，而人口激增、求生謀食等現實又迫使他們不得不關注治生問題；國家意識形態的儒家化使儒家思想成爲家訓的精神內核，而宗法制的強化又使家訓在家人子弟面前呈現循序善誘和恩威並施兩幅面孔。明清士紳家訓還表現出強烈階層優越感：只有來自士紳家庭，男性才能心無旁騖地追求修身治學，女性才能責無旁貸地遵從「三從四德」、才更有學識和能力相夫教子。一方面，敦促子弟修身治家、努力向學以確保穩居社會中上層；另一方面，強調女性居於內、嚴男女之別、防內外之嫌等宗法理念，明清士紳得以進一步彰顯和維護階層優勢。

本書為廣東省哲學社會科學「十二五」規劃
2014 年度學科共建項目階段性成果
（立項批號 GD14XLS06）

目次

導　言

　　士紳是通過科舉考試獲得功名者，他們既包括在職的官員也包括退居的官員，既包括較高功名獲得者，也包括獲得較低功名者（如生員或秀才）。獲得功名使他們有別於普通百姓，他們屬於官方承認的受過教育的精英，儒家經典的習得使他們擁有異於常人的知識和品質。可以說，士紳是擁有道德和智力優勢有才能的男子，這種優勢使他們與「官」有千絲萬縷的聯繫——他們即將做官、正在做官或已經致仕；這種優勢使他們能夠得到許多常人沒有的特權，這種優勢也使他們更有條件完成儒家所倡導的「修齊治平」的人生規劃，實現「修齊治平」的個人－家庭－社會三位一體的家國情懷，將榮身、興家、治國、平天下有機地結合起來。明清時期，擁有士紳身份，就獲得能夠實現個人價值及社會價值的最佳可能。

　　明清士紳非常希望將其階層優勢及文化特長代代傳承。方法之一即是對子弟實施教育，而以家訓為重要途徑的家庭教育又是各類教育的肇始與發端，亦為其它教育的有益補充。基於儒家思想對男性和女性不同的性別價值觀和性別社會觀的規約，明清士紳在家訓中對男性和女性提出了不同的期許，他們希望男性向外發展，走內聖外王之道；而對於女性，則希望她們居於家內，修煉內斂、內傾、內縮等品質，做順女、賢妻、孝媳、良母。

　　針對男性子弟，明清士紳強調治家、修身、治學等教育內容。治家思想包括怎樣處理家庭人際關係的治人思想及怎樣獲得財富、管理財富、增加財富的治生思想。家庭人際關係中最基本的關係包括夫妻關係、父子關係和兄弟關係。此時由於家長制和宗族制的強化，使得尊卑、長幼、男女秩序的規定更加嚴苛，尊者、長者、男性的權利被進一步強化，而他們應盡的義務則

被弱化；相反，卑者、幼者、女性的義務則被強化，他們應享受的權利卻被邊緣化。彼時，人口的激增、商品經濟的發展、社會對貧窮現象的重新認識等一系列社會的、經濟的、文化的原因使得明清士紳在家訓中普遍論及治生問題。

強調修身是儒家以一貫之的主張，爲求外行王者之治，需內修聖人之道。受到處於至尊地位的理學思想的影響，明清士紳階層更加強調修身的重要性。另外，隨著科舉制度的日益「公平化」，單靠科舉考試，已不能完全凸顯士紳的階層優勢。也許經由科舉能一夜成名，但恰到好處的言行舉止等素養卻不能轉瞬速成，它們需要有錢、有閒階層假以時日、堅持不懈的修煉，這些素養正是士紳階層與普通百姓迥異之處。所以，爲了維護及彰顯本階層的優勢，明清士紳亦在家訓中大量論及修身思想。

由於教育及科舉考試的成功，士紳階層獲取許多政治的、經濟的、文化的顯性或隱性特權。但是，成也科舉，敗也科舉。科舉成，則特權生，科舉敗，則特權失。而讀書好壞又是科舉成功與否的關鍵，通過讀書學習走科舉入仕之路，於己、於家、於國不無裨益，且與儒家提倡的「內聖外王」若合符契，所以，勉勵子弟讀書學習，是明清士紳家訓中的普遍訴求。科舉取士的絕對標準又使得他們勉勵子弟讀書學習唯科舉是瞻，學習內容以四書五經爲準，強調早教、期待速成，則是科舉考試競爭激烈的投影。

傳統社會對男性和女性有不同的規約，具體到明清士紳家訓中，對女性有迥異於男性的以「三從四德」爲精神內核的訓誡。相較於其它角色來說，他們更希望女性能勝任賢妻良母的角色，關鍵時候要有襄助丈夫、教育子弟的擔當。她們雖然做的是修身齊家之事，但可以經由丈夫、兒子之手間接達到治國平天下的目的，對於治國平天下之事，她們間接「在場」同樣發揮著重要作用，並未缺席。這一時期，士紳家訓中的貞節思想也有強化的趨勢。女子保守貞節，既爲士紳家庭擇偶時待價而沽的資本，也凸顯出士紳家庭有別於普通家庭女性的階層優勢。爲日後能更好地擔當起相夫教子重任，明清士紳在家訓中普遍承認女子學習的重要意義，但詩詞歌賦因張揚個性、有礙女性內斂氣質的修煉，不利於相夫教子，妨礙治家修身，而受到明清士紳的普遍反對。

明清士紳通過家訓教育子弟，實際效果如何呢？安徽桐城張氏家族的成功證明了士紳階層實施家庭教育的成功。張氏家族門祚悠久，與有清一代相

始終，該家族獲得功名人數之衆、官居高位者之多、宦跡所歷之廣，均在當時或後來產生巨大影響。其成功的原因固然是多方面的，但張氏家族祖輩普遍重視家訓應是其中一個不容忽視的重要原因，張氏家族在家訓中尤爲重視治學之道、爲官之道、做人之道、治生之道。受到先輩的訓誡，張氏子弟在居家讀書、外出爲官、人際往來中表現特別，正是這些獨特之處，成就了張氏家族的成功。

　　明清士紳家訓具有鮮明的特色。第一，思想特色。受程朱理學及科舉取士的影響，修身治學成爲明清士紳家訓內容的主旋律；人口暴增、社會變遷等現實問題又迫使明清士紳普遍論及治生問題；國家意識形態的儒家化使儒家思想成爲士紳家訓的精神內核；而宗族制的強化，又使得士紳家訓表現出宗法性特點，時而溫情脈脈，時而面目猙獰。第二，階層特色。只有來自士紳階層家庭，男性才能專心致志地修身治學，女性才能責無旁貸地遵循「三從四德」、才擁有相夫教子的學識和能力。一方面敦促子弟注重修身、努力向學、積極進取；另一方面又通過強調女性居於內、嚴男女之別、防內外之嫌等宗法觀念，明清士紳得以彰顯及確保階層優勢。第三，地域特色。明清士紳家訓作者主要集中於經濟文化較發達、重視教育的蘇、浙、皖、閩、贛等南方地區，習文好學的江南地區則又屬其中翹楚。

　　對明清士紳家訓進行挖掘、梳理，揭示其與傳統文化的聯繫，探究其中反映的社會問題及明清士紳對家人應變這些社會問題的期待，將有助於加深對歷史進程的認識，也爲當今的文化建設提供有益借鑒。

緒　論

一、選題緣起及意義

在傳統宗法社會裏，家國是有機統一體。孟子曰：「人有恒言，皆曰天下國家，天下之本在國，國之本在家。」〔註1〕儒家先賢由「家國同構」衍生家國同治觀念。家庭就是一個小的國家，家擴大成國，國縮小為家。治家是治國的操練，家庭是治國能力的練兵場；治國是治家的目標，通過治國最終達到「平天下」的終極歸宿。「君子之事親孝，故忠可移於君；事兄悌，故順可移於長；居家理，故治可移於官。」〔註2〕成功的治家經驗推而廣之，可用於治理國家；在家盡孝，在國就會盡忠：「其為人也孝悌，而好犯上者，鮮矣。不好犯上，而好作亂者未之有也。」〔註3〕倘若家庭治理不好，怎能奢談治理國家？《大學》言：「所謂治國，必先齊其家者；其家不可教，而能教人者，無之，故君子不出而成教於國。」〔註4〕歷代統治者都清醒地認識到治家對治國所具有的輔助與基礎功能，他們將政治與倫理相結合，政治倫理化，倫理政治化，使二者成為不可分割的整體，以達到使國家長治久安的終極目的。

如果說家庭是社會的細胞，那麼個人則是家庭的細胞。傳統社會中的「人」不是真正獨立的「自由人」，他是家庭的「人」，家族的「人」，社會

〔註1〕《孟子・離婁上》，〔清〕阮元校刻：《十三經注疏》，中華書局1980年影印本。
〔註2〕《孝經・廣揚名》，〔清〕阮元校刻：《十三經注疏》，中華書局1980年影印本。
〔註3〕《論語・學而》，〔清〕阮元校刻：《十三經注疏》，中華書局1980年影印本。
〔註4〕《禮記・大學》，〔清〕阮元校刻：《十三經注疏》，中華書局1980年影印本。

的「人」，國家的「人」。家庭中某個子弟的成功不僅僅是他個人的成功，而是整個家庭、家族的成功，個體人生價值的實現，實際上就是整個家庭（族）社會價值的實現。家庭（族）要想綿延不絕，永保昌盛，實現社會價值的最大化，除了經濟的富裕、官運的亨通，最重要的則是家中子弟的賢能，如果家中子弟賢能，即使沒有亨通的官運、殷實的家境，也可以通過子弟的努力而獲得；反之，如果子弟不肖，即便擁有這一切，也可能會轉瞬即逝。可見，家中子弟賢能與否，與該家庭是否能夠瓜瓞綿綿息息相關。

除了先天應具備的基本素質外，子弟的賢能亦離不開後天的教育與引導。在傳統社會裏，學校教育不夠發達，家庭教育輒成為學校教育的有益補充。由於教育者和受教者之間特殊的親情關係，家庭教育場所的隨機性，教育方式的多樣性，家庭教育能夠發揮學校教育和社會教育難以發揮的特殊作用。「夫同言而信，信其所親；同命而行，行其所服。禁童子之暴謔，則師友之誠，不如傅婢之指揮；止凡人之鬥，則堯舜之道，不如寡妻之誨諭。」〔註5〕

在家人子弟由自然人轉化為社會人之前，為使其能夠立足於社會，每個家庭都極盡可能地對其進行全方位、多角度地教養化育。父母等家中長輩把其坎坷的人生閱歷和豐富的實踐經驗，經歷風風雨雨後的大徹大悟，往往以榮辱、血淚和生死為代價，凝聚成刻骨銘心的警言，用舐犢之情教育、告誡子女。與此同時，把符合社會主流意識形態的價值觀、道德觀、倫理觀、社會規範、生活常識等基本知識與技能通過家庭教育傳授給子女。

家訓則是家庭教育的重要形式。傳統社會的官僚士大夫乃至普通知識分子都非常重視對子孫後代的訓誡，他們或訴諸家訓專著，或表現為臨時臨事的隨機訓導，或撰寫富含親情的家書，或留下「其言也善」的臨終遺言等，通過各種方式教誨家人，以期家風不墜，家道昌隆。家訓通過通俗的說理，淺顯的比喻，精悍的警句等方式，「事取其平易而近人，理取其淺顯而易曉」，〔註6〕將高高在上、陽春白雪般僅在知識分子中傳播的儒家雅文化，轉換成淺顯易懂的俗文化，「即至村姑里婦未盡識字，而一門之內父兄子弟為之陳述故事、講說遺文，亦必有心領神會之處。」〔註7〕作為俗文化的家訓和作為雅文

〔註5〕〔北齊〕顏之推：《顏氏家訓集解·序致第一》，王利器集解，上海古籍出版社 1980 年版，第 19 頁。

〔註6〕〔清〕陳宏謀輯：《五種遺規》，《教女遺規·序》，1868 年湖文書局刻版。

〔註7〕〔清〕陳宏謀輯：《五種遺規》，《教女遺規·序》。

化的儒家聖賢典籍共同從各個方面對中國社會產生歷久不衰的影響，將中國傳統文化滲透進社會的各角落，為傳統文化的深入及下移打下了根深蒂固的基礎。

由於作者所處的時代背景、學識、家庭背景、職業、寫作風格等的不同，成就了家訓內容的豐富多彩、表現形式的靈活多樣。我們通過家訓可以瞭解相關時代的社會意識形態、經濟發展狀況、文化發展脈絡等。家訓既是時代的產物，也反映著時代的發展和變化。家訓亦因其獨特的功能而不斷規範著家中不同的性別角色。「這些記錄下來的規定是同一種風俗習慣的反映，也是當時社會生活中特定的行為和情感水平的見證。」〔註8〕對傳統社會中的家訓進行挖掘、梳理，揭示其與傳統文化的聯繫，探究其所反映的社會問題及長輩對子弟應變這些社會問題的期待，將有助於我們加深對歷史進程的認識；同時汲取家訓中有益的養分，為當今的文化建設提供良好的借鑒。

傳統家訓包括口耳相傳的家訓和訴諸文字記載的文獻，那些口耳相傳的家訓經過時間長河的沖刷，很少能夠流傳至今，成為今天家訓研究的一大損失，本文擬進行研究的家訓不包括這類口耳相傳的家訓。傳諸後世的文字家訓產生的前提就是其作者及其讀者都是具有一定文化素養、受過教育之人。在傳統社會早期，文化的權力掌控在帝王將相、官僚士大夫手中，而這一群體只占社會人口很少一部份，這就決定了家訓從其誕生之日起，只能掌握在一小部份中上層人手中，所以，早期的家訓只能是帝王家訓和官僚士大夫家訓。

隨著社會的發展，貴族壟斷教育機制被打破，科舉制度產生並逐步完善，印刷術發明及其廣泛應用，受教育群體隨之擴大，普通民眾的識字率普遍提高，家訓自社會上層漸趨下移，向中下層民眾開放。唐宋以後，尤其是明清時期，家訓的作者及受眾愈益移向普通民眾。但是由於普通民眾識字率參差不齊，為獲取更多的家訓受眾，為適應識字有限的家訓受眾，家訓必須更趨通俗化。結果，家訓的通俗化和家訓受眾之間就形成良性互動：家訓受眾學識的有限性迫使家訓作者將家訓寫得通俗易懂、深入淺出，而家訓的通俗性又使得家訓受眾日益廣泛，家訓所蘊含的傳統文化精粹也隨之普及到社會各角落。

自西漢董仲舒「罷黜百家，獨尊儒術」的建議被漢武帝採納後，西漢以降的歷朝歷代都將儒家思想奉為圭臬，儒家思想也由戰國時期的諸子百家思

〔註8〕〔德〕諾貝特・埃利亞斯（Norbert Elias）著：《文明的進程》，王配莉譯，北京三聯書店 1998 年版。

想之一，一躍成爲封建社會的主流思想，在某種程度上，儒家思想即爲傳統文化代名詞，家訓作爲世俗化的傳統文化，很大程度上也就是世俗化的儒家思想。由於其獨特的形式及內容，家訓對中國傳統的世俗社會起著儒家經典所難以企及的作用，家訓在世俗社會發揮著主要運用儒家思想規範人們思想和行爲的作用。

傳統家訓的發展大致經歷了以下幾個階段：以周公訓誡子侄家訓的出現標誌著家訓的萌芽，《尚書》、《史記》中記載有周公訓誡子侄的大量珍貴的史料，周公因此成爲我國傳統家訓的創始人；先秦、兩漢、三國時期家訓受到帝王和士大夫的重視，出現了大量的家訓，如東漢馬元的《誡兄姊馬彥、馬頓書》、班昭的《女誡》、三國時諸葛亮的《誡子書》等都屬於家訓中的名篇，這些家訓在家訓史上產生了深遠的影響。但是，魏晉以前的家訓只是就事論事，具有臨時性和隨機性的特點，家訓的表現形式還是單篇或隻言片語的訓示，不夠系統和全面，家訓的內容以引用儒家經典及對其進行闡釋來說明家訓作者的思想和意圖爲主，這時期的家訓發展還不夠健全。儘管如此，先秦至魏晉時期的家訓爲後世家訓的發展規定了大致方向和範圍，爲後世的家訓提供了有益借鑒。南北朝時期顏之推的《顏氏家訓》及唐太宗李世民的《帝範》從形式和理論上分別對士大夫和帝王家訓進行規範，它們分別代表士大夫家訓和帝王家訓的成熟著作，後世相關家訓都以此爲範，這兩部家訓的誕生亦標誌著兩晉到隋唐成爲我國傳統家訓成熟時期。及至宋朝，由於活字印刷術的發明及推廣，政府右文政策的推行等原因使得兩宋成爲我國傳統家訓的繁榮時期，這一時期的家訓代表作有北宋司馬光的《家範》、《涑水家儀》，南宋劉清之輯錄的家訓總集——《戒子通錄》，南宋袁采的《袁氏世範》等。

明清家訓是我國傳統家訓的鼎盛時期。明清既是我國傳統社會的末期，也是中國傳統文化的總結時期。由於統治者的首倡、商品經濟的發達、社會的變遷、科舉制度的成熟、文教事業的發展、活字印刷術的改進、書籍數量的激增、普通百姓識字率的提高等原因，使得明清時期成爲傳統家訓發展的鼎盛階段。與前朝相比，明清時期家訓著述現象更普遍，訓誡對象更普及，家訓著述數量繁多、內容廣泛、題材豐富、表現多樣，集結成書的家訓著作大爲增多。明清家訓的數量居傳統社會家訓之最，《中國叢書綜錄》中收錄從南北朝到明清的中國傳統家訓多達 117 種（其中不包括帝王對諸王子和公主的訓誡，也不包含家書、詩歌等文獻中訓誡子弟的內容），而這些家訓主要集中

於明清兩朝（明朝 28 種，清朝 61 種），明清家訓占整個傳統家訓的 76％強。明清時期還出現了許多家訓集，如陳宏謀輯錄的《五種遺規》中的《教女遺規》、《訓俗遺規》中的大部份內容，張師載輯錄的《課子隨筆鈔》6 卷，《古今圖書集成・明倫彙編・家範典》、《古今圖書集成・明倫彙編・閨媛典》中部份內容，清人王相輯錄的《女四書》、張承燮的《女兒書輯》等，其中《課子隨筆》收錄了歷代家訓 92 種，除漢唐時期的 6 種，宋元時期的 10 種外，其餘 76 種都屬明清時期的家訓；《叢書集成新編》收錄的 20 種家訓中，明清時期的占 14 種，占到其中的 70%。以上這些還僅僅是明清家訓滄海之一粟。除數量眾多外，明清時期，家訓的內容也更加全面、具體、操作性強，涉及到方方面面的內容；家訓的作者有帝王、士大夫、名士、普通士人、科學家、文學家、商賈等；家訓的文體也更加完備，所有這些現象無不印證明清兩朝為我國傳統社會家訓的鼎盛時期。

明清家訓包括帝王家訓、官僚士大夫家訓、商賈家訓、平民家訓等。不同層次的家訓有共同之處，如都涉及做人、治家、應世等內容。但是，各「家」之「訓」在價值取向、道德觀念、文化認同等方面又有各自不同的階層特色。也就是說，由於家訓作者的身份、職業、家境、學識等不同，使得此時家訓也表現出多元特色。明清家訓從內容到形式都表現出異彩紛呈、多姿多彩的特色。

但是，相對於家訓文化的繁盛，學術界對傳統家訓的研究卻大大滯後。到目前為止，筆者僅查閱到三部家訓著作：徐少錦、陳延斌所著《中國家訓史》〔註9〕、馬鏞的《中國家庭教育史》〔註10〕和王長金的《中國傳統家訓通論》〔註11〕。除此外，長期以來，學術界對傳統家訓的研究還處於收集資料、選注譯注、文獻引用等初級階段，是對傳統家訓的粗加工，還談不上進行了系統深入的理論研究，儘管如此，這為我們深入研究家訓還是起到了很好指導作用。

海外學者中日本學者比較關注中國的家訓研究，相關的研究論文及專著有：日本學者淺見政資的《家訓づくりのすすめ：あなたと家族に幸運をもたらす確實な方法》（2005），鍾清漢的《賢人家訓の人間學》（2004），鮫島

〔註 9〕徐少錦、陳延斌著：《中國家訓史》，陝西人民出版社 2003 年版。
〔註10〕馬鏞：《中國家庭教育史》，湖南教育出版社 1995 年版。
〔註11〕王長金：《中國傳統家訓通論》，吉林人民出版社，2005 年版。

敦的《老舖の訓人づくり》（2004），米村千代的《「家」の存続戰略：歷史社會學的考察》（1999）。

可喜的是，近來有一批在校博士生和碩士生敏銳地看到了傳統家訓研究不足，他們找到相關薄弱環節，並加以突破，寫出一些有份量的學位論文，爲本課題研究提供了有益的借鑒。其中博士論文如：南京師範大學 2004 屆閻續瑞的《漢唐之際帝王、士大夫家訓研究》，湖南師範大學 2004 屆周俊武的《激揚家生》，四川大學 2005 屆朱明勳的《中國傳統家訓研究》，福建師範大學 2007 屆陳志勇的《唐宋家訓研究》，雲南大學 2010 屆劉欣的《宋代家訓研究》，河北師範大學 2013 屆田雪的《〈顏氏家訓〉中的士族文化研究》。碩士論文有：河北師範大學 2002 屆李俊的《宋代家訓中的經濟觀念》，曲阜師範大學 2002 屆張亞寧的《論曾國藩的家庭教育思想》，華中師範大學 2002 屆趙振的《唐宋家訓研究》，湖南師範大學 2004 屆洪彩華的《論我國古代家訓在現代家庭道德建設中的價值》，福建師範大學 2004 屆陳志勇的《唐代家訓研究》，首都師範大學 2005 屆盧萬成的《〈顏氏家訓〉家庭思想教育研究及對當代的啓示》，南京師範大學 2008 屆楊夕的《劉清之及其〈戒子通錄〉研究》，南京師範大學 2011 屆梁加花的《魏晉南北朝家訓研究》，徐州師範大學 2011 屆王丹丹的《中國古代女訓中的女德研究──兼論當代女德建構及其教化》，山西師範大學 2013 屆宋海麗的《明代帝後編撰的女教書及其女教思想研究》，中央民族大學 2013 屆王冉的《〈女四書〉的女性倫理思想探析》，鄭州大學 2013 屆張靜的《先秦兩漢家訓研究》，安徽大學 2015 屆鍾華君的《清末民初徽州宗族家訓及其傳承研究》等。這些學位論文有些從通論的角度總述整個傳統時期的家訓文化，有些從斷代的角度分述相關時期的家訓特色。通論雖然全面，卻不夠深入；斷代論述則主要集中於明清以前的漢朝、魏晉南北朝、唐、宋等時期，對明清家訓研究則尚顯薄弱；有些是個案研究，但主要集中於顏之推的《顏氏家訓》和曾國藩的家訓。

筆者選取「明清紳士家訓研究」作爲論文題目，一是因爲明清以來士紳階層〔註 12〕是一個不容忽視的社會階層，他們在社會上發揮著極爲重要的作

〔註 12〕「紳士」一詞，在宋代早已出現，明代時使用不甚廣泛，到清代時，官箴書中開始大量出現。主要指居鄉和在任的官員以及取得功名者。二十世紀四十年代，國內學者如吳晗、費孝通、潘光旦等已開始研究中國傳統社會的紳士階層。吳晗認爲官僚、士大夫與紳士是名異實同的一類政治人物：「官僚、士大夫、紳士、知識分子，這四者實在是一個東西，雖然在不同的場合，同一

個人可能具有幾種身份，然而在本質上，到底還是一個。」費孝通則認爲紳士和士大夫的身份並不一樣，紳士是士，官僚是士大夫。（費孝通：《基層政權的僵化》，《費孝通選集》，北京：群言出版社，1999 年第 332 頁。）費孝通認爲：「紳士是退任的官僚或是官僚的親戚。他們在野，可是朝廷内有人。他們沒有政權，可是有勢力，勢力就是政治免疫性。」（《皇權與紳權》天津人民出版社 1988 年版，第 8 頁。）吳晗的看法略有不同，他認爲：「官僚、士大夫、紳士，是異名同體的政治動物，士大夫是綜合名詞，包括官僚、紳士兩專名……官僚是士大夫在官時候的稱呼，而紳士則是官僚的離職、退休、居鄉（當然居城也可以），以至未任官以前的稱呼。」（《皇權與紳權》天津人民出版社 1988 年版，第 49 頁。）

外國學者有稱「紳士」的，如張仲禮、有稱「士紳」的如瞿同祖、有稱「地方精英」的如或「名流」如孔飛力。張仲禮習慣於用「紳士」，他主張無論是通過科舉「正途」，還是捐納「異途」，只要取得功名，都屬於「紳士」。紳士可分爲上層、下層兩個集團，下層集團包括生員、捐監生以及其它一些有較低功名的人；上層集團則由學銜較高的以及擁有官職的人組成（張仲禮：《中國紳士——關於其在 19 世紀中國社會中作用的研究》，上海社會科學院出版社 1998 年版，第 1～4 頁。）瞿同祖習慣於稱「士紳」，他把「士紳」稱爲「地方精英」（local elite），它認爲清代的士紳階層由兩部份組成（1）官員，：包括現職、退休罷黜的官員；（2）有功名（或學銜者），包括文武進士，文武舉人，貢生，監生，文武生員。（瞿同祖：《清代地方政府》，范忠信、晏鋒譯，法律出版社，2003 年版第 288～289 頁）。美國本土學者孔飛力採用了「名流」的稱呼，並按照勢力大小和影響範圍，將「名流」分爲三個層次，即（1）全國性名流，「其影響超越了他們出身的地區、其社會關係達於國家政治生活頂層的那一部份人」；（2）省區名流，他們「和前一部份人有密切聯繫，但其勢力和影響限制在較窄的範圍内」；（3）地方名流，「缺乏前兩部份人的社會特權和有力的社會關係，但仍然可以在鄉村和集鎮的社會中行使不可忽視的權力」（孔飛力：《中華帝國晚期的叛亂及其敵人：1796～1864 年的軍事化與社會結構》，謝亮生等譯，中國社會科學出版社 1990 年版，第 4 頁。）生員和監生「都被看作待用的官吏」，因而只能歸屬「地方名流」。費正清對紳士界定的範圍進一步擴大。他認爲，「中國的紳士只能按經濟和政治的雙重意義來理解，因爲他們是同擁有地產和官職的情況相聯繫的」。狹義的士紳是通過考試和捐納取得功名的個人，而廣義的士紳則是「一群家族」，因爲「作爲個人的士紳是公家官員，掌管政治和行政事務。但他們也是處在家族關係中的成員，並依靠家族關係來維持他們的生計」。「在農民大眾眼裏，士紳還包括大地主，這是統治階級的經濟基礎。」（費正清：《美國與中國》，張理京譯，世界知識出版社 1999 年版，第 33 頁。）

學者們用「紳士」和「士紳」來指稱同一對象，但對於它們到底包括那些對象卻存在爭議。學者們在「紳士」和「士紳」包括有功名者和退居的官員這兩點上達成了共識，但是至於是否包括在職官員的問題上卻有爭議。本文采取較寬泛的「士紳」概念，它既包括在職的官員也包括退居的官員，它既包括較高功名獲得者，也包括獲得較低功名者（如生員或秀才）但是，不包括他們家族中的人。隨著 1905 年科舉制度的廢除，士紳這一特殊的群體也隨之

用，也受到學界的高度關注，近年來，學界有關士紳階層的論述已有大量的成熟著述出版，〔註 13〕但大多集中在士紳階層在政治上的作用、士紳與地方社會的關係等方面，對於士紳階層在文化上所作所爲的研究，則集中於他們在家外的作爲，如參與地方事務中的集資辦學、興辦書院等方面，而對他們在家內實施家庭教育方面的探討，則比較欠缺。二是相較於明清家訓在家訓史上處於鼎盛期的重要地位相比，學界對明清家訓的研究則相對滯後，相關研究論文數量並不多，質量上乘的佳作更屬罕見，與其屬於鼎盛期的家訓地位極不匹配。三是對明清家訓進行分階層研究付之闕如，明清士紳家訓研究是一個較新的方向。四是家訓的研究既有重要的學術價值又有積極的現實意義，任何社會都不能與傳統文化隔離，任何社會的發展都離不開對傳統文化中有益成分的合理吸收及有效轉換，傳統家訓中的精華需要我們繼承與發揚，以推動當今文化建設。選擇有代表性的明清士紳家訓與年譜、筆記、文集、傳記、史書等文獻相結合，對明清士紳家訓進行多角度分析，並在此基礎上對其中的思想內涵及特點給予科學總結，將會是一件很有意義的事情。

二、研究前史和現狀

對傳統家訓的研究，從清末到民國直至上世紀八十年代以前還處於著述及輯錄家訓階段，對其進行系統深入的研究，尚屬空白。上世紀八十年代以後出現較多研究成果。

1. 20 世紀 90 年代以前

民國以前，還處於家訓創作與輯錄階段，論述家訓的文章，尚付闕如。從清末到建國前，國內外有關家訓的研究筆者只看到一篇，即由知堂發表於1936 年 1 月 27 日《北平晨報學園》總第 899 期的《關於家訓》一文。可以說，此時，家訓研究幾近空白。此後很長一段時間內，由於社會的劇烈變動，學術研究尤其是家訓的研究嚴重受阻，止步不前。

20 世紀 70 年代，與家訓有關的研究開始出現，這時的研究還是政治輿論

演變爲精英階層，他們既包括在朝官員，也包括在地方上擁有財富和一定名望的人。但本文的研究範圍僅止於 1840 年。

〔註 13〕如費孝通著《中國紳士》，余英時著《士與中國文化》、張仲禮著《中國紳士》及《中國紳士的收入》，陳寶良著《明代儒學生員與地方社會》、王先明著《近代紳士：一個封建階層的歷史命運》等。

附屬品，並未客觀公允地對待傳統家訓。20 世紀 80 年代以來，隨著思想的解放，「以階級鬥爭爲綱」的史學框架被打破，史學研究逐漸活躍起來，傳統文化的研究也開始受到重視，家訓研究也逐漸受到學界關注，但與家訓有關的著述還處於編寫、輯錄、注釋等階段，如《家訓輯覽》〔註14〕、《歷代家訓選注》〔註15〕、《歷代家訓選》〔註16〕等，尚未出現家訓方面的研究專著。不過，此時質量上乘的論文開始出現，如談敏的《歷代封建家訓中的經濟要素》（《中國史研究》，1986 年第 2 期）。總的來說，此時家訓研究還屬起步階段，沒有專著，研究論文比較稀少，研究範圍比較狹窄。

2. 20 世紀 90 年代至今

　　此時，家訓的研究朝著廣度和深度邁入，內容涉及到傳統家訓的方方面面，有總論，有分述；有宏大敘事，有微觀研究。概言之，研究的重點主要集中於兩方面，一是專注於傳統家訓的通論，二是專注於個別家訓的個案研究。學術界對家訓還談不上是進行了系統而深入的理論研究。

　　此時，關於中國家訓的研究專著開始出現，如馬鏞著《中國家庭教育史》〔註17〕、徐少錦、陳延斌著《中國家訓史》〔註18〕、王長金著《中國傳統家訓通論》〔註19〕。在文獻整理方面，拓荒性的家庭教育著述——《中國家庭教育史》爲我們研究傳統家訓提供了有益借鑒。《中國家訓史》是從通史的角度對傳統家訓作梳理，該書將中國傳統家訓分爲以下幾個階段：產生時期——先秦家訓、定型時期——兩漢三國家訓、成熟時期——兩晉至隋唐時期、繁榮時期——宋元家訓、鼎盛到衰落時期——明清家訓。《中國家訓史》對中國傳統家訓做出規律性的總結，爲我們研究傳統家訓提供了一個很好的模板，爲以後的研究工作提供極大的便利和指導，指引著我們將研究推向深入。王長金的《中國傳統家訓通論》，以通論的形式對傳統家訓進行了歸納和總結，爲我們從宏觀上把握傳統家訓，起到了一定的指導作用。

　　這一時期，家訓的輯錄著述更爲增多，如《歷代名人家訓》〔註20〕、《中

〔註14〕張豔國等編：《家訓輯覽》，廣西人民出版社 1988 年版。

〔註15〕史孝貴主編：《歷代家訓選注》，華東師範大學出版社 1988 年版。

〔註16〕楊知秋選注：《歷代家訓選》，華東師範大學出版社 1988 年版。

〔註17〕馬鏞：《中國家庭教育史》，湖南教育出版社 1995 年版。

〔註18〕徐少錦、陳延斌：《中國家訓史》。

〔註19〕王長金：《中國傳統家訓通論》，吉林人民出版社 2005 年版。

〔註20〕喻岳衡編：《歷代名人家訓》，嶽麓書社 1991 年版。

國歷代家訓大觀》〔註21〕、《今古家訓禮儀千則》〔註22〕《中國家訓：修身‧治家‧處世》〔註23〕、《中國家訓經典》〔註24〕、《中國歷代家訓大觀》〔註25〕、《家訓經典》〔註26〕等，這些著作屬於對傳統家訓的選編、編譯、編注等，是對傳統家訓進行收集整理的粗加工。

在研究論文方面，有從文化學的角度論述傳統家訓：如張豔國的《簡論中國傳統家訓的文化學意義》（《中州學刊》1991 年第 5 期）；馬玉山的《「家訓」「家誡」的盛行與儒學的普及傳播》（《孔子研究》1993 年第 4 期）；李景文的《中國古代家訓文化透視》（《河南大學學報》社會科學版 1998 第 6 期）；王旭玲的《中國傳統家訓文化的現代思考》（《東嶽論叢》2003 年第 4 期）；閻續瑞的《從魏晉南北朝文人家訓看其理想人格的建構與實踐》（《河南師範大學學報》哲學社會科學版 2004 年第 2 期）；程時用的《六朝家訓的文化闡釋》（《太原師範學院學報》社會科學版 2008 年第 4 期）；趙小華的《論唐代家訓文化及其文學意義──以初盛唐士大夫爲中心的考察》（《貴州社會科學》2010 年第 7 期）；曹雪的《魏晉家訓中的節儉觀念述論》（《滄桑》2014 年第 4 期）；王永芳的《家訓文化與社會主流文化的相互影響──基於同期群效應模型的分析》（《燕山大學學報》哲學社會科學版 2016 年第 2 期）。

有的偏重於從德育和倫理學角度闡釋傳統家訓。如雷立成的《傳統家訓德教理念結構及現實意義》（《船山學刊》2001 年第 4 期）這篇文章從道德教育切入，對整個傳統社會的家訓進行整體考察，分析出傳統道德教育的內涵及其現實意義，以期爲現實社會的道德教育服務。其它如段文閣的《古代家訓中的家庭德育思想初探》（《齊魯學刊》2003 年第 4 期）；張愛梅的《古代家教的德育內涵縷述》（《金陵職業大學學報》2003 年第 4 期）；郝玉明的《家訓文化與當代大學生道德觀之養成》（《韶關學院學報》2008 年第 4 期）；趙璐等的《重義輕利：中國傳統家訓族規教化的價值選擇》（《晉中學院學報》2008 年第 4 期）；巴永貴的《論宋代家訓對家庭道德教育的影響》（《當代教育論壇‧

〔註21〕尚詩公主編：《中國歷代家訓大觀》，文匯出版社 1992 年版。
〔註22〕王志榮編：《今古家訓禮儀千則》，北京廣播學院出版社 1992 年版。
〔註23〕周文復編：《中國家訓：修身‧治家‧處世》，廣東教育出版社 1991 年版。
〔註24〕翟博主編：《中國家訓經典》，海南出版社 2002 年版。
〔註25〕周秀才等編：中國歷代家訓大觀》，大連出版社 1997 年版。
〔註26〕宗豪編：《家訓經典》，海天出版社 1997 年版。

管理研究》2010 年第 5 期）；洪明的《簡析家訓在當代社會建設中的道德教育功能》（《天津社會科學》2010 年第 4 期）；俞佳奇的《中國傳統家訓的德育功能研究》（《南方論刊》2016 年第 1 期）。

有以個案研究的形式分析傳統家訓的。如沈時蓉的《論劉清之和他的〈誡子通錄〉》（《四川師範大學學報》1995 年第 2 期）；徐少錦的《〈戰國策〉中的家訓思想》（《南京師範專科學校學報》1999 年第 3 期）；陳延斌的《論司馬光的家訓及其教化特色》（《南京師大學報》社會科學版 2001 年第 4 期）；趙忠祥、方海茹的《〈袁氏世範〉的家庭教育思想及現代價值》（《河北師範大學學報》教育科學版 2005 年第 1 期 ）；楊建宏的《論宋代家訓家範與民間社會控制》（《船山學刊》2005 年第 1 期）；李宏勇等的《淺析司馬光家訓中的治家思想》（《運城學院學報》2008 年第 4 期）；蔣明宏的《清代蘇南家訓及其特色初探》（《社會科學戰線》2010 年第 4 期）；胥文玲的《明清閩北家訓的教育思想及現代啓示》（《東南學術》2014 年第 5 期）；陳振興的《家訓：親情的文化傳承──以甘肅洮州包氏〈家訓韻語〉爲例》（《社科縱橫》2014 年第 1 期）；王海鵬等的《論清代山東棲霞牟氏家族的家訓與家風》（《魯東大學學報》哲學社會科學版 2015 年第 6 期）；田麗的《傳統文化的瑰寶──韓城民間家訓探究》（《當代圖書館》2015 年第 4 期）；阮錫安的《淺談阮元的家訓特色及其現實意義》（《揚州教育學院學報》2016 年第 1 期）。

個案研究中，最受重視的家訓作者當屬北齊顏之推和清代的曾國藩。北齊顏之推撰寫的《顏氏家訓》作爲中國士大夫訓誡子孫的家訓成熟之作，向來是學界研究的重點。該書較全面展示了顏之推飽經亂世憂患後的人生閱歷和思想風貌，反映了他對人情世風、文化學術的深刻反思和獨到見解，是一部流傳廣、影響深的家訓名著。長期以來，國內外不同學術領域的學者對《顏氏家訓》一書展開了卓有成效的整理和研究。有從整體角度進行鳥瞰式研究，有就個別篇章進行個案分析，諸如此類對《顏氏家訓》進行多方位解剖的研究，爲後人研究提供了有益的借鑒。其中比較著名的有：陳東霞的《試論〈顏氏家訓〉中的儒家思想》（《東嶽論叢》1999 年第 3 期）；尹旦平的《〈顏氏家訓〉的道德教育思想》（《江漢論壇》2000 年第 1 期）；錢國旗的《〈顏氏家訓〉及其文學史意義》（《青島大學師範學院學報》2002 年第 6 期）；張白茹、李必友的《魏晉南北朝家誡論略》（《安徽史學》2002 年第 3 期）；張學智的《〈顏氏家訓〉與現代家庭倫理》（《中國哲學史》2003 年第 2 期）；張海豔的《〈顏

氏家訓〉文史哲研究的文獻價值》（《重慶教育學院學報》2009 年第 5 期）；祿
曉平的《教育學視野中的〈顏氏家訓·教子〉》（《赤峰學院學報》漢文哲學社
會科學版 2011 年第 5 期）；李映紅等的《〈顏氏家訓·勉學〉論學習及其現代
意蘊》（《大學教育科學》2013 年第 3 期）；蔣明宏等的《〈顏氏家訓〉中的藝
術教育思想》（《重慶社會科學》2014 年第 4 期）；雷傳平等的《由〈顏氏家訓〉
解讀顏之推「儒釋道」三教兼容思想》（《東嶽論叢》2015 年第 11 期）；陸晴
晴的《〈家誡〉和〈顏氏家訓〉對儒家思想的相合與游離》（《遼東學院學報》
2015 年第 4 期）。

曾國藩家訓思想是學界研究的另一個重點。如孫理興的《曾國藩治家倫
理思想探析》（《齊魯學刊》2000 年第 2 期）；戴素芳的《曾國藩的家訓倫理思
想探略》（《湘潭師範學院學報》2000 年第 4 期）；戴素芳的《論曾國藩家訓倫
理思想及其現代意義》（《倫理學研究》2003 年第 5 期）；朱明勳的《論曾國藩
的家訓思想》（《西南交通大學學報》社會科學版 2007 年第 6 期）；程志強的
《對曾國藩家訓中的中國傳統德育觀念價值探究》（《蘭臺世界》2013 年第 12
期）；徐雷等的《曾氏家訓對曾國藩理學思想形成的影響》（《湖南人文科技學
院學報》2014 年第 1 期）等等，這些研究主要對曾國藩的讀書、治家、為人
等家訓思想進行了較為深入的研究。

有的從通論角度對傳統家訓進行解剖。如曾凡貞的《傳統家訓及其現代
意義》（《廣西師範大學學報》哲學社會科學版 1998 年第 4 期）；劉劍康的《論
中國家訓的起源──兼論儒學與傳統家訓的關係》（《求索》2000 年第 2 期）；
佘雙好的《我國古代家庭教育優良傳統和方法探析──從家訓看我國古代家
庭教育傳統和方法》（《武漢大學學報》社會科學版 2001 年第 1 期）；劉春梅
的《歷代家訓與古代家庭教育的價值取向》（《河南師範大學學報》哲學社會
科學版 2002 年第 4 期）；郭長華的《傳統家訓的治家之道及其現實價值》（《北
方交通大學學報》社會科學版 2003 年第 3 期）；林慶的《家訓的起源和功能
──兼論家訓對中國傳統政治文化的影響》（《雲南民族大學學報》哲學社會
科學版 2004 年第 3 期）；王長金的《論傳統家訓的家庭發展觀》（《浙江社會
科學》2005 年第 2 期）、《傳統家訓的環境倫理教育》（《北京林業大學學報》
社會科學版 2005 年第 2 期）；趙金龍的《傳統家訓中的家訓消費觀》（《遼寧
教育行政學院學報》2008 年第 5 期）；程時用的《歷代帝王與我國傳統家訓
的發展》（《河南社會科學》2010 年第 2 期）；朱紅莉的《中國傳統「家訓」

的思想內涵和當代啓示》(《成人教育》2014 年第 11 期);孟美菊等的《經濟與倫理張力下的古代家訓「治生」理念與行爲》(《雲南大學學報》2015 年第 1 期;李綴的《中國古代家訓存續的合理性及其現代建構》(《佳木斯大學社會科學學報》2016 年第 2 期)。

傳統家訓中的商賈家訓與治生之學也引起了學界的關注。如徐少錦的《中國古代商賈家訓探析》(《齊齊哈爾師範學院學報》1998 第 1 期);吳傳清的《中國傳統家訓文化視野中的治生之學 —— 立足於封建士大夫家訓文獻的考察》(《中南民族學院學報》人文社會科學版 2000 年第 1 期);王世光的《清儒治生觀念芻議》(《雲南社會科學》2002 年第 4 期);宋軍風的《唐代商人家庭教育述論》(煙臺師範學院學報(哲學社會科學版)2004 年第 1 期);程永明的《日本商家家訓的基本特徵及其歷史評價》(《日本學論壇》2007 年第 4 期);姜素賢的《晉商常家的家訓及其啓示》(《晉中學院學報》2010 年第 1 期);徐永斌的《明清時期文人的治生觀念》(《中國文化研究》2011 年第 4 期);徐永斌的《張履祥的治生之路及治生觀》(《中國文化研究》2014 年第 2 期);孟羽中的《明末士子的治生與謀道》(《蘇州科技學院學報》社會科學版 2015 年第 2 期)。

近年來,隨著對女性史研究的重視,學界對女訓的研究也日益深入。蕭群忠的《中國傳統女性道德觀述評 ——〈女誡〉〈女論語〉〈女兒經〉研究》(《甘肅社會科學》1990 年第 5 期);沈時蓉、劉瑩的《中國傳統女訓的當代審視 —— 以班昭〈女誡〉爲例》(《四川師範學院學報》哲學社會科學版 2001 年第 5 期);楊小敏的《〈女論語〉與唐代後期知識女性的家庭倫理思想初探》(《甘肅社會科學》2003 年第 2 期);胡捷的《試論東漢班昭的婦女價值觀》(《株洲師範高等專科學校學報》2004 年第 1 期);蘇萍的《班昭〈女誡〉的教育思想探析》(《婦女研究論叢》2005 年第 1 期);高世瑜的《宋氏姐妹與〈女論語〉論析 —— 兼及古代女教的平民化趨勢》〔註27〕;另有臺灣學者黃嫣梨的《〈女孝經〉與〈女論語〉》〔註28〕;臺灣學者劉靜貞的《宋本〈烈女傳〉的編校及其時代 —— 文本、知識、性別》〔註29〕;郭多勇的《從〈女誡〉看

〔註27〕鄧小南主編:《唐宋女性與社會》上冊,上海辭書出版社 2003 年版,下引同。
〔註28〕鄧小南主編:《唐宋女性與社會》上冊。
〔註29〕鄧小南主編:《唐宋女性與社會》上冊。

古代婦女對男權的認同和內化》（《石河子大學學報》哲學社會科學版 2007年第 6 期）；鞠春彥的《從女訓看倫理與生存選擇》（《蘭州學刊》2007 年第9 期）；劉欣的《略論宋代家訓中的女教》（《中華女子學院學報》2009 年第 10期），龍文展的《性別與規範──〈戒子通錄〉的母訓女教、內容解讀》（《湖北第二師範學院學報》2014 年第 12 期）；曾禮軍的《清代女性戒子詩的母教特徵與文學意義》（《文學遺產》2015 年第 2 期）。海外學者中日本學者對中國傳統家訓尤其是女訓比較關注。日本學者對中國家訓的研究論文有：山崎純一的《關於唐代兩部女訓書〈女論語〉、〈女孝經〉的基礎研究》〔註 30〕；山崎純一的《唐代女訓書二點〈女論語〉〈女孝經〉考》〔註 31〕；山崎純一的《從教育觀點看中國女性史資料的研究──〈女四書〉和〈新婦譜三部書〉》〔註32〕、《曹大姑〈女誡〉與撰者班昭──東漢時代誡女之成立與發展》〔註 33〕。

　　綜上，自上世紀 90 年代以來，大陸學者對傳統家訓的研究重點主要集中在《顏氏家訓》、曾國藩的家訓等個案研究以及傳統家訓的通論等方面，研究的時段則主要集中於漢朝、魏晉、唐宋等朝代。女訓則集中在漢代班昭的《女誡》，唐代宋氏姐妹的《女論語》等。研究方法主要是教育學和倫理學方法。而對在中國傳統家訓中佔據數量優勢、家訓內容廣泛優勢和訓誡對象普及優勢的明清家訓研究卻相對比較薄弱，這一時期除了曾國藩的家訓成為學界研究重點外，明清時期其它家訓都未引起應有的重視。港臺及海外學者對中國家訓的研究，主要集中在日本和臺灣研究者身上，他們也主要側重於中國傳統女訓的通論研究，對於明清家訓的分層、分時段研究尚未引起足夠重視。總之，關於傳統家訓的研究，近年來取得了一些成績，但是對其研究尚顯薄弱，研究的視角需要轉換，研究的理論需要深入，研究方法需要多樣化。

　　綜觀以上研究現狀，中國傳統家訓的研究給我們一下啟示：

　　第一，研究的時段需要拓展。已有的研究成果主要集中在概述和通論上，斷代的分階段研究主要集中於漢、魏晉、唐、宋階段，與對漢朝、魏晉和唐

〔註 30〕 鄧小南主編：《唐宋女性與社會》上冊。

〔註 31〕 〔日〕櫻美林大學：《中國文學論叢》第 7 號，1979 年版，轉引自李小南主編：《唐宋女性與社會》上冊。

〔註 32〕 〔日〕日本出版社明治書院，1986 年版──轉引自《唐宋女性與社會》上冊。

〔註 33〕 〔日〕櫻美林大學：《中國文學論叢》第 21 號，1996 年版，轉引自李小南主編：《唐宋女性與社會》上冊。

宋時期家訓研究的熱鬧和喧囂相比，對明清時期的家訓進行系統和深入的研究則相對比較薄弱和冷清。

　　第二，研究的角度需要多樣。一些通論中對明清家訓進行了粗線條梳理，但屬泛泛介紹，缺少細緻深入的著述。缺少從文化史、社會史、性別史的角度對明清家訓進行綜合研究。本文擬從士紳家訓這一文化視角切入，與相關研究進行對話，對相關理論、論斷進行證實、修正和補充。

　　第三，研究的對象需要歸類。明清家訓與其它朝代家訓一樣，有帝王士大夫家訓，有商人家訓，有普通士人家訓，怎樣對這些家訓進行歸類，分析其中某一階層的家訓特點、形成原因、主要內容、歷史地位、與相關家訓的比較等，以透視相關時段的政治、經濟及文化，同樣顯得舉足輕重。

三、選題結構、史料、方法及創新

1. 結　構

　　葛兆光教授指出，清代士人的話語出現分裂：在公眾社會中使用的是「社會話語」，它是一本正經的，未必發自內心但人人會說的話語，尤其通行在官場、文書、禮儀、社交等場合；一種是在學術圈子裏使用的「學術話語」，它是以知識的準確和淵博為標準，只在少數學者之間通行，由於它的使用，這些學術精英彼此認同，彼此溝通，但它並不是一個流行的話語；還有一種是在家庭、友人之間使用的「私人話語」，它是呢喃私語或淺斟低唱，人人會說但不宜公開，滿足心靈卻不可通行，最多行之詩詞。其中空洞而終極的道德說教儘管已經成了反覆絮叨的、令人乏味的車軲轆話語，但正是這種反覆地絮叨卻使它成了一種司空見慣日用不知的當然，這種道德說教一方面滲入生活，一方面憑藉權力，成了一種「社會話語」，人們在公開場合、在流通的文字中總是使用這種類似於社論或報告式的「社會話語」。〔註34〕有意思的是，我們在把梳明清士紳家訓時卻發現，在本應屬於「私人話語」的家訓中，清代士紳更多的使用的卻是「社會話語」。也就是葛氏所說的他們反覆絮叨的、令人乏味的車軲轆話語是道德說教，為何在本應是「私人話語」出現的地方卻頻繁使用「社會話語」？究其原因，是因為明清時期，以道德說教為特色的理學已經成了國家主流意識形態和思想，科舉考試、學校教育都是以此為

〔註34〕葛兆光：《中國思想史》第 2 卷，復旦大學出版社 2001 年版，第 397～398 頁。

藍本，說到底，明清士紳是既得利益者，他們一般情況下是維護國家統治的，在訓誡家人子弟的家訓中，明清士紳的話語是與國家通用的「社會話語」一致的，修身養德、讀書做人、爲人處世是其不變的主題與永恒的話題。正如黃仁宇先生所說：「孔子所提倡的自身之約束，待人之寬厚，人本主義之精神，家人親族的團結，和禮儀上之周到等等全部構成官僚集團行動上的規範。」〔註35〕這些不但是官僚集團也是其它士人自律的主要內容，也成了他們訓誡家人子弟的規範。

本文共分六章，其中前三章主要闡釋明清士紳針對家中男子進行的治家、修身、治學的訓誡。

儒家文化給士人設計的人生發展軌跡是格物→致知→誠意→正心→修身→齊家→治國→平天下，深受儒家文化濡染的明清士紳同樣將其作爲子孫後代人生發展宏圖，他們將治家作爲治國平天下的基礎與先決條件，把治家作爲治國和平天下的準備與訓練，正因如此，明清士紳均將治家作爲一項重要內容來訓誡子弟。

第一章分析明清士紳家訓中的治家思想，其中包括家庭人際關係的處理和家庭事務的處理，簡言之，即治人和治事思想。明清時期，家庭中最重要的人際關係是夫妻關係、父子（長幼）關係和兄弟關係，在這些人際關係中，一如傳統社會的其它時代，明清士紳依然以儒家思想爲指導，同樣強調夫婦和順、父子有親、兄弟和睦，但由於父權家長制、宗法制有強化的趨勢，明清士紳在家訓中將尊者、長者、男性等對象的權力繼續強化，尊者、長者、男性更多的是享受權利而較少甚至不盡義務，而卑者、幼者、女性更多的是承擔義務而很少享受甚至沒有享受權利，進一步彰顯出明清時期男權至上、宗法性加強等特點。

家庭事務的處理中，強調治生是明清士紳家訓的一大特色。治生思想最早出現於宋代家訓中，明清時期，士紳家訓中的治生思想趨於成熟。儒家思想認爲，士人是「謀道」不「謀食」的，他們奉行「學也祿在其中」的價值觀，貶斥、反對從事工商等「謀食」做法，將「謀道」作爲其唯一的人生追求。但是，和同處科舉時代的宋朝相比，明清時期，隨著人口暴增，生員人數也隨之同比增加，而社會能夠提供的官職並未與士紳階層的人數同步增長，結果導致下層士紳人數日趨增多。據學者研究，明代「從生員開始，到

〔註35〕黃仁宇：《中國大歷史》，三聯書店 2004 年版，第 43 頁。

成為進士，只有三千分之一的機會。」〔註36〕清代依然沒有改觀，底層士紳面臨嚴峻的生存困境。這一時期，貧窮也不再是中性詞而成為貶義詞，貧窮之人的道德也受到世人懷疑，加之繁榮的商業給士紳階層所帶來的衝擊，為求能夠仰事俯育，解決基本的生存問題，明清士紳將「謀食」作為「謀道」的前提與先決條件，治生思想成為明清士紳治家思想中的一個重要組成部份，成為訓誡子弟安身立命的重要前提，這是明清士紳家庭事務治理中的一大重要特色。

　　第二章分析明清士紳家訓中的修身思想。士紳階層和商賈等其它階層的一個突出區別即是士紳階層深受儒家文化的濡染更加深刻，他們更加認識到「謀道」的責無旁貸的意義，但若要擁有「謀道」本領，必須內修聖人之治，「內聖」亦是「外王」的基礎與先決條件，基於此，明清士紳在家訓中大量談及修身問題。修身思想原為儒家以一貫之的恒久主題，在歷代家訓中，修身一直受到士人重視，明清時期，由於理學所處的壟斷地位，士紳階層更進一步強化修身的重要性。科舉制度的相對公平性，使得「田舍郎」也隨時可能登上「天子堂」，士紳階層愈益感受到來自其它階層的挑戰，但是，優雅的談吐、得體的舉止卻需假以時日的打造，於是，歷經時間洗禮的這些言行舉止，成為士紳階層孜孜以求的與普通百姓區別開來的重要標誌。本著儒家內聖外王思想和凸現士紳階層優勢的目的，明清士紳在家訓中更詳備地論及修身問題。

　　第三章分析明清士紳家訓中的治學思想。士紳階層突出特點之一即為文化優勢，他們是科舉制度的既得利益者，讀書應舉將個人、家庭、國家三方利益緊密聯繫起來。「做官對古代中國讀書人來說，是唯一的社會出路。從國家來說，這是為國選材，從個人來說，就是實現了個人的人生價值，做官有社會地位，也有錢，是一條名利雙收的道路。因而，一個人、一個家庭、一個家族，對科舉之士寄予了很高的期望。」〔註37〕走科舉之路的人生追求需要勤奮讀書、積極學習，故而，明清士紳在家訓中將訓子讀書學習作為重要內容，科舉競爭的激烈性又使得他們在家訓中特別強調讀書治學的方法與技巧，期望子弟能夠少走彎路，迅速成功。

〔註36〕關文發等:《明代政治制度研究》，中國社會科學出版社 1995 年版，第 263 頁。
〔註37〕錢茂偉:《國家、科舉與社會:以明代為中心的考察》，北京圖書館出版社 2004 年版，第 133 頁。

第四章闡釋明清士紳家訓中特別針對女性的訓誡思想。女性在人生的不同成長階段，士紳對她們的期許也不盡相同，如爲人女時，士紳心中理想的女子角色是孝順父母、和待家人，以期爲將來嫁作人妻、人媳做準備，未雨而綢繆；爲人妻時，士紳期許她們賢惠、襄助夫君；爲人媳的角色爲孝敬、恭順；爲人母的角色是胎子以正，養子以時，教子以理。本章按照人生不同發展階段的角色從德、言、容、工等「四德」方面分別加以論述。總的來說，明清士紳家訓對女性在人生發展各階段的要求中，對爲人妻、爲人母的角色要求更全面細緻一些，希望她們在關鍵時候能擔當起襄助夫君、教育子弟的重任。理學在明清時期屬於社會主流意識形態，這一時期，社會對女性的守節要求有何變化，過去的研究認爲其有強化的趨勢，在家訓中士紳又對女性有何期許？士紳在家訓中對女子的知識學習又持何態度呢？「女子無才便是德」，這種把德、才置於對立的兩極，是否是這一時期士紳家訓中的普遍觀點？實際上，大多士紳並不反對女子學習文化，反而贊成女性應適當地學習，他們也認爲一定的文化修養反而有利於女子將來在管理家庭、相夫教子中發揮更大作用。但反對她們學習詩辭歌賦，認爲詩詞歌賦等張揚個性、不利於內傾、內斂等女性氣質的培養。此時，家訓中嚴防內外的內容有所強化，嚴禁婦人出遊、結交僧道的訓誡也相應增多。總的說來，明清士紳家訓中針對女性的諸如德行觀、貞節觀、學習觀等訓誡既顯示出男權社會對女性的規約與要求，也反映出士紳階層特殊的需要與期待。

分析明清士紳家訓思想後，我們難免會思考明清士紳家訓實際效果如何？是否起到作者所期望的效果？第五章即以個案形式介紹與清朝相始終的安徽桐城張氏家族，來驗證家訓的實際功效。張氏家族有世代撰寫家訓的優良傳統，張氏家族也是有清一代比較成功的家族，其家族獲得功名人數之多，身居要職人數之眾，就職範圍之廣，均給時人和後人留下深刻的印象。張氏家族成功的原因固然很多，但注重家訓，重視家庭教育應是其成功的一個重要因素。張氏先輩在家訓中對讀書學習、爲官治國、待人接物、修身養性等方面都有深刻的見解，正是這些中肯的訓誡使得張氏家族能夠在有清一代保持持久盈泰態勢。

明清士紳家訓和其它時空範圍的家訓自然有突出不同之處。第六章分析明清士紳家訓特點及現代啓示。明清士紳家訓在內容、思想、體例、空間分佈等方面都有其突出的明清士紳特色。從內容來看，明清士紳更強調對男性

修身、治學的重視，希望子弟走修齊治平之路。而對於家中女性則針對女子在人生的不同階段而給予不同的訓誡，士紳階層對於女子為人母的訓誡更為全面細緻，說明士紳階層對於女性為人母的期待，希望她們在家中男性缺席的情況下，擔當起教育、督導子弟成材的重要責任，我們也可從墓誌銘等相關文獻中找到佐證。當子弟成年後，母親督導子弟的形象每每給子弟留下深刻的印象，回想起來總是令他們唏噓不已、感慨萬千。從思想特色來看，飽受儒家思想濡染的明清士紳，在家訓中自覺地對儒家思想進行深入淺出的處理，將儒家經典世俗化，起到了因材施教的良好效果；隨著宗法制度的強化，這一時期，士紳家訓也顯示出宗法性特點。士紳是文化的承載者，也是文化的傳播者，其家訓體例中對不同對象，針對其文化水平的高低採取不同的訓誡方式，以達到最佳效果。從地域分佈來看，尚文重教的江南士紳階層更注重家庭教育，這反映出家訓創作與地方政治、經濟、文化發展呈正相關。

分析明清士紳家訓思想，一方面是為了還歷史以原貌，更重要的是為了取其精華，剔除糟粕，以達到古為今用，這既是對傳統文化的一次批判性總結，也啟迪後人以史為鑒，追蹤歷史軌跡，為當今家庭文化建設發揮借鑒作用。明清士紳家訓給我們以有益啟示：第一，家庭教育要富含人文精神；第二，家庭教育要注重人格養成教育；第三，家庭教育要注意建立和諧平等的家庭人際關係；第四，要注意將教育內容內化為子女的自覺學習行為。

2. 史　料

明清士紳家訓主要收錄於一些叢書中以及散見的個人文集中。

第一類：收錄於相關叢書、類書中的士紳家訓：如《叢書集成續編》第60卷、61卷、62卷，《叢書集成新編》第33卷中的社會科學類及婦女教育類中相關內容；《四庫全書‧子部‧儒家類》和《續修四庫全書‧子部‧儒家類》中相關的家書、遺書、遺誡等內容，《四庫全書》和《續修四庫全書》中的集部、外集部中相關文集中的家訓及家書等；《古今圖書集成‧明倫彙編》中的《家範典》和《閨媛典》中相關內容；明人王相輯《女子四書讀本》中的《女範捷錄》，清人陳宏謀輯《五種遺規》中的《教女遺規》、《訓俗遺規》等。但是，《古今圖書集成‧明倫彙編》中的相關內容劃分的門類過於細碎，不利於我們從整體上把握整篇家訓文獻，所以，只有當其它地方沒有，或需要佐證時，我們才會引用《古今圖書集成‧明倫彙編》中的相關內容。

第二類：大量存在於散見的個人文集中：如湯斌著《湯子遺書》、章學誠

著《章學誠遺書》、陳確著《陳確集》、張居正著《張太岳集》、海瑞著《海瑞集》、孫之蔚著《溉堂文集》等文集中的家書，張履祥著《楊園先生全集》中的家訓、家書，汪輝祖著《汪龍莊先生遺書》中的《雙節堂庸訓》，曹端著《曹端集》中的《夜行燭》，唐甄著《潛書》中的《誨子》等。

第三類：有些士紳家書或家訓已被另外編輯發行，這對於本書的研究提供極為便利的條件。如清人周亮工輯，米田點校：《尺牘新鈔》、鄭板橋著《板橋家書》、藍鼎元著《女學》、石成金著《傳家寶》等。當然，作為有借鑒意義的家訓名篇，自然會受到不同類型編纂者的青睞，對於這類被多個編纂者編纂的文獻，我們儘量在論文文獻引用時加以注明。茲將收集的明清士紳家訓匯總製表如下：

表緒論-1　明清士紳家訓一覽表：

作者	朝代	家訓名稱	文獻出處
葉瞻山	明	家訓	《叢書集成續編》第 61 卷
金敞	明	家訓紀要	《叢書集成續編》第 61 卷
張鵬翼	明	孝傳第一書	《叢書集成續編》第 61 卷
李雍熙	明	孝行庸言	《叢書集成續編》第 61 卷
魏禧	清	示兒燕	《魏叔子集》卷 4，《書》，續修四庫全書本
		示兒輩	《叢書集成續編》第 61 卷
魏際瑞	清	示子	《叢書集成續編》第 61 卷
朱伯廬	清	治家格言	《叢書集成續編》第 61 卷
張履祥	清	訓子語	《楊園先生全集》，另見《叢書集成續編》第 61 卷
顧天朗	清	日省錄	《叢書集成續編》第 61 卷
黎士宏	清	示諸弟兩兒	《叢書集成續編》第 61 卷
蔣伊	清	蔣氏家訓	《叢書集成續編》第 61 卷另見《叢書集成新編》第 33 卷
汪璲	清	示兒	《叢書集成續編》第 61 卷
陸隴其	清	示大兒定徵	《三魚堂文集》，卷 6，《尺牘》，影印文淵閣四庫全書本，另見《叢書集成續編》第 61 卷
		示三兒宸徵	
涂天相	清	靜用堂家訓	《叢書集成續編》第 61 卷
魏世儼	清	寄兄弟書	《叢書集成續編》第 61 卷

孫啓遇	清	仲氏家訓	《叢書集成續編》第 61 卷
湯準	清	家訓	《叢書集成續編》第 61 卷
蔡世遠	清	庚子秋示族中子弟	《叢書集成續編》第 61 卷
		壬子九月寄示長兒	《叢書集成續編》第 61 卷
石成金	清	傳家寶	《傳家寶》
湯斌	清	志學會約略	《湯子遺書》，另見叢書集成續編第 61 卷
李文耕	清	孝悌錄	《叢書集成續編》第 61 卷
黃岩江	清	孝悌續錄	《叢書集成續編》第 61 卷
黃標	明	庭書頻說	《叢書集成續編》第 61 卷
李應升	明	官西臺寄季弟	《叢書集成續編》第 61 卷
		誡子書	陳宏謀輯：《五種遺規・訓俗遺規》，1868 年湖文書局刻板，下同
		亡前一日手書誡子	《叢書集成續編》第 61 卷
呂維祺	明	論子十則	《叢書集成續編》第 61 卷
高攀龍	明	家訓	《高子遺書》卷 10，影印文淵閣四庫全書本另見《叢書集成續編》第 61 卷
呂坤	明	九兒入學面語誡之	《叢書集成續編》第 61 卷
		孝睦房訓辭	《叢書集成續編》第 61 卷
		為善說示諸兒，示兒詩	《古今圖書集成・明倫彙編・家範典》
		昏前翼	《古今圖書集成・明倫彙編・閨媛典》
		閨範	陳宏謀輯：《五種遺規・教女遺規》，1868 年湖文書局刻板
彭端吾	明	彭氏家訓	《叢書集成續編》第 61 卷
袁黃	明	訓子語	《叢書集成續編》第 61 卷
曹于汴	明	睦族善俗說	《叢書集成續編》第 61 卷
楊繼盛	明	諭應尾應箕兩兒	《楊忠愍集》卷 3，影印文淵閣四庫全書本，另見《叢書集成續編》第 61 卷
李廷機	明	晉江李文節公家訓	《叢書集成續編》第 61 卷
張岳	明	還鄉事略付宓	《叢書集成續編》第 61 卷
沈鯉	明	垂涕衷言	《叢書集成續編》第 61 卷
羅倫	明	戒族人書	《叢書集成續編》第 61 卷
馬中錫	明	示師言	《叢書集成續編》第 61 卷
鄭濂	明	鄭氏家範	《叢書集成續編》第 61 卷

閔子奇	清	洗心齋纂古	《叢書集成續編》第 61 卷
林定徵	清	庭訓示愈高文山	《叢書集成續編》第 61 卷
顧三英	清	居家格言	《叢書集成續編》第 61 卷
馬士濟	清	務本齋格言選	《叢書集成續編》第 61 卷
车允中	清	庸行編	《叢書集成續編》第 61 卷
梁顯祖	清	教家編	《叢書集成續編》第 61 卷
王心敬	清	豐川家訓	《叢書集成續編》第 61 卷
方元亮	清	家訓	《叢書集成續編》第 61 卷
蔡衍鎤	清	亦政編	《叢書集成續編》第 61 卷
江青	清	孝悌錄	《叢書集成續編》第 61 卷
王厚	清	訓升驚二子	《叢書集成續編》第 61 卷
景暹	清	景氏家訓	《叢書集成續編》第 61 卷
傅山	清	霜紅龕家訓	《叢書集成續編》第 61 卷
汪惟憲	清	寒燈絮語	《叢書集成續編》第 61 卷
焦循	清	里堂家訓	《叢書集成續編》第 61 卷
譚獻	清	復堂諭子書	《叢書集成續編》第 61 卷
沈赤然	清	寒夜叢談	《叢書集成續編》第 61 卷
鍾於序	清	宗規	《叢書集成續編》第 60 卷
張壽榮	清	成人篇	《叢書集成續編》第 60 卷
高拱京	清	高氏塾鐸	《叢書集成續編》第 60 卷
戴翊清	清	治家格言繹義	《叢書集成續編》第 60 卷
張廷玉	清	澄懷園語	張虔輯：《桐城兩相國語錄》。另見《叢書集成續編》第 60 卷
陸圻	清	新婦譜	《叢書集成續編》第 62 卷
徐士俊	清	婦德四箴	《叢書集成續編》第 62 卷
王綽	清	課婢約	《叢書集成續編》第 62 卷
查琪	清	新婦譜補	《叢書集成續編》第 62 卷
陳龍正	明	家矩	《叢書集成續編》第 62 卷
曹端	明	夜行燭、家規輯略	《曹月川集》影印文淵閣四庫全書本，另見《曹端集》
		續家訓，誡子孫	《古今圖書集成‧明倫彙編‧家範典》
袁衷等	明	庭幃雜錄	《叢書集成新編》第 33 卷
吳麟徵	明	家誡要言	《叢書集成新編》第 33 卷

姚舜牧	明	藥言	《叢書集成新編》第 33 卷
袁璜	明	訓子語	《叢書集成新編》第 33 卷
龐尚鵬	明	龐氏家訓、女誡	《叢書集成新編》第 33 卷
張英	清	恒產瑣言	《桐城兩相國語錄》，另見《叢書集成新編》第 33 卷
		聰訓齋語	
許汝霖	清	德星堂家訂	《叢書集成新編》第 33 卷
孫奇逢	清	孝友堂家訓	《叢書集成新編》第 33 卷
		孝友堂家規	《叢書集成新編》第 33 卷
		示子孫、夫婦箴	《古今圖書集成・明倫彙編・家範典》
許相卿	明	許雲村貽謀	《叢書集成新編》第 33 卷，《續修四庫全書》本
陳繼儒	明	安得長者言	《叢書集成新編》第 14 卷
		養親	《古今圖書集成・明倫彙編・家範典》
方孝孺	明	家人箴，幼儀雜箴，四箴，勉學詩	《遜志齋集》卷 1《雜著》，卷 23《古詩》，影印文淵閣四庫全書本。
		勉學詩	另見《古今圖書集成・明倫彙編・家範典》
鄒元標	明	家訓	《古今圖書集成・明倫彙編・家範典》
陳憲章	明	誡子弟	《古今圖書集成・明倫彙編・家範典》
		示兒	《古今圖書集成・明倫彙編・家範典》
曹于汴	明	示戒	《古今圖書集成・明倫彙編・家範典》
顧憲成	明	示淳兒帖	《古今圖書集成・明倫彙編・家範典》另見《叢書集成續編》第 61 卷。
陳憲章	明	示兒詩	《古今圖書集成・明倫彙編・家範典》
薛瑄	明	誡子書、示子、示京子、示昌子、示兒	《古今圖書集成・明倫彙編・家範典》
任環	明	軍中寄子書	《古今圖書集成・明倫彙編・家範典》
王守仁	明	示憲兒	《王文成全書》卷 20，《外集二》，影印文淵閣四庫全書本，另見《古今圖書集成・明倫彙編・家範典》
		贛州書示四姪正思等	《王文成全書》卷 26，《續編一》，另見《叢書集成續編》第 61 卷
呂維祺	明	敬愛書	《古今圖書集成・明倫彙編・家範典》
徐奮鵬	明	教家訣	《古今圖書集成・明倫彙編・家範典》
徐禎稷	明	家訓	《古今圖書集成・明倫彙編・家範典》

徐三重	明	明善全編、家則	《古今圖書集成・明倫彙編・家範典》
史桂芳	明	與官壯宗人書	《古今圖書集成・明倫彙編・家範典》
楊爵	明	家書	《古今圖書集成・明倫彙編・家範典》
		勉仕男讀書	《古今圖書集成・明倫彙編・家範典》
盧象升	明	家訓三首	《忠肅集》卷 2，《書》，影印文淵閣四庫全書本
于謙	明	示冕	《忠肅集》卷 11，《雜體》，影印文淵閣全書
沈煉	明	與長兒襄書	《青霞集》卷 10，《塞鴻尺牘》，影印文淵閣四庫全本
唐順之	明	與二弟書	《荊川文集》卷 4，《書》，影印文淵閣四庫全書
任環	明	示爾孝等二首	《山海漫談》卷 3，《五言律》，影印文淵閣四庫全書本
萬斯同	清	與從子貞一書	《石園文集》卷 7，《文》，續修四庫全書本
尹會一	清	健餘堂訓子	《健餘先生文集》，卷 10，《雜著》，續修四庫全書本
李光地	清	摘韓子讀書訣課子弟	《榕村集》卷 21，《雜著》4，影印文淵閣四庫全本
馮班	清	家戒	《鈍吟雜錄》，卷 1，卷 2，影印文淵閣四庫全書本
陸世儀	明	思辨錄	陳宏謀輯：《五種遺規・訓俗遺規》
熊勉菴	清	寶善堂不費錢公德例	陳宏謀輯：《五種遺規・訓俗遺規》
史摺臣	清	願體集	陳宏謀輯：《五種遺規・教女遺規》
唐彪	清	人生必讀書	陳宏謀輯：《五種遺規・教女遺規》
王孟祺	清	講宗約會規	陳宏謀輯：《五種遺規・訓俗遺規》
		家訓御下篇	陳宏謀輯：《五種遺規・教女遺規》
王晉	清	宗規	陳宏謀輯：《五種遺規・訓俗遺規》
王朗川	清	言行彙纂	陳宏謀輯：《五種遺規・教女遺規》
王中書	清	勸孝歌	陳宏謀輯：《五種遺規・訓俗遺規》
魏象樞	清	庸言	陳宏謀輯：《五種遺規・訓俗遺規》
程漢舒	清	程漢舒筆記	陳宏謀輯：《五種遺規・訓俗遺規》
許雲村	明	許雲村貽謀四則	《續修四庫全書》，子部，儒家類

劉良臣	明	鳳川子克己示兒編	《續修四庫全書》，子部，儒家類
呂晚邨	明	呂晚邨先生家訓眞跡	《續修四庫全書》，子部，儒家類
陳確	清	家書、新婦譜補	《陳確集》
		新婦譜補	另見《叢書集成續編》第 62 冊
章學誠	清	家書	《章學誠遺書》
張居正	明	示季子懋修	《張太岳集》
海瑞	明	家書	《海瑞集》
孫之蔚	清	示兒燕	《溉堂文集》
唐甄	清	誨子	《潛書》
鄭板橋	清	板橋家書	《板橋家書》
瞿式耜	清	與子書	《瞿式耜集》
沈守正	清	示兒	周亮工輯：《尺牘新鈔》
朱舜水	清	與諸孫男書	《朱舜水集》
蒲松齡	清	與諸侄書	《蒲松齡集》
湯斌	清	寄示兒溥	《湯子遺書》
藍鼎元	清	女學	《中國近代史料叢刊續輯》第 41 輯第 410 卷
汪輝祖	清	雙節堂庸訓	《汪龍莊先生遺書》
王相	清	女範捷錄	《女子四書讀本》上海錦章書局石印本
呂德勝	明	女小兒語	陳宏謀輯：《五種遺規·教女遺規》
龐尚鵬	明	女誡	《叢書集成新編》第 33 冊
賀瑞麟	清	女兒經	《蒙養書集成》

（製表說明：據相關類書、叢書、文集等文獻繪製。）

　　筆者收集的明清士紳家訓大致可以分為三類：第一類，沒有明確的訓誡對象，實則是針對全體家人（包括妻子、兄弟、兒女、子侄等）的訓導、規勸或囑託，這類文獻最多，表中大多士紳家訓均屬此類。第二類，特別針對女子的訓誡、規勸，如明人呂德勝著《女小兒語》、呂坤著《閨範》及《昏前翼》、清人藍鼎元著《女學》、王郎川著《女訓約言》、陳確著《新婦譜補》、王相輯《女範捷錄》、陸圻著《新婦譜》等。第三類，晚輩對長輩的勸諭，其中包括兒子對父親的勸導，侄子對叔叔及叔祖的勸導，這類家訓相對比較少；筆者僅見明人曹端著《夜行燭》，作者稱其著述的目的是勸導其「天性仁厚，

資質聰敏」但「崇奉鬼神，尊事佛老」〔註 38〕的父親，清人陸隴其著《與曾叔祖蒿庵翁》，〔註 39〕是陸隴其對其曾叔祖的勸諭：一是告訴曾叔祖怎樣教育子弟讀書，二是勸曾叔祖戒煙。

3. 方　法

一是要堅持唯物史觀，不預設前提和結論，以文獻為依據，史論結合，得出符合實際的結論。

二是在研究中兼顧歷史的前後因循及承傳關係。中國傳統文化發展前後相因，綿延不絕，任何政治、經濟、思想文化的發展都離不開傳統與歷史，所以，對相關內容的研究不能和歷史截然分開，作為傳統文化的重要組成部份──家訓更是如此，只有對其源流有清晰的認識，才能客觀地把握明清時期的家訓。

三是除了憑藉社會學的方法外，舉凡文獻法、個案分析法、比較法、統計學、教育學、心理學、倫理學、政治學等研究方法都是本書將要借鑒的方法。

4. 創　新

一是在研究方法上：

首先，通過家訓文化來透視明清文化史、教育史，打開另一扇瞭解明清文化史教育史的窗戶。

其次，以明清為時代斷面，從士紳這一階層切入，應用多種學科的理論和方法，從多個角度對明清家訓文化進行系統的梳理。

第三，在一定程度上避免通論和泛泛而論，儘量做到點面結合，縱橫關照，透過明清家訓來審視整個傳統社會的家訓文化特點。

第四，運用統計方法對明清士紳家訓的作者分佈特點、家訓地域分佈規律、家訓內容分門別類進行量化分析，以找出其相關規律及特點。

二是在具體內容上：

首先，明清士紳家訓形成的原因：任何事物的產生都是歷史與時代結合的產物，明清士紳家訓的出現同樣如此。明清士紳家訓的出現，除了古代文

〔註38〕　〔明〕曹端：《曹端集》，《雜著·夜行燭》，影印文淵閣四庫全書本。
〔註39〕　〔清〕陸隴其：《與曾叔祖蒿庵翁》，見張師載輯，《課子隨筆鈔》卷 5，《叢書集成續編》第 61 卷。

獻典籍及前朝家訓作品的影響外，明清時期獨特的政治與經濟環境、文化與
教育背景、個人與家庭狀況、歷史與現實因素等成爲明清時期士紳家訓產生
的主客觀原因。

　　其次，明清士紳家訓的內容：過去的研究屬於泛泛而談，迄今爲止，筆
者尚未看見有專文通過階層歸類對其進行微觀研究。而士紳越來越多地主宰
了中國人的生活，以致於一些社會學家稱中國爲紳士之國。〔註 40〕本文想從
這一方面進行嘗試，分析明清時期，飽受儒學的士紳階層通過何種方式把哪
些儒家思想灌輸給家庭成員，並探討其最終的實施效果如何。

　　第三，明清士紳訓誡女子的主要目的是爲了培養女德，期盼女性更好地
適應自己的角色定位，並能夠將這種思想內化爲個體自覺，以指導自己的言
行舉止。明清士紳在家訓裏是否主張女子接受教育，他們對女子守節、社會
交往等又有何看法？本文試圖運用歷史學和統計學的方法分析這類現象。

〔註 40〕費正清：《美國與中國》，世界知識出版社，1999 年版。

第一章　明清士紳家訓中的治家觀：儒家思想的推衍

　　「父子篤，兄弟睦，夫婦和，家之肥也。」[註1] 一個家庭只有父慈子孝，父子之間感情眞摯；兄友弟恭，兄弟之間友愛相處；夫義婦順，夫妻之間和睦相待，才可能家庭美滿幸福，家道長盛不衰。反之，如果父不慈，子不孝，兄不友，弟不恭，夫不義，婦不順，家庭成員不和睦，家庭人際關係惡劣，必然家道衰敗。自古以來，儒家思想非常注重家庭關係的處理，秉承儒家思想的明清士紳也同樣認識到家人和睦相處對於家庭穩定、社會安寧乃至國家太平所起的至關重要作用。

　　但是，家庭成員之間由於其特殊的親情關係，使得治家又比治國更爲艱難。「論治者常大天下而小一家，然政行乎天下者世未嘗乏，而教治乎家人者，自昔以爲難，豈小者固難而大者反易哉！蓋骨肉之間，恩勝而禮不行，勢近而法莫舉，自非有德而躬化，發言制行有以信服乎人，則其難誠有甚於治民者。」雖然如此，但也並非毫無辦法，「是以聖人之道，必察乎物理，誠其念慮，以正其心，然後推之修身，身既修矣，然後推之齊家，家既可齊，而不優於爲國與天下者無有也。故家人者，君子之所盡心，而治天下之準也，安可忽哉！余病乎德無以刑乎家，然念古之人，自修有箴戒之義，因爲箴，以攻己缺，且與有志者共勉焉。」[註2] 要遵循聖人倡行辦法：通過格物、正心、

〔註 1〕　《禮記‧禮運》。
〔註 2〕　〔明〕方孝孺：《遜志齋集》，《家人箴十五首‧序言》，影印文淵閣四庫全書本。

修身的先期準備，進而齊家操練，最終達到治國平天下的終極目標。明清士紳家訓中的治家思想包括家庭人際關係的處理和家庭事務的處理，即治人思想和治事思想。

一、治人：家長制的強化

中國傳統社會是一個家國同構的社會，家與國在結構上是相似的。在家庭內，父家長的權利至高無上，並通過血脈代代相傳；在國內，君王的權利與地位至尊至大。父親離世，父權並不會隨之中斷，而是通過血脈遺傳代代相繼；同樣，君王駕崩，君統也不會因此中輟，而是通過嫡長子繼承制，使君王的統治「亙古長存」。父家長在家庭內掌管一切，「家人有嚴君焉，父母之謂也。」〔註3〕君王則是全國子民的父母，就連君王派往全國各地的官吏也被地方百姓稱為父母官，父親是家中的君王，君王是國民的父親。君君、臣臣的事君觀念維持國家的政治秩序；父父、子子的尊長觀念維繫家庭倫理秩序，正是由於父親和君王的這種互為表裏的關係，使得父親的齊家可以和君王的治國互相借用，能夠管理好家庭自然就能夠輔助君王治理好國家，正所謂「治國必先齊其家者，其家不可教而能教人者無之。故君子不出其家而成教於國。孝者，所以事君也；弟者，所以事長也；慈者，所以事眾也。」〔註4〕

家國同構的組織模式使得對家庭成員和國家子民的質量要求同一。統治者往往將忠和孝統一起來，他們認為在家若能盡孝，在國即能效忠，他們常常「求忠臣於孝子之門」，因為忠和孝都是對權威的絕對服從。他們所期許的「孝」是「始於事親，中於事君，終於立身。」〔註5〕將其貫穿於修身、齊家、治國的全過程中。《禮記》指出：「所謂治國必先齊家者，其家不可教，而能教人者無之。故君子不出家而成教於國。孝者，所以事君也；弟者，所以事長也；慈者，所以使眾也。」〔註6〕《孝經》語：「君子之事親孝，故忠可移於君；事兄悌，故順可移於長；居家理，故治可移於官。」〔註7〕明清士紳在論述治家的重要性時，也往往和治國相比照，說明治家對於治國的基礎與根本作用。「國不患乎無積，而患無政；家不患乎不富，而患無禮。政以節民，

〔註3〕 《易經‧家人卦》，〔清〕阮元校刻：《十三經注疏》，中華書局1980年影印本。
〔註4〕 《禮記‧大學》。
〔註5〕 《孝經‧開宗明義》。
〔註6〕 《禮記‧大學》。
〔註7〕 《孝經‧廣揚名》。

民和則親上，而國用足矣；禮以正倫，倫序得則眾志一，家合爲一，而不富者未之有也。」〔註8〕家庭是社會的細胞，家庭人際關係的友好，家庭成員間和睦相處，有利於家庭的團結與穩定，而家庭的穩定則對治國安邦有決定性作用。

儒家思想由於有利於鞏固封建統治而深受統治者的青睞，而儒家學者又想通過推揚儒學以達到治世目的，由於統治者的提倡和儒家學者的推行，沉寂數百年的儒家思想，整合佛道思想後，在宋元明清時期以理學的形式復出，在明清時期成爲國家主流意識形態。深受儒家思想濡染的明清士紳階層，在對家人的教誡中很好地將國家主流意識形態貫徹於家訓中。在家庭人際關係處理中，他們強調夫義婦順、父慈子孝、兄友弟恭等基本家庭倫理關係。夫婦、父子、兄弟關係是家庭中最基本的關係，是一切關係的基礎。「一家之親，此三而已也。自茲以往，至於九族，皆本於三親焉，故於人倫爲重者也，不可不篤。」〔註9〕

家庭人際關係的處理，要求家人各司其責，各安其分。「父父子子，兄兄弟弟，元氣固結，而家道隆昌，此不必卜之氣數也。」反之，如果「父不父，子不子，兄不兄，弟不弟，人人淩競、各懷所私，其家之敗也，可立而待，亦不必卜之氣數也。」〔註10〕家庭成員之間是否和睦相處，是關係到家庭興衰隆替的關鍵因素，「家運之盛衰，天不能操其權，人不能操其權，而己實自操之。父慈、子孝、兄友、弟恭，男正位於外，女正位於內，即家貧窶終身，而型家範，爲古今所仰，盛莫盛於此。如身無可型，而家不足範，當興隆之時，而識者已早窺其必敗也。」〔註11〕

家庭人際關係的處理，重要的是家庭成員角色的正確定位。人類屬於群居的高級動物，群聚時必然要和周圍人發生關係，怎樣處理與周圍人的關係也就成了先賢們研究的重要內容之一。作爲個體的人，最先發生聯繫的自然是家人，《易經》道出了人由自然人發展爲社會人及繁衍壯大的社會規律：「有天地然後有男女，有男女然後有夫婦，有夫婦然後有父子，有父子然後有君

〔註8〕〔明〕方孝孺：《遜志齋集》卷1，《雜著》，《幼儀雜箴》，影印文淵閣四庫全書本。
〔註9〕〔北齊〕顏之推：《顏氏家訓集解·兄弟篇》，第37頁。
〔註10〕〔清〕孫奇逢：《孝友堂家訓》，《叢書集成新編》第33卷，第208頁。
〔註11〕〔清〕孫奇逢：《孝友堂家訓》，《叢書集成新編》第33卷，第210頁。

臣。……夫婦之道，不可以不久也，故受之以恆。」〔註 12〕對於明清士紳在家訓中闡述的家庭人際關係，我們也本著這一邏輯順序進行闡釋。

（一）夫妻關係：「夫以義為良，婦以順為令」

夫妻是家庭組成的基本元素，夫妻關係是通過婚姻關係形成的，夫妻關係亦是構成家庭其它關係的基礎。《周易·序卦》中指出夫妻關係對於家庭人倫關係所起的至關重要的基礎作用：「有男女然後有夫婦，有夫婦然後有父子。」《禮記·昏義》中說：「婚姻者合二姓之好，上以事宗廟，下以繼後世。」雖然其中將婚姻的主要目的限定在聯合二姓、傳宗接代的現實功用上，但先賢們也期待良好的夫妻關係。夫妻關係的好壞，直接影響到家庭其它關係的續存。《周易·小畜》言：「夫妻反目，不能正室也。」好的夫妻關係可以使家庭和睦，家道昌隆；夫妻關係惡劣，則可能使家庭不和，甚至可能使家道敗落：「夫以義爲良，婦以順爲令，和樂禎祥來，乖戾災禍應，舉案必齊眉，如賓互相敬，牝雞一晨鳴，三綱何由正。」〔註 13〕概括起來，明清士紳家訓中對夫妻關係主要從以下幾方面進行規約：

第一，夫妻各盡本分，各盡其道。理想的夫妻關係應是雙向互動的，各盡其道，各自享受各自的權利，雙方關係是平等的。傳統社會提到理想的夫妻關係時，要求雙方相敬如賓，《禮記》中提到：「婦也者，親之主也，敢不敬乎？」「是故君子興敬爲親，舍敬是遺親也。弗愛不親，弗敬不正。」〔註 14〕具體來說，夫妻雙方的關係是建立在權利和義務的基礎上，是希望爲夫者能盡爲夫之道，爲婦者能盡爲婦之道。何謂夫道和婦道呢？《周易·家人卦》中言：「夫夫婦婦，而家道正。夫義婦順，家之福也。」夫道爲「義」，婦道爲「順」。孟子對妻道進行了規範：「無違夫子，以順爲正者，妾婦之道也。」順從丈夫，不違背丈夫的意志，這是爲妻之道最核心的內容。

明清士紳家訓中，雖然也提到爲夫者要有義，爲妻者要順從，但更進一步從家訓中對夫妻雙方的規範來看，對妻子應盡的義務則詳盡備至，而對於爲夫者的義務則語焉不詳，談到夫妻相處時，只是要求他不要聽信婦言，在夫妻關係中要處於主導地位，不要出現「牝雞司晨」的現象：「人家不和，每由婦女，吾子孫於新娶時，即喻其妻以禮義，苟非善言，即引家訓以教之，

〔註 12〕 《易經·家人卦》。
〔註 13〕 〔明〕方孝孺：《遜志齋集》卷 1，《雜著》，《四箴·夫婦》。
〔註 14〕 《禮記·哀公問》。

務使和順以安家，克己以睦族，然總以丈夫剛明能制其妻爲主。」〔註15〕丈夫與妻子處於不平等的地位，爲妻者要忍耐、順從、剋制，而爲夫者則以能制妻爲上。夫妻雙方的關係是夫主妻從，夫制妻順，罕有平等可言。對爲夫者應盡之道，未加闡述，一句帶過，而對爲妻之道卻大加闡發，從中可以窺見明清士紳對妻道要求的苛刻，反映出夫妻之間關係的不平等性。

相敬如賓本來是用於規範夫妻關係的，但此時家訓中卻將其變通爲爲妻者單方面的敬。對妻子的要求更多一些，要求妻子更主動一些。「夫者，天也，一生須守一敬字，新畢姻時，一見丈夫，遠遠便須立起，若晏然坐大，此驕倨無禮之婦也。稍緩通語言後，則須尊稱之。……凡授食奉茗，必須雙手恭敬，有舉案齊眉之風。未寒，進衣，未饑，進食。有書藏室中者，必時檢視，勿爲塵封，親友書箚，必題識而進閱之，每晨必相禮，夫自遠出歸，由隔宿以上，皆雙禮，皆婦先之。」〔註16〕此處將妻子對丈夫以敬相待的各方面，詳細勾勒出來，對雙方見面時的禮節、迎來送往的規定、進茶送食等方面的規範既細緻又全面。但要求丈夫對妻子的以敬相待則少而被動，這時的相敬如賓，成了單方面對妻子的規範，顯示明清時期相敬如賓對待夫妻雙方的不平等性。「相敬如賓主要是強調妻子對丈夫的尊敬與順從，而不是平等的相互尊重。」〔註17〕

第二，在夫爲天妻爲地，夫主妻從的前提下，明清部份士紳也希望丈夫善待妻子。針對當時社會中出現虐待妻子的現象，明清士紳在家訓中提出應對之策，一方面從妻子所發揮的持家、養育子女、主理中饋等方面發揮的積極作用來勸導丈夫要善待妻子，如唐甄指出「人若無妻，子孫何以出？家何以成？帑則孰寄？居則孰輔？出則孰守？……今人多暴其妻，屈於外而威於內，忍於僕而逞於內，以妻爲遷怒之地，不祥如是，何以爲家！」〔註18〕另一方面從感情角度考慮，妻子遠離生她養她的娘家，來到一個完全陌生的夫家，將終身託付於丈夫，與丈夫休戚與共、同甘共苦，丈夫更應善待妻子。「婦之於夫，終身攸託，甘苦同之，安慰與共，故曰：得意一人，失意一人。捨父母兄弟而託終身於我，斯情亦可念也，事父母、奉祭祀、繼後世，更有其

〔註15〕〔清〕張習孔：《家訓》，《叢書集成續編》第60，第593頁。
〔註16〕〔清〕陸圻：《新婦譜》，《叢書集成初編》第62冊，第44頁。
〔註17〕唐凱麟、張懷承：《成人與成聖——儒家倫理道德精粹》，湖南大學出版社1999年版，第231頁。
〔註18〕〔清〕唐甄：《潛書》，上篇下，《內倫》，中華書局1955年版，第77頁。

大者矣；有過失宜含容，不宜輕怒；有不知宜教導，不宜薄待。《詩》曰：「如賓如友」，賓則有相敬之道；友則有滋益之義，狎辱可乎？惟夫驕恣妒悍，不順義理，意專家政，禍敗門風者為不可容恕耳。」〔註 19〕主張在禮儀許可範圍內給予妻子應有的尊重與相當的權利。

實際上，即使在夫權制度籠罩下，也有士紳嚮往琴瑟和鳴的夫妻關係：「妻賢少夫禍，子孝寬父心。不知何人語，相傳猶至今。室家兩相好，如鼓琴與瑟。二親豈不歡，花木羅春陰。雖云一樽酒，共酌還共斟。物情動相失，安用儲千金，家睦在婦德，象繫有遺音。」〔註 20〕只不過受理學影響至深，夫妻相處時，他們更多的是表現出莊嚴、肅穆、不苟言笑的神情，家訓中涉及到夫妻關係，要求夫妻之間約之以禮，不能動之以情，要用禮法、以禮制規約，不能過份親近，要和而不昵：「……夫婦之道，以和不以私。和則順於父母，私則妨於兄弟；和則不失其情，私則不保其終。好內者，君子之大戒；戒私也，非戒和也。」〔註 21〕夫妻關係表現出理有餘而情不足的特點。

尤其是當夫妻恩愛之情可能與孝順父母之舉發生衝突時，他們往往建議放棄夫妻之情。愛敬父母本來無可厚非，但他們總是將夫妻愛情和父母親情置於對立的兩極，且不曾嘗試尋找兩全之策，往往以犧牲夫妻之情為代價，明清士紳在這方面都達成默契。清人石成金認為：「至於自己的妻子誰人不知愛重，但要知道妻子是後來的人，若不是父母生下此身，焉有這妻子？況人若失了妻子，還能有個妻子，傷了父母，哪裏再得個父母？」〔註 22〕清人金敞也認為：「為子者每日擁妻抱子，飽食安眠，當思堂上老人又復去了一日，妻可再續，子可再生，生身父母一去不復見，上天下地，尋覓無門，不及是時，盡心盡力孝養父母。」〔註 23〕明人張鵬翼指出：「親生我養我也，我慕我愛，無可解於終身也；妻匹我事我也，我慕我愛亦無解則情分而孝衰矣。然則，妻不當愛與？妻隨夫轉，夫云亦云，則合愛同敬，以悅親，此其妻可愛也。夫隨妻轉，妻云亦云，則棄禮徇私以拂親，此其人不謂之樂妻孥，而謂之私妻子矣。」〔註 24〕

〔註 19〕〔清〕張履祥：《楊園先生全集》卷 4，《訓子語》，1904 年武昌呂氏斠刊。

〔註 20〕〔明〕方孝孺：《遜志齋集》卷 23，《勉學詩》。

〔註 21〕〔清〕唐甄：《潛書·居室》，上篇下，《居室》，第 80 頁。

〔註 22〕〔清〕石成金：《傳家寶》，天津社會科學院出版社 1992 年版，第 21 頁。

〔註 23〕〔清〕金敞：《宗約》，《叢書集成續編》第 61 卷，第 57 頁。

〔註 24〕〔明〕張鵬翼：《孝傳第一書》，《課子隨筆鈔》卷 3，《叢書集成續編》第 61

　　愛妻就是要妻隨夫轉，合愛同敬，共同侍奉翁姑，而夫隨妻轉，被當作棄禮徇私，這種現象被稱爲私妻子。他們認爲耽於夫妻情份，就會影響到對父母盡孝，當這種衝突可能出現時，他們往往以「妻可再娶」來鼓勵家人專心於孝敬父母，放棄夫妻情分。這是前代家訓中少見的現象，這一現象的大量出現，說明明清時期妻子在家庭中的角色地位雖然重要，但其價值卻沒有受到充分的認識，妻子的個性角色已被抹殺，成了一個誰都可以擔任的角色，其與尊長的矛盾也被擴大化，不可調解化，從而貶低妻子的價值。結果，妻子在家庭中的地位無形中趨於降低。

　　在夫天妻地思想影響下，明清士紳理想的夫妻之道是希望夫義婦順，其中的重點則是婦順，如清人陸圻告誡嫁作新婦的女兒：「事公姑不敢伸眉，待丈夫不敢使氣」，這樣「則公姑丈夫皆喜，有言必聽。」因爲妻子「倚以爲天者，公姑丈夫三人而已。故待三人，必須曲得其歡心。不可纖毫觸惱，若公姑不喜，丈夫不悅，則鄉黨謂之不賢，而奴婢皆得而欺凌我矣，從此說話沒人聽矣，凡事行不去矣，故婦之善事公姑丈夫也，非止爲賢與孝也，以遠辱也。」〔註25〕當然，陸圻是在爲妻者處於柔弱卑賤地位情況下，希望爲妻者以退爲進，以期達到以弱勝強的目的，希望爲妻者以其順從之法獲得相應的權利和丈夫及家人的認可。這無疑是爲卑弱者開出的一劑處世之藥，個中酸甜苦辣自是不言而喻。但其中要求妻子對丈夫的順從，甚至令人咋舌：「凡少年善讀書者，有奇情豪氣，尤非兒女子所知，或登山臨水，憑高賦詩；或典衣沽酒，剪燭論文，或縱談聚友，或坐狎妓女，皆是才情所寄，一須順適，不得違拗。但數種中，或有不善衛生處，則宜婉規，亦不得喋喋多口耳。」〔註26〕只要丈夫有才情，無論其言行舉止是否得當，做妻子的都要儘量順從。完全忽略妻子的正常感情發泄，壓抑妻子的情感需要，一切唯夫是從。

　　明清時期，由於宗法制的強化，夫權制的完善，婦女地位進一步下降，士紳家訓中對妻子的期許是希望更加順從，以適應男權社會，有些要求甚至大大出人意外。當夫妻之間出現問題時，不論原因如何，把責任統統算在妻子身上，如果丈夫是「風雅之人，又加血氣未定，往往遊意倡樓，置買婢妾，只要他會讀書，會做文章，便是才子舉動，不足爲累也。婦人所以妒者，恐

　　　　卷，第 61 頁。

〔註25〕〔清〕陸圻：《新婦譜》，《叢書集成初編》第 62 冊，第 41 頁。

〔註26〕〔清〕陸圻：《新婦譜》，《叢書集成初編》第 62 冊，第 44 頁。

有此輩，便伉儷不篤，不知能容婢妾，寬待青樓，居家得縱意自如，出外不被人恥笑，丈夫感恩無地矣，爲膠漆不又多乎？」〔註 27〕爲夫者只要會做文章，會讀書，不管做何事情，都是情理之中；爲妻者只有逆來順受。但是，如果丈夫沒有什麼才能，卻「……嫖賭，致費祖宗基業」，〔註 28〕爲妻者就要苦諫，並堅守田產。可見，深受儒學濡染的明清士紳，對妻子順從丈夫的要求也是本著是否讀書有才情，如果會讀書，會做文章，所做不當之舉若僅對妻子不利，則不成爲負擔，妻子應該順從，其前提是對家庭的延續與繁富不能構成威脅，當這種威脅出現時，比如出現「費祖宗基業」的情況，爲妻者就要力諫並盡力守家，堅守田產。要求爲妻者對雖縱意娼樓卻能讀書的丈夫容忍，是士紳家訓中的特殊現象，能讀書是這一階層的突出標誌，所以，只要子弟有這樣的特長，其它缺點若不危及家業，都可被忽略，這一現象是其它階層家訓中不曾有的特例，反映出士紳的階層特點。

（二）父子關係：「父慈爲垂範，子孝寬父心」

傳統社會中，父子關係被看成是家庭倫理關係的核心，是人類無法選擇的天然關係。人們把子女看作是自己生命的延續和理想的承續者，人們除了對子女給予無限的關懷和愛護，更對子女寄予厚望。父母與子女關係成爲所有家庭關係中最爲親切的血親關係。

基於家國同構的原理，儒家思想又將父子關係比擬成君臣關係，將這種天然倫理關係強化，從而將父子之間的倫理關係社會化、政治化，以建立家國一體的典範。「內則父子，外則君臣，人之大倫也。」〔註 29〕爲子者要克盡孝道成爲父子關係中的核心問題。在家盡孝，在國就會盡忠，在家爲孝子，在國就會成爲忠臣。「古來聖賢孜孜於孝悌者，猶植木之先培其根也，爲忠臣、爲義士、爲仁人、爲君子，莫不自孝悌始。」〔註 30〕行孝從保全身體開始，身體不受傷害，是孝得以實行的先決條件。「身體髮膚，受之父母，不敢毀傷，孝之始也；立身行道，揚名後世，以顯父母，孝之終也。」〔註 31〕但是，當生命價值與道德價值發生衝突時，儒家先賢將道德價值看得高於生命價值，

〔註 27〕〔清〕陸圻：《新婦譜》，《叢書集成初編》第 62 冊，第 44 頁。

〔註 28〕〔清〕陸圻：《新婦譜》，《叢書集成初編》第 62 冊，第 45 頁。

〔註 29〕《孟子·公孫丑章句下》。

〔註 30〕〔清〕黃嚴江：《孝悌錄序》，夏錫疇：《孝悌錄》，《叢書集成續編》第 61 卷，第 117 頁。

〔註 31〕《孝經·開宗明義章》。

「生亦我所欲也，義亦我所欲也，二者不可得兼，舍生而取義者也。」先賢的孝道思想對於維護家庭和睦乃至社會穩定都不無裨益，受到歷代統治者的贊成與提倡。

具體來說，父子關係表現爲父親對子女的慈愛、嚴厲之情，子女對父母的孝敬、愛戴之情。而在論及父慈和子孝的關係時，明清士紳更多的是強調爲子者盡孝的必要性：「子孝寬父心，斯言誠爲確。不患父不慈，子賢親自樂。父母天地心，大小無厚薄，大舜日夔夔，瞽叟亦允若。」〔註32〕對於爲父者應該以慈愛之情對待子弟，士紳家訓中也多有論述，但相對來說，更強調爲子者的孝順責任。

1. 父道在於慈和嚴

《說文解字》訓「慈」：「慈，愛也。」〔註33〕明仁孝文皇后在《內訓》中釋「慈」：「慈者，上之所以撫下也。上慈而不懈，則下順而益親。」〔註34〕這裡已經提到父慈和子孝的上下互動關係，父愈慈愛，則子益親順。慈愛是父母對子女毫無保留、發自內心的關心與愛護之情。其顯著特點是父母將自己置身度外，全心全意、盡心盡力地呵護成全子女。長者的慈愛與子女的孝順形成了人際互動的雙向關係。

慈愛並非溺愛，也並非毫無節制地寵愛，要將愛與教結合，只愛不教，則爲溺愛，這種做法絕無益處，只會培養出不肖子孫：「世間不肖子的根苗多從父母釀成，但父母愛惜兒子原是好意，殊不知子若不教，正是把他一世終身都坑害壞了。……可見種種壞事總由父母不教他而起，及至後來家業被他破壞，祖宗被他玷辱，父母妻子被他連累，那時父母割捨他不得，欲教他又不能，到得此時方才知道當初惜他愛他疼他喜歡他不拘管他，卻不是爲他，都是坑害他，悔也悔不來，教也教不及，恨也恨不了，只落得惶惶苦楚，旁人歎息，不只爲父母的痛恨早不教訓，就是爲兒子的自己也痛恨父母早不教訓，就恨也無用了。」〔註35〕眞正的愛是愛與教、慈與嚴結合。

待子弟以嚴，向來是儒家經典中提倡的教育方法：《易經》曾語：「家人有嚴君焉，父母之謂也。」〔註36〕但是，「嚴」應「嚴」之以道：「嚴之一字

〔註32〕〔明〕方孝孺：《遜志齋集》卷1，《雜著》，《四箴·父子》。
〔註33〕〔漢〕許慎：《說文解字》，影印文淵閣四庫全書本。
〔註34〕〔明〕仁孝文皇后：《內訓》，影印文淵閣四庫全書本。
〔註35〕〔清〕石成金：《傳家寶》卷1，第32頁。
〔註36〕《易經·家人卦》，〔清〕阮元校刻：《十三經注疏》，中華書局1980年影印本。

不是在朝打暮罵，須要事事指引他，但不許他放肆非爲。愛之一字，原不在於撫摸喜笑，須要調他的飢寒，節他的心力，但不許他費精神做無益不正之事。」〔註37〕父母對子女的「嚴」，並不是苛責打罵，而是表現在以下兩方面：一是父母對子女要嚴格要求，二是父母在子女面前要有威嚴，不苟言笑。不嚴格要求，則難以成功，不威嚴，輒沒有威信，父子之間容易流於荒嬉，同樣也不利於教育子女。「父之於子也，愛之勿面，使之勿貌，子之於父也，視於無形，聽於無聲，故曰父子之間，其禮樸而不明。」「子弟必自幼檢束，苟以姑息爲愛，則不肖者必日習於邪淫，才能者亦日習於放恣」。〔註38〕父親愛子女但不宜在表情上表現出來，應代之以嚴厲之情，這樣子女對父親就會油然升起敬意。

　　慈愛與嚴厲不但要在度上合理把握，而且在子女的不同年齡階段，以那種方式爲主，也不一樣。對子女何時以慈愛爲主，何時以嚴厲爲主，則要根據子女的年齡及身體發育特徵區別對待，陸世儀指出：「人當少年時，雖有童心，然父兄在前，終有畏憚，故法不妨與之以嚴寬，寬者所以誘其入道也。年力既壯，則智計漸生矣，此時而純用誘掖，則將有放蕩不制之患，故法又當與之以嚴，嚴者所以禁其或放也。二者因其年力各有妙用。」〔註39〕當子弟年少尚未涉世之時，膽小而心存恐懼，此時，爲父者要以慈愛爲主，引導其步入正道；當子弟年長後，智識漸開，膽識漸大，應以嚴爲主，以禁絕其放浪之舉。

　　明清士紳主張父母待子女以慈愛，使其能夠健康成長，但主張慈愛有度，不可過份，不可越禮，這也顯示出其深受儒家文化濡染的思想特色，即循禮守制、適可而止。「親之於子，慈也其道也，慈而有所止者其義也，慈而逾其節者其私也。」〔註40〕他們反對過份溺愛子女，主張不放縱子女爲所欲爲，而是強調愛、嚴相結合。雖然「傳統的親子之愛有著人身認同的色彩，子女缺乏足夠的獨立性與自由」，〔註41〕但其主張父母對於子女要慈嚴結合，反對過份溺愛，卻超越時代，具有普遍意義，至今仍具有現實價值。

〔註37〕〔清〕石成金：《傳家寶》卷1，第33頁。
〔註38〕〔清〕沈赤然：《寒夜叢談》，《叢書集成續編》第60卷，第702頁。
〔註39〕〔清〕陸世儀：《思辯錄》，見陳宏謀輯：《五種遺規》，《訓俗遺規》卷2。
〔註40〕〔清〕王夫之：《尚書引義·高宗肜日》，中華書局1976年版，第79頁。
〔註41〕唐凱麟、張懷承：《成人與成聖——儒家倫理道德精粹》，第220頁。

2. 子道在於敬和順

「君子務本，本立而道生，孝悌也者，其爲仁之本與！」〔註42〕何謂孝呢？清人黃宗炎對孝進行了更細緻的界定：「孝，善事父母者。從老省，從子。謂子在老人之下，能曲承其意，竭盡其力也。」〔註43〕所謂孝就是子女力盡所能地敬愛父母。子女一生下來就與父母有不可分割的血緣關係，「孝就是基於親子的自然聯繫和長期共同生活中產生的子女對父母的依戀、信任、尊敬與感激之情。」〔註44〕孝是子女對父母長輩應該具有的倫理美德，具有返本報恩，不忘所生的深層含義。《禮記・祭義》：「君子反祐復始，不忘其所由生也。是以致其敬，發其情，竭力從事，以報其親，不敢弗敬也。」《詩經・蓼莪》：「……哀哀父母，生我劬勞。……父兮生我，母兮鞠我，拊我畜我，長我育我，顧我復我，出入腹我。欲報之德，昊天罔極。」孟子將孝闡釋爲尊親、順親、事親等方面：「孝子之至，莫大乎尊親。」〔註45〕「不得乎親，不可以爲人。不順乎親，不可以爲子」〔註46〕「仁之實，事親是也。」「信於友有道，事親弗悅，弗信於友矣。」〔註47〕爲後人稱道的堯舜，其突出之處，即爲孝悌：「堯舜之道，孝悌而已矣。」〔註48〕

中國傳統社會向來重視孝道。儒家思想認爲孝是人類最自然、最基本的德行，對父母的愛應是一切愛的源泉。他們將在家盡孝與爲國盡忠緊密聯繫，從而賦予孝道以聖神的意義：「君子之事親孝，故忠可移於君。」〔註49〕「其爲人也孝悌，而好犯上者鮮矣。不好犯上，而好作亂者，未之有也。」〔註50〕忠孝結合的孝道思想深受歷代統治者的青睞，被大加推崇。統治者將宣揚孝道和貶抑不孝行爲，作爲重要的治國方略。

一方面，孝是個人發自內心的對父母養育之情的情感回饋；另一方面，明清士紳深受儒家孝道思想浸潤，將孝道內化爲個人品質；再者，士紳是國家的既得利益擁有者，在一般情況下，他們與國家主流意識形態保持高度的

〔註42〕《論語・學而》。
〔註43〕〔清〕黃宗炎：《周易象辭》卷13，影印文淵閣四庫全書本。
〔註44〕唐凱麟、張懷承：《成人與成聖──儒家倫理道德精粹》，第220頁。
〔註45〕《孟子・萬章上》。
〔註46〕《孟子・離婁上》。
〔註47〕《孟子・離婁上》。
〔註48〕《孟子・告子下》。
〔註49〕《孝經・廣揚名》。
〔註50〕《論語・學而》。

一致性，而統治者希望通過鼓勵子民在家盡孝以發展到爲國盡忠。基於這些原因，明清士紳在家訓中表現出對孝的關注，具體來說，主要表現在以下四方面：

第一，從理論上論述孝的重要性。明人曹端曾說：「孝乃百行之原，萬善之首，上足以感天，下足以感地，明足以感人，幽足以感鬼神，所以古之君子，自生至死，頃步不敢忘孝焉。」〔註51〕明人姚舜牧指出，「孝悌忠信，禮義廉恥」是人所具備的基本素質，是人之所以爲人的根本：「孝悌忠信，禮義廉恥，此八字是八個柱子，有八柱始能成宇，有八字始克成人。」「聖賢開口便說孝悌，孝悌是人之本，不孝不弟便不成人了。孩提知愛，稍長知敬，奈何自失其初，不齒於人類也。」「一孝立，萬善從，是爲肖子，是爲完人。」〔註52〕明人薛瑄認爲人和動物的區別就是人能夠遵循五倫秩序：「人之所以異於禽獸者，倫理而已，何謂倫？父子君臣夫婦長幼朋友五者之倫序是也。何謂理？父子有親，君臣有義，夫婦有別，長幼有序，朋友有信，五者之天理是也。於倫理明而且盡，始得稱爲人之名，苟倫理一失，雖具人形，其實與禽獸何異哉？蓋禽獸所知者不過渴飲饑食，雌雄牝牡之欲而已，其於倫理則蠢然無知也。……若人但知飲食男女之欲，而不能盡父子君臣夫婦長幼朋友之倫理，即暖衣飽食，終日嬉戲遊蕩，與禽獸無別矣。」〔註53〕

明清士紳將孝看作人最基本的品行，且是發展其它品行的基礎，失去孝，人就不能成爲眞正的社會人，充其量，與動物無別，只能是一個自然人或動物人。那麼，在盡孝的過程中，怎樣處理身養和心養的關係，或者說怎樣處理精神奉養和物質奉養的關係？最佳途徑當然是使父母身心愉悅，當這兩者發生衝突時，如何處理呢？明清士紳普遍建議根據輕重緩急，盡力而爲，一一解決。「人之立志，本於孝悌，孝悌克全，則禮義自生，而忠信廉恥悉舉之矣。……夫孝有大小，有偏全，揚名顯親，上也；克家干蠱，不墜先人之志，次也；服勞奉養，又其次也。此大小之分也，能全上三者，上也；否則視其所急，盡吾力之所至，而次第圖之，此亦不失爲孝子矣。此偏全之分也。」〔註54〕

奉養父母，首先是要在物質上給予滿足，否則，奢談其它亦枉然。對於

〔註51〕〔明〕曹端：《曹月川集》卷1，《雜著·夜行燭》。
〔註52〕〔明〕姚舜牧：《藥言》，《叢書集成新編》第33卷，第197頁。
〔註53〕〔明〕薛瑄：《誡子書》，《叢書集成續編》第61卷，第24～25頁。
〔註54〕〔清〕張習孔：《家訓》，《叢書集成續編》第60卷，第592頁。

上層士紳也許不成其爲問題，但對於下層士紳，當他們生活無著時，怎樣給予父母物質上的奉養，就顯得愈益重要。這和明清以前的家訓相比是一個新變化。明清時期，科舉制度的相對公平性使得貧寒之家子弟也可通過科舉成爲士紳，這一批士紳在沒有入仕之前，生活艱辛，他們屬於成士紳中的下層，他們在家訓中談及孝順時，自然會涉及到物質與精神奉養的問題。

　　科舉制度本是隋唐時期就出現的，但下層士紳的大量出現卻是明清時期的現象。據陳寶良研究成果顯示，明代中期以後，全國生員數量激增，他估計約有 60 萬以上。〔註55〕據學者研究，宋代的生員總數爲 30 萬人，〔註56〕而清代的生員數到 19 世紀末，達 60 萬人，外加 60 萬因捐納而獲得此身份者，總數達 120 萬。〔註57〕自從科舉考試制度日趨完善以來，從宋朝到清朝（元朝除外），生員人數與社會人口同步增長。而國家官僚數量卻增長不多，誠如施堅雅所說自唐到清人口的五倍增長，並非與國家級的官僚增長表現出一致性。〔註58〕也就是說，功名身份之士與國家能夠提供的官僚職位並不同比增長，其間的差距卻愈來愈大。時人對這一現象也有深刻認識：「進士固及時任用，而得意者尚不及半。舉貢分途、消納十不得一。」〔註59〕其結果是下層士紳數量居高不下，士紳中相對貧困者人數也因此大有人在，這一部份人在家訓中自然就會將如何處理孝敬父母的物質問題和精神問題作爲重要內容之一，這是一個繞不開的話題。而明清以前，這一現象並不突出，士大夫家訓中並未出現如何處理物質孝養和精神孝養的分配問題，家訓作者只是籠統地提到孝敬長者。

　　第二，正面宣揚孝道，賦予孝道以新的意義。孝是一個抽象的名詞，現實社會中到底如何實踐呢？明清以前的聖賢經典和傳統家訓也強調孝的重要

〔註55〕陳寶良：《明代儒學生員與地方社會》，中國社會科學出版社 2005 年版，第 215 頁。

〔註56〕Thomas H.C. Lee,Government Education and Examination in Sung China（Hong Kong: The Chinese University of　Hong Kong Press ,1985），p.125.

〔註57〕Frederic Wakeman,Jr., "introduction: The Evolution of Local Control in Late Imperial China ," in Frederic Wakeman,Jr.and Carolyn Grant （eds.）, Conflict and Control in late Imperial China（Berkeley: University of California Press,1975），p. 3, note 5.

〔註58〕Skinner ,G. William , "introduction: Urban Development in Imperial China ," in idem（ed.）, The City in late Imperial China（Stanford University Press ,1977），pp. 17～21. 轉引自陳寶良《明代儒學生員與地方社會》，第 215 頁。

〔註59〕〔清〕何德剛：《客座偶談》，卷 2，上海古籍書店 1983 年影印本。

性，大力宣揚孝道：「夫孝，天之經也，地之義也，民之行也。」孔子曾詳細論證了孝的行爲規範，包括養親、敬親、以禮事親、愛親、承意守志、慎終追遠等，使建立在人文關懷之上的儒家孝道成爲一個完整的體系。《孝經》中曾經提到：「身體髮膚，受之父母，不敢毀傷，孝之始也。立身行道，揚名於後世，以顯父母，孝之終也。夫孝，始於事親，中於事君，終於立身。」〔註60〕《論語》中揭示道：「生，事之以禮；死，葬之以禮，祭之以禮。」〔註61〕「子曰，父在觀其志；父沒，觀其行；三年無改於父之道，可謂孝矣。」〔註62〕我們從這些聖賢經典的微言大義中可以窺出先賢對孝的大致界說，但怎樣將這些形而上的理論與形而下的實踐結合起來，是一個急需解決的問題。在具體操作方面，尚需進一步的細化。明清士紳家訓對孝行的細緻化、具體化和可操作性方面有突破。

清人汪輝祖將孝與順結合起來，認爲順從父母即是盡孝：「諺云：孝不如順，蓋孝無形而順有跡，順之未能，孝於何有？如謂父母亦有萬不當順之故，則幾諫一章，自有可措手處。玩紫陽『愉色婉容』四字，何等委折。天下無不是之父母，必先引咎於己，方能歸善於親，一味憨直，激成父母於過，即所謂不順也。若欲與父母平分曲直，以己之是，形親之非，不孝由於不順，罪莫大焉。」〔註63〕《溫氏母訓》中指出凡事稟命於尊長就是孝：「凡子弟每事一稟命於所尊便是孝悌」。〔註64〕

方孝孺比照孝親之道的正誤，指出眞孝子應修德修行，以學自勉，守職立功，顯親揚名：「孝子之愛親，無所不至也。生欲其壽，凡可以養生者皆盡心焉；死欲其傳，凡可以昭揚後世者，復不敢忽焉。養有不及，謂之死其親；沒而不傳道之，謂之物其親。斯二者，罪也，物之尤罪也。是以孝子修德修行以令聞加乎祖考，守職立功以顯號遺乎祖考，稱其善屬諸人，而薦譽之，俾久而不忘遠，而有光今之人。不然豐於無用之費，而嗇於顯親之禮，以妄自誑，而不以學自勉，不孝莫大焉。」〔註65〕他認爲自身獲得成功就是盡孝

〔註60〕《孝經‧開宗明義》。

〔註61〕《論語‧爲政》。

〔註62〕《論語‧學而》。

〔註63〕〔清〕汪輝祖：《汪龍莊先生遺書‧雙節堂庸訓》卷3，《治家》，同治元年望三益齋藏版。

〔註64〕〔明〕溫璜輯：《溫氏母訓》，《叢書集成新編》第33卷，第204頁。

〔註65〕〔明〕方孝孺：《遜志齋集》卷1，《雜著》，《幼儀雜箴》。

表現，使父母有成就感、榮譽感，身心愉悅，這與僅從身體上關心父母來說，其對孝道的發揮意義就更大一些，也從側面說明，無衣食之虞的高層士紳越過衣食住行的日用奉養，直接關注功名成就對親人的撫慰作用。

石成金將孝解釋爲使父母安心：「何爲安父母的心？凡事要聽父母教訓做好人，行好事，不可越禮犯法，惹禍招災，大則揚名顯親，小則安家樂業，父母心中才得歡喜。爲何孝字連個順字？爲子者須要時刻把父母的心細細體貼，著意尊敬，不敢有一些衝撞言語，聽信不敢有一些違拗，不但承歡膝下不違逆，就是父母不在面前，所作所爲的事略，要父母擔憂的，提起父母的念頭便急忙改正，惟恐虧體辱親，這才叫做孝順。……父母之所敬，亦敬之，父母之所愛，亦愛之，正是此意。或有父母互相爭鬥，須要和顏悅色，低聲下氣從容勸解，若父母不從，須徐圖感悟之法。萬一父母動氣打罵，只認爲子者有未盡理處，須要安心忍受，曲意奉承。」〔註66〕石成金將爲子者具體如何行孝，介紹得比較全面：一是要聽父母教訓，做好人、行好事、不越禮犯法；二是體貼尊敬父母，不讓父母擔憂；三是敬父母之敬，愛父母之愛；四是受到父母打罵，要安心忍受，曲意奉承。

儒家先賢及歷代家訓對於孝的認識，不外乎養體敬心，承先述志，生養死葬。概括起來，子女對父母的孝，分爲身體上的侍奉和精神上的愉悅，兩者完美結合，就是孝的最佳表現。也就是說，子女對父母親要在物質上給予保證，在心理上給予安慰，精神上使父母得到快樂。而子女個體的自我實現也是孝的一種表現形式，這同樣分爲身體上和精神上的。《孝經》指出身體出自父母，愛惜自己的身體也是孝的一種表現：「身體髮膚，受之父母，不敢毀傷。」〔註67〕這是在身體上盡孝的表現；遵循父母在修身、齊家、立志、學習等方面的教導，完成父母設計的人生規劃，以告慰父母、光宗耀祖、顯親揚名，父母的理想也通過子女得以實現，這是在精神上對父母盡孝。

儒家先賢論及的身體奉養和精神愉悅之孝在明清士紳家訓中得到發揚，他們除了繼續深化孝道理論外，還指出明確可行之道，使孝更加具體可行，以便指導子女的日常行爲規範；此外，明清士紳將孝與理學的修身養性、學爲聖人結合起來，賦予孝以鮮明的時代特色，這無疑是對孝的創新與發展。清人張履祥指出：「人子於父母之怒，正如天變於上，可以德消，不可以智力

〔註66〕　〔清〕石成金：《傳家寶》，第20頁。
〔註67〕　《孝經・開宗明義章》。

勝，人子事親多方只生事盡力，死事盡思。一語蔽之，總以愛身爲本，愛其身，則能修其身，修其身然後可以承先，可以啓後。哀哀父母，生我勞瘁，所望於子者，豈有他哉，身之不惜，尚何孝可言？」〔註 68〕這一時期，對孝道的一個突出的發展就是，將孝道與修身結合起來，過去講到孝道與個人的關係時，提倡個人愛身，即是對父母盡孝的表現之一。但到了明清士紳家訓中，則認爲僅僅愛身還遠遠不夠，還須修身，通過修身使個人通向成功的彼岸，使父母在心理上獲得愉悅，這才是眞正的孝敬，是更高層次上孝的表現。

　　第三，重新闡釋先賢的孝道思想，宣揚自己的孝道觀。《論語》中曾提到子夏問孔子何爲孝，孔子回答說「色難」。意思是子女侍奉父母時能夠做到和顏悅色，這是件難事。明代士紳李應升通過對《論語》中「色難」的重新闡釋，來說明作者對「色難」的認識：「色難」既包括愉色婉容，還包括察言觀色，體會父母的意願而先意承志。通過這一新的界說，對儒家先賢的孝道理論進行作者自己的闡發，從而賦予孝道以新的意義：「所謂色難者，非獨在己之愉色婉容，乃察言觀色，先意而迎也。」〔註 69〕但爲子者愉悅父母要符合傳統的禮儀道德，否則，其危害甚於不孝：「非道悅親，此又與不孝之甚者也。」〔註 70〕又如，父母有賢與不賢之分，假使不幸遇上不賢父母，又面臨「不可從之事」，此時，爲子者就應當「委曲斟酌於其間」，正如古禮有「小杖則受，大杖則走」之說，那種「捐生以快父志」的做法並不可取，而應該「權衡於其間，然不可藉口亦自便，致傷親志。」〔註 71〕作者通過對古禮的記憶再認，說明爲子者順從親人是有條件的，當父母安排的事情不合情理，不能順從時，作子女的就要想辦法做到兩全其美，既不傷感情，又不違情理。也就是說，孝順父母要以道義爲取捨標準，也要注意方法與技巧。

　　主張對父母實行諫諍，先賢早已有言。《孝經》中曾指出：「當不義，則子不可以不爭於父，……從父之令，又焉得爲孝乎？」〔註 72〕荀子也曾經說：「可以從而不從，是不子也；未可以從而從，是不忠也；明於從不從之義，而能致恭敬、忠信、端愨以愼行之，則可謂大孝矣。傳曰：『從道不從君，從

〔註 68〕〔清〕張履祥：楊園先生全集〕卷 4，《訓子語》。
〔註 69〕〔清〕李應升：《官西臺寄季弟》，張師載輯《課子隨筆鈔》卷 2，《叢書集成續編》第 61 卷，第 44 頁。
〔註 70〕〔清〕陳確：《陳確集·辰夏雜言》，中華書局 1979 年版，第 420 頁。
〔註 71〕〔清〕張習孔：《家訓》，《叢書集成續編》第 60 卷，第 592 頁。
〔註 72〕《孝經·諫諍》。

義不從父。』此之謂也。」〔註73〕此時，也有部份士紳主張諫諍父母，如明人黃標指出：「至親偶有過，又不徒爲順從，陷親不義，須委曲几諫，喻親於道，不使子有孝名，親有過名，此爲孝子之說也。」〔註74〕明人曹端也指出：「明孝子保親全家之道，當以進諫爲心也。且先意承志論父母於道，其孝大於養極甘脆者矣。和色柔聲，諫父母於善者，其孝大於拜醫求藥者矣。」〔註75〕但明清士紳更加認同的是「天下無不是的父母」，主張子女單方面的孝順已經成爲父子之道的主題而倍加鉸染。因爲按照儒家思想來看，在家盡孝，推而衍之，在國就會盡忠；在家諫諍，在國也可能會拂逆君意，過份的諫諍就會使得皇權的威嚴受到挑戰，這在君權至上的朝代，是不受歡迎的。所以，到封建社會後期，父子關係中，要求爲子者盡孝成主要方面，爲子者諫諍的權利被日益邊緣化。

第四，貶斥不孝行爲。明清士紳除了從積極方面正面宣揚孝道，對儒家孝道思想賦予時代的新闡釋外，還從消極方面貶斥不孝行爲。他們從具體的細節處著手，斥責不孝做法，來反面論證何爲孝，凸顯孝的積極意義。如楊繼盛告誡兒子說：「我若不在，爾母是個最正直不偏心的人，爾兩個要孝順他，凡事依他，不可說爾母向那個兒子不向那個兒子，向那個媳婦不向那個媳婦，要著他生一些氣，便是不孝。」「你兩個不拘有天來大惱，要私下請眾親戚講和，切記不可告之於官。要是一人先告，後者把這手卷送之於官，先告者即是不孝。」〔註76〕在這裡，楊繼盛把惹父母生氣，兄弟面斥官府視爲不孝行爲；反之，不惹父母生氣，不告官就是孝。又如，張履祥指出：「古者父母在，不有私財。蓋私財有無，所繫孝悌之道不小。無則不欺於親，不欺於兄弟，大段已是和順。若是好貨財，私妻子，便將不順父母，而況兄弟？不孝每從此始。」〔註77〕張氏認爲私藏貨財，私愛妻子是不孝的表現。明清士紳通過對不孝具體行爲的貶斥，對孝親進行泛化處理，此前，孝親也有泛化的傾向，但明清時期，孝親的泛化現象更加突出。

「長者的慈與兒輩的孝在親親致愛的人際互動中獲致親情交流的喜悅、滿足感與無限的意義感。在充滿愛的動力與感召下的父慈子孝才是父子倫理

〔註73〕　《荀子・子道》，《四部叢刊》初編，上海涵芬樓影印本。
〔註74〕　〔明〕黃標：《庭書頻說》，《叢書集成續編》第 61 卷，第 47 頁。
〔註75〕　〔明〕曹端：《曹月川集》，《雜著・夜行燭》。
〔註76〕　〔明〕楊繼盛：《楊忠愍集》卷 3，《赴義前一夕遺囑》，影印文淵閣四庫全書本。
〔註77〕　〔清〕張履祥：《楊園先生全集》卷 4，《訓子語》。

的本眞。」〔註 78〕父母的慈愛和兒子的孝順本是互動的雙向關係，但明清士紳家訓中反映出對爲子者應盡孝的單方面要求，子孝有優先與絕對權。不論父母慈愛與否，子女的孝順是責無旁貸的。「父慈子固當孝，即父不慈，子亦當孝。」〔註 79〕正如當夫妻之情可能妨礙孝順父母時，是以犧牲夫妻之情來保全孝順之情的，而當父慈與子孝不對等時，父母對子女的慈愛顯得無足輕重，子女的孝順則必不可少。不過，子女孝順也並非是毫無條件，當父親的做法不合於道時，如有損於家族形象，或可能會使父母蒙受更大的恥辱時，兒子的諫諍就顯得尤爲重要。明清士紳往往把諍子和諫臣的作用等而視之，以說明爲子者進諫的重要性。「受諫之道，有消惡長善之功，乃出禍入福之門也。夫君有爭臣，君之福也；父有爭子，父之福也。……」〔註 80〕但兒子的諫諍要講究方法與技巧，要符合禮儀道德，「非道悅親，此又與不孝之甚者也。」〔註 81〕家有諍子與國有諫臣同等重要，他們分別關係到一家和一國的興衰與存亡。孝道說到底是爲了滿足親子的情感需要，調整親子關係，以期最終維護家庭秩序。相對來說，受家長制的影響，明清時期對子弟諫諍長者的要求有弱化的傾向。

（三）兄弟關係：「兄須愛其弟，弟必恭其兄」

兄弟友愛的倫理不僅表現在兄弟之間，還可推及親戚，甚至延伸到沒有血緣親屬的朋友之間。荀子對兄弟之間應遵循的道德規範作了全面的概述：「請問爲人兄，曰：慈愛而見友；請問爲人弟，曰：敬詘而不苟。」〔註 82〕爲兄者要愛護、善待弟弟，爲弟者要愛戴、尊敬兄長，兄弟之間要以友愛維繫感情。因爲「兄弟非他，即父母之遺體，與吾同氣而生者也。人不忍忘父母，則見父母之手澤與父母平日親厚之人，尙必爲之惻然動念，不敢輕蔑遺棄，況父母之遺體耶？」〔註 83〕兄弟之間有天然的血緣關係，兄弟同宗共源，同氣分形，血脈相連，情同手足，理應友愛。「手足由一體而分，須若鳴琴鼓瑟，枝葉本同根而出，何爲煮豆燃萁？無如世俗易移，以致天親不篤。」〔註 84〕

〔註 78〕 曾春海：《儒學與當代家庭》，轉引自國際儒學聯合會主編：《儒學現代性探索》，北京圖書館出版社 2002 年版，第 207 頁。

〔註 79〕 〔明〕黃標：《庭書頻說》，《叢書集成續編》第 61 卷，第 47 頁。

〔註 80〕 〔明〕曹端：《曹月川集》，《雜著·夜行燭》。

〔註 81〕 〔清〕陳確：《陳確集·辰夏雜言·雨窗漫筆》，第 420 頁。

〔註 82〕 《荀子·君道》。

〔註 83〕 〔清〕金敞：《家訓紀要》，《叢書集成續編》第 61 卷，第 57 頁。

〔註 84〕 〔清〕鍾於序：《宗規》，《叢書集成續編》第 60 卷，第 643 頁。

　　兄弟關係如何影響到家庭中其它人際關係呢？「兄弟不睦，則子侄不愛；子侄不愛，則群從疏薄；群從疏薄，則童僕爲仇敵矣。如此，則行路皆踏其面而蹈其心，誰救之哉？」〔註85〕兄弟之間不友愛，並不僅僅是兄弟倆的問題，它可能會波及到子侄、群僕之間，會使子侄不睦，族人、僕從疏遠甚至成仇敵。結果，當兄弟有難時，無人相助。所以，兄弟之間要坦誠相待，親愛有加，要學仁人愛弟之道。「仁人之於弟也，不藏怒焉，不宿怨焉，親愛之而已矣。親之，欲其貴也；愛之，欲其富也。」〔註86〕「兄須愛其弟，弟必恭其兄。勿以纖毫利，傷此骨肉情。周公賦棠棣，田氏感紫荊。連枝復同氣，婦言愼勿聽。」〔註87〕從兄弟之間天然的血緣來看，兄弟之間應友愛相處。但許多兄弟卻「悖逆天性，生雖同胞，情猶胡越，居雖同室，跡若路人，不知薄兄弟即是薄吾父母矣。」〔註88〕

　　兄弟交惡會妨礙父子關係，同樣，父子關係不好，也會影響兄弟關係：「古人謂孝衰於妻子，孝衰，悌因以俱衰。人能長保幼時之心，勿令外人得以傷吾肢體，庶可永好矣。」〔註89〕同母所生的兄弟之間幼小時共同嬉戲玩耍，共同生活，同桌而食，同屋而眠，同師而學，長時期的相處，形成如同手足一樣難以割捨的親情關係。和其它四倫相比，兄弟之間相處時間最長，感情也應最深，如果兄弟友愛相處，將有無盡快樂。「古人謂人倫有五，而兄弟相處之日最長，君臣遇合，朋友薈萃，久遠固難，必也。父生子，妻配夫，其早者皆以二十歲爲準。惟兄弟或一二年，或四五年相繼而生，自竹馬遊戲以致鮐背鶴髮，其相與週旋，多至七八十年之久，恩義浹洽，猜忌不生，不聽婦言，不爲奴間，其樂有涯哉？」〔註90〕「兄弟同胞，是曰天顯，其人賢智固爲我切近師友，即中才下愚亦我同氣連枝，當倍加軫憐，況父母鞠子之哀，此義亦須深念，豈可不兄友弟恭，義厚恩深？」〔註91〕

　　在五倫中，父子關係和兄弟關係是天合的關係，其它關係均是人合關係。在宗法社會中，強調血緣認同，儒家思想認爲天合重於人合，認爲父子關係、

〔註85〕　〔北齊〕顏之推：《顏氏家訓集解・兄弟篇》，第42頁。

〔註86〕　《孟子・萬章上》。

〔註87〕　〔明〕方孝孺：《遜志齋集》卷1，《雜著》，《四箴・兄弟》。

〔註88〕　〔清〕顧天朗：《日省錄》，《叢書集成續編》第61卷，第72頁。

〔註89〕　〔清〕張履祥：《楊園先生全集》卷4，《訓子語》。

〔註90〕　〔清〕顧天朗：《日省錄》，《叢書集成續編》第61卷，第72頁。

〔註91〕　〔清〕王心敬：《豐川家訓》，《叢書集成續編》第61卷，第105頁。

兄弟關係重於君臣、夫婦、朋友關係。明人曹端說：「兄弟，天合者也；夫妻，人合者也。今人有兄弟分居，未聞有夫妻分居者焉，是則疏天合而親人合者也，豈非惑之甚哉？」〔註 92〕明清士紳本著兄弟友好利於家庭和睦，利於家道長傳的目的，訓誡兄弟之間要友好相處。從血緣上來講，兄弟之間血脈相連；從感情上來看，兄弟之間情同手足，休戚相關，「兄弟同受形於父母，雖生有先後，其初只是一人之身，所謂骨肉至親也，人惟不明此理，故悖逆天性，生雖同胞，情猶胡越，居雖同室，跡若路人，不知薄兄弟即是薄吾父母矣。」〔註 93〕所以，兄弟之間應該友好相處。明人龐尚朋在家訓中訓誡子孫說：居家要和睦互愛，切記「骨肉天親，同枝連氣，凡利害休戚，當死生相維持。若因財產致爭，便相視如仇敵，及遭死喪患難，反面不相顧，甚於路人，祖宗有靈，豈忍見此。良心滅絕，馬牛而襟裾，人禍天刑，其應如響，願子孫以此言殷鑒。」〔註 94〕

相較於父子、夫妻間的親緣關係來說，在相處的時間上，兄弟相處時間最長，因父子、夫妻之間相處要在人生二十歲以後，兄弟之間的出生間隔，少至一二歲，多至四五歲，除去這間隔的數年時間，兄弟相處可能會長達七八十年，比較而言，夫妻、父子相處的時間則至少要減掉二十年。「兄友弟恭，作為一種規範兄弟關係的道德要求，是將天賦的骨肉情感上升為一種高級的道德情感，從而賦予兄弟關係以濃厚的感情色彩。」〔註 95〕兄弟之間，少小時一同同遊，長大後共同學習。和朋友之倫相比，兄弟是天然的朋友，而朋友則是後來的兄弟，朋友之倫是人合的關係，不及兄弟之情誼來得久長。

但是，在現實社會中，兄弟之間卻爭端不斷，究其原因，有性格不合使然：「人之性或寬緩或褊急，或剛暴或柔懦，或嚴重或輕薄，或拘簡或放縱，或喜閒靜或喜紛拏，或所見者小或所見者大，所稟自是不同。……性不相合，則凡臨事之際必至於爭論，爭論不勝至於再三，則不和之端從茲漸啓，而終身失歡者有矣。」〔註 96〕也有因爭奪財產及家人的挑唆等因素導致不和：「今人多昵妻子之愛，忘兄弟之親，小則鬩牆鬥狠，大則分門割戶，側目相視，

〔註 92〕〔明〕曹端：《曹月川集》，《雜著・夜行燭》。
〔註 93〕〔清〕顧天朗：《日省錄》，《叢書集成續編》第 61 卷，第 72 頁。
〔註 94〕〔明〕龐尚鵬：《龐氏家訓》，《叢書集成新編》第 33 卷，第 194 頁。
〔註 95〕劉海鷗：《從傳統到啓蒙：中國傳統家庭倫理的近代嬗變》，中國社會科學文獻出版社 2005 年版，第 26 頁。
〔註 96〕〔清〕牟允中：《庸行編》《叢書集成續編》第 61 卷，第 74～75 頁。

如讎如敵。」〔註97〕「有無妻子是兄弟相互間關係及其與大家庭關係變化的分野。某個人一旦娶妻，他就與自己的兄弟不再『一體』了，而與他的妻子合爲一體。這樣一來，利益的中心不能不產生偏移，形成以小夫妻爲核心的小塊分割。這些分化的小群體，在利益發生衝突時不可避免地相互排斥，以維護自身的利益。」〔註98〕性格原因也好，家人挑撥也罷，這些原因都是表面現象，其本質還是利益之爭，清人沈赤然一語道破天機：「貧家兄弟多和睦，無可競也，富家兄弟多參商，各營私也。故曰饑馬在廄寂然無聲，投草其傍，爭心乃生，……徒愛而不利，則眾親而不至，徒利而不愛，則眾至而不親。」〔註99〕

怎樣解決弊端，才能夠使兄弟依然能夠親密無間？清人蔡世遠認爲兄弟間要寬宏大量，不要斤斤計較，要充滿憐愛仁慈之心：「家祚之昌，由於父兄之培積，更願諸爲父兄者，各宏裕其量，洗濯其心，去其斤斤沾沾卑卑之念，……則子弟藉爲獲福祉資，父兄亦享安榮之樂矣。」〔註100〕蔡氏指出了父兄在家人和睦與團結中起著不可推卸的重要責任，並期望父兄發揮積極主動的作用。清人張習孔則提出忍耐之法，以期最終感化對方：「彼若占吾便宜，吾一讓之，再讓之，三讓之，彼豈土木乎？常亦自知愧矣。若必不悛改，則天厭人惡，佔便宜亦不久也，耐之耐之。」〔註101〕姚舜牧指出，當「兄弟間偶有不相愜處」之時，要「明白說破，隨時消釋」，只有這樣才能夠使兄弟「無傷親愛」。兄弟間最重要的「只是個不藏不宿」。當父母健在時，有些兄弟雖有矛盾，也許還能隱忍，當雙親不在，則有可能反目，針對此情，姚舜牧指出：「兄弟雖當親歿時，宜常若親在時，凡一切交接禮儀，門戶差役，及他有急難，皆當出身力爲之，不可彼此推諉。」〔註102〕

傳統觀念認爲多子多福，門丁興旺是家庭興旺發達的標誌，而這種家庭能否長治久安，很大程度上有賴於以兄弟關係爲核心的家庭成員之間是否友好，兄弟和睦，其樂融融，家道昌隆；如果兄弟間反目爲仇，這個家庭自然會分崩離析，家道也會一蹶不振，這是明清士紳所不願看到的現象。爲保持家風不墜，明清士紳在家訓中都把兄弟友好相處當作一個重要內容而訴諸筆

〔註97〕〔明〕曹端：《曹月川集》，《雜著・夜行燭》。
〔註98〕唐凱麟、張懷承：《成人與成聖——儒家倫理道德精粹》，第239頁。
〔註99〕〔清〕沈赤然：《叢書集成續編》第60卷，第698頁。
〔註100〕〔清〕蔡世遠：《庚子秋帖示族中子弟》，《叢書集成新編》第61卷，第103頁。
〔註101〕〔清〕張習孔：《家訓》，《叢書集成續編》第60卷，第595頁。
〔註102〕〔明〕姚舜牧：《藥言》，《叢書集成新編》第33卷，第197頁。

端。但是，以上提出的針對兄弟不和的解決之道，只能暫時緩和矛盾，不能從根本上解決矛盾，要想兄弟之間永無爭端，永保和睦，最重要的是要找到導致矛盾的根本原因，以達到治標又治本的效果。

兄弟之間感情淡漠，甚至反目，雖然有性格原因，妻子及其它家人的原因，但究其實質，則是利益之爭，要想從根本上化解兄弟矛盾，就必須解決好利益分配問題。楊繼盛建議（兄弟之間）「不可各積私財，致起爭端。」〔註103〕因為「難得者兄弟，易得者財產。」所以，「當學克讓，永保家世」。〔註104〕

概括起來，明清士紳家訓中所期許的兄弟和睦之道，是本著天然的血緣親情，倡導兄弟之間要友愛、寬和、忍讓、互助，矛盾產生後要及時化解，不積怨。倡導兄弟間應「把手足的情誼置於個人的利益之上，堅決反對破壞兄友弟恭的秩序，反對以一己利益危害兄弟感情，破壞兄弟間的和睦關係。」〔註105〕當矛盾不可解決時，就要求同存異，捨小利，顧大利；捨小家，顧大家。「兄弟之間有著各自不同的特殊利益，它們是導致矛盾衝突的根源，但卻有許多共同利益，它是團結友愛的基礎。……家庭內部團結是增強家庭的凝聚力、促進家庭和睦的重要手段。兄弟團結，才能增強家庭的實力，提高家庭克服、戰勝外來困難和威脅的能力。……兄弟矛盾不可避免，但卻是家庭內部矛盾衝突，當家庭受到外來威脅的時候就應當捐棄前嫌，共同對外；當家庭遇到大險阻時，應當齊心協力，共渡難關；當家庭面臨發展關鍵的時候應當團結一致，共創未來。」〔註106〕雖然有些兄弟間的矛盾暫時難以調和，但均屬家庭內部衝突，一旦該家庭遭遇外來襲擾，則應當齊心協力，擯棄爭端，一致對外；當家庭遭遇大的威脅時，兄弟間應當團結互助，共度危難；當家庭正值發展至關重要之時，更應和睦相處，共同規劃未來發展藍圖。

相較於父子關係的等級性、夫婦關係的主從性特點來說，兄弟之間的平等性特點就顯得比較突出。兄弟間的友愛關係是雙向互動的，兄長要關心愛護弟弟，弟弟要尊敬順從兄長。但兄弟之間也並非建立在完全平等的基礎之上，汪輝祖也在家訓中提出「弟當敬事兄長」。〔註107〕楊繼盛教導小兒應箕：「敬你哥哥要十分小心，合敬吾一般的敬才是。若你哥哥計較你些兒，你便

〔註103〕〔明〕楊繼盛：《楊忠愍集》卷3，《赴義前一夕遺囑》。
〔註104〕〔清〕張履祥：《楊園先生全集》卷4，《訓子語》。
〔註105〕唐凱麟、張懷承：《成人與成聖——儒家倫理道德精粹》，第239頁。
〔註106〕唐凱麟、張懷承：《成人與成聖——儒家倫理道德精粹》，第241頁。
〔註107〕〔清〕汪輝祖：《汪龍莊先生遺書·雙節堂庸訓》卷3，《治家》。

自家拜跪，與他陪禮」。〔註108〕他們將兄弟之間的關係涵括在長幼關係之中，賦予其長尊幼卑之意。

　　大家庭中的兄弟是同居共財，還是分居析財？儒家思想主張父母在，不分居，不私財，歷代統治者也實行各種獎勵手段，鼓勵累世同居。在生產力水平低下的古代社會，也需要家庭成員團結起來，群策群力，共同促進家庭的繁榮與發展，以彰顯家庭繁榮昌盛的和樂景象。明清時期士紳大多主張同居共財。但與此同時，也出現了一些異樣的聲音，他們站在時代的前列，敏銳地察覺到，如果同居共財有名無實的話，不如分居析財，他們認爲，心合重於形合。「夫同居義取於和，忍則情有不堪，而襲同居之名，似非君子所貴，曰，必有忍，乃其有濟，忍正所以成其和也。如心實不和，強爲含忍，勢必至激怒深怨，決裂不可收拾，居同而心異，何如居異而心同？古今四方，皆一家人，豈必合聚同堂乃爲一家乎？國運家運，離析分崩，皆非人所能自主，仁人孝子，亦與時皆行，分合同異，無庸有成心也。」〔註109〕家庭的「離析分崩」不是以人的意志爲轉移，即使強行讓兄弟同居一屋，也是面和心離，不能達到預期效果。與其如此，不如面對現實，積極尋找更合適辦法使兄弟真正團結。「兄弟同居共財產生於傳統家庭經濟的內在需要，強化了人們的家庭觀念和認同心理。」〔註110〕明清時期，分居析財觀點的出現，說明隨著商品經濟的發展，社會生產力的提高，「傳統經濟內在需要」已經變得無足輕重，或者說基於傳統經濟內在需要的同居共財思想此時因經濟內在需要變得不那麼急切，反而受到衝擊，是商品經濟的發展衝擊了同居共財思想。

（四）鄰里關係：「言順氣和，救貧濟乏」

　　（人）「力不若牛，走不若馬，而牛馬爲用，何也？曰：人能群，彼不能群也。」〔註111〕是荀子對人和動物區別的看法。人是群居動物，是社會的產物，社會中的人必然要和他人發生各種關係。首先發生關係的對象是家人，家庭人際關係向外推衍，即爲鄰里關係。傳統社會中大多都是聚族而居，鄰里關係很大程度上就是與宗族成員間的關係，也就是廣義上的家庭人際關係，加之明清時期宗族發展有強化趨勢，明清士紳在家訓中非常注重鄰里關係的相處之道（鄰里成員也多是宗族關係）強調鄰里關係的和睦。俗話說，

〔註108〕〔明〕楊繼盛：《楊忠愍集》卷3，《赴義前一夕遺囑》。
〔註109〕〔清〕孫奇逢：《孝友堂家規》，《叢書集成新編》第33卷，第207頁。
〔註110〕唐凱麟、張懷承：《成人與成聖──儒家倫理道德精粹》，第235頁。
〔註111〕《荀子‧王制》。

遠親不如近鄰，鄰里之間屋相併，田相接，早不見晚見，不由得不親近。

　　與宋代家訓相比，隨著宗族擴大和宗族事務的增多，明清士紳家訓中有關和鄰睦里的內容隨之增多，可行性更強。清人張履祥說，「鄰里鄉黨與吾先世室廬相接，行輩相差，婚姻慶弔，世世弗絕，宜本厚也。」〔註112〕明清以前的家訓只強調要和睦鄰里，而明清士紳家訓中則告訴家人具體的和睦之道，操作性更強。

　　鄰里相處要有相處之道，明清士紳主張第一要有仁愛之心。當鄰里「孤寡極可念者，須勉力周濟。」〔註113〕「通族之人，皆祖宗之子孫也，……間有不能養，不能教，不能婚嫁，不能殮葬，及它有患難，莫可控訴者，皆當盡力以周全之」。〔註114〕「家稍充裕，宜由親及疏，量力以濟其貧乏，此是莫大陰騭事。不然，徒積而取怨，禍且不小矣。語云，久居不散，必遭水火盜賊，此言大可自警。」〔註115〕雖然其主觀思想受「天忌盈，人忌滿」影響，且其仁愛之心表現出由親及疏、由近及遠的差序格局〔註116〕特徵，但這並不妨礙明清士紳對宗族鄰里的關愛所表現出的樸素的人道主義思想。「鄰與我相比日久，最宜親好，假令以意氣相凌壓，……而久之，緩急無望其相助，且更有仇結而不可緩者。」〔註117〕

　　明清士紳進而將仁愛之心推衍開來，推己及人、惠及眾人，甚至眾物。明人龐尚鵬強調：「雇工人及童僕，除狡猾玩惰斥退外，其餘堪用者，必須時其飲食，察其飢寒，均其勞逸。……欲得其死力，先結其歡心，有忠勤可託者，尤宜特加周恤，以示激勵。」〔註118〕又如清人蔣伊提出「不得逼迫窮困人債負，及窮佃戶租稅，須寬容之，令其陸續完稅。終於貧不能還者，焚其券。」〔註119〕仁愛之心應由人及物，而非由物及人；或者說先人後物，而非

〔註112〕〔清〕張履祥：《楊園先生全集》卷4，《訓子語》。

〔註113〕〔明〕吳麟徵：《家誡要言》，《叢書集成新編》第33卷，第188頁。

〔註114〕〔明〕姚舜牧：《藥言》，《叢書集成新編》第33卷，第197頁。

〔註115〕〔明〕姚舜牧：《藥言》，《叢書集成新編》第33卷，第198頁。

〔註116〕按：費孝通在《鄉土中國》中指出：每個人都是他社會影響所推出去的圈子的中心，被圈子的波紋所推及的就發生聯繫，社會中最重要的親屬關係就是這種丟石頭形成同心圓波紋的性質，與他人的關係也就像水的波紋一般，一圈圈退出去，愈推愈遠，也愈推愈薄。見費孝通：《鄉土中國》，上海人民出版社2006年版，第22～23頁。

〔註117〕〔明〕姚舜牧：《藥言》，《叢書集成新編》第33卷，第198頁。

〔註118〕〔明〕龐尚鵬：《龐氏家訓》，《叢書集成新編》第33卷，第194頁。

〔註119〕〔清〕蔣伊：《蔣氏家訓》，《叢書集成新編》第33卷，第212頁。

先物後人。正如孔子得知馬廄失火時，問「傷人否？」卻不問馬。明清士紳也本著這種仁愛之心，在家訓中對家人提出了期許：「人於持齋戒殺爲行善，是功德止及於禽獸，而不及民生，此善之微者也。人以濟困扶危爲行善，是功德能及民生，而旁及於禽獸，此善之廣者也。」〔註120〕雖然這些士紳主觀目的各不相同，如或欲「得其死力」，或怕結怨遭受打擊報復，或因擔心「天忌盈，人忌滿」而散財濟眾，但大多士紳卻是本著儒家民胞物與的思想，對親族、鄰里、僕人、佃戶、弱者等實行仁愛之道，表現出其仁愛他人、愛惜環境、珍惜資源的樸素的人道主義精神。

第二，以己之有，濟人之無。相對來說，士紳家庭尤其是上層士紳家庭的經濟實力比較雄厚，對天災人禍的應變能力更強一些，大多士紳都能以仁愛之心對待周圍鄰居。他們主張在與鄰里相處的過程中，要盡己所能，關心照顧鄰里，建立良好的鄰里關係。如蔣伊指出：「積穀本爲防饑，若遇饑荒，須量力濟人，不得因歉歲，反閉糴以邀重價，子孫中有太賢者，更能推我之所未盡，救貧濟乏，養老育嬰，種種善果，天必祐之。」「宜多營救火器具，里中有急，遣人救之。」〔註121〕常言說，錦上添花不如雪中送炭。當鄰里鄉親遭遇極大困難時，給予救助、伸以援手，其意義尤爲重要。

第三，要寬和忍讓。無論是與家人、朋友還是與鄰里相處，儒家思想均主張一切以和爲貴，反對激起爭端，一旦發生爭端，要本著寬和的原則，能忍則忍，能讓則讓，儘量以平和的態度息事寧人。他們反對投訴官府，引起爭訟，導致兩敗俱傷。

龐尚鵬教育子孫與人相處要以和爲貴，嚴於責己，寬以待人，「讓」字當先：「處宗族、鄉黨、親友，須言順而氣和，非意相干，可以理遣，人有不及，可以情恕。若子弟僮僕與人相忤，皆當反躬自責，寧人負我，無我負人。彼悻悻然怒髮衝冠，訐短以求勝，是速禍也；若果橫逆難堪，當思古人所遭，更有甚於此者，惟能持雅量而優容之，自足以潛消其狂暴之氣。」〔註122〕「親舊假貸，須量力捐助，以盡吾心，勿出本圖利，以生後隙，孤煢婚喪誣妄困甚者，尤必懇惻援濟，然涼約而矯情市名，豐餘而觀募嗇施，皆非理也。但能施愼毋德色，爲鄙丈夫。」〔註123〕「鄰里歲時饋燕，急難貸恤，必洽歡盡

〔註120〕〔清〕石揔臣：《願體集》，見陳宏謀輯：《五種遺規·訓俗遺規》卷4。
〔註121〕〔清〕蔣伊：《蔣氏家訓》，《叢書集成新編》第33卷，第213頁。
〔註122〕〔明〕龐尚鵬：《龐氏家訓》，《叢書集成新編》第33卷，第194頁。
〔註123〕〔明〕許雲村：《許氏貽謀四則》，續修四庫全書本。

誠。」〔註124〕

　　上層士紳爲有產者，土地是其必不可少的資產，業農時，他們一般不會直接從事田間地頭的勞動，而是起督導、管理作用。他們大多會雇請佃農，會與佃戶發生雇傭關係，如何處理與佃農的關係，就成爲繞不開的話題。鄭板橋強調，「新招佃地人，必須待之以禮，彼稱我爲主人，我稱彼爲客戶，主客原是對待之義，我何貴而彼何賤乎？要體貌他，要憐憫他；有所借貸，要周全他；不能償還要寬讓他。」〔註125〕也許出於本能的憐憫之心，也許因當時地主與佃農之間關繫緊張，甚至出現奴變現象，士紳在家訓中對家人寄予厚望，這既是基於明清士紳本身既有的仁愛精神，也是他們針對社會現象做出的應激反應。

　　明清士紳期許的理想鄰里關係是本著仁愛精神，熱愛鄰里鄉黨。當家人和鄰里發生矛盾時，要寬和忍讓，從自身尋找原因，謀求解決方法，和以待人，嚴於責己。

　　要之，深受儒家思想影響，在處理家庭人際關係時，明清士紳遵循的基本前提是「禮」。「縱肆怠忽，人喜其佚，孰知佚者禍所自出，牽禮無愆，人苦其難，孰知難者所以爲安。嗟時之人惟佚之，務尊卑無節，上下失度，謂禮爲僞，謂敬不足行。悖理越倫，卒取禍刑，遜讓之性，天實錫汝，汝手汝足能俯興拜跪，曷爲自賊？恣傲不恭，人或不汝誅，天寧汝容，彼有國與民，無禮猶敗。矧予眇微奚恃，弗戒？由道在己，豈誠難耶？敬茲天秩，以保室家。」〔註126〕但由於宗法制和家長制的強化，尊者、長者、丈夫的權利被進一步強化，他們應盡的義務則被邊緣化；而卑者、幼者、妻子則相反，他們的權利被弱化，義務被強化。

二、治生：求生謀食的壓力

　　治生是指家庭財產的獲得、合理使用及分配。爲謀求自身和家人的生存，明清士紳一改往日士人恥於談利、只謀道不謀食的做法，在家訓中廣泛論及治生問題，其中有財產之家需要管理並合理分配財產，沒有財產之家則涉及如何謀生。這些治生思想將宋元以來家訓中的治生思想推向成熟。

〔註124〕〔明〕許雲村：《許氏貽謀四則》，續修四庫全書本。
〔註125〕〔清〕鄭板橋：《板橋家書》，《范縣署中寄舍弟墨第四書》，學林出版社 2002 年版，第 66 頁。
〔註126〕〔明〕方孝孺：《遜志齋集》卷 1，《雜著》，《家人箴》。

（一）趨於成熟的治生思想

家訓中的治生思想最早出現在宋人葉夢得的《石林家訓》中，此後，南宋袁采的《袁氏世範》、元代鄭太和的《鄭氏規範》中都提到治生問題，其中《鄭氏規範》對於家庭的經濟事務的經營管理細緻而全面。

如果說宋元時期家訓中有關治生思想還僅僅是發端的話，那麼，明清時期的士紳家訓中的治生思想則漸趨成熟。原因如下：首先，明清士紳家訓中有關治生的內容大量湧現。如明代霍韜的《霍渭崖家訓》、許相卿的《許雲村貽謀》、龐尚鵬的《龐氏家訓》、姚舜牧的《藥言》，清代張履祥的《訓子語》、孫奇逢《孝友堂家規》、高拱京的《高氏塾鐸》、鍾於序的《宗規十條》、焦循的《里堂家訓》、張英的《恒產瑣言》等家訓中對治生均有詳細論述。其次，出現了專論治生的特殊家訓。如清代士紳張英專門撰有《恒產瑣言》，訓誡家人治生的重要性及治生的內容與方法。第三，這一時期士紳論及治生的思想比較豐富，有關治生的範圍並不僅限於耕讀兩項，而是擴大到「工商皆可」的範圍。

明清時期士紳家訓中的治生思想廣泛出現，主要原因如下：

第一，明清士紳的經濟狀況每況愈下。明清時期，人口劇增，生員的錄取比例隨之增加，據學者統計，從宋代到清代，生員錄取占社會總人口的比例分別是：宋代有 20～30 萬生員，明代有 50～60 萬生員，而清代到 19 世紀，生員數達 60 萬外加捐納 60 萬，生員總數達到 120 萬。我們可將宋、明、清三朝的人口總數和生員、進士總數作一對照表：

表 1-1　宋、明、清三朝進士及生員比較表

朝代	生員總數	錄取進士數	生員占總人口的比	進士占總人口的比例
南宋	20～30 萬	23649 人	0.43%～0.45%	0.000647%
明朝	50～60 萬	24480 人	0.38%～0.46%	0.000055%
清朝	60～120 萬	26747 人	0.23%～ 0.45%	0.000031%

製表說明：據何懷宏：《選舉社會及其終結：秦漢至晚清歷史的一種社會學闡釋》（三聯書店，1998 年版第 349 頁）和陳寶良：《明代儒學生員與地方社會》（中國社會科學出版社 2005 年版，第 215～216 頁）相關內容製成。

由上表可見，從南宋到清末，社會人口在劇增，進士的錄取比例不但未

隨之增加，其占人口總數的比例反而銳減。據何懷宏統計，科舉時代歷朝錄取進士數在總人口中所佔的比重自南宋以來大體呈下降趨勢：按每科錄取進士數占總人口比例來計算，南宋時期爲 0.000647%，明代則下降爲 0.000055%，清代更低，爲 0.000031%。而生員所佔社會總人口的比例，從宋到明清變化不大，也就是說，生員數是隨社會總人口的增加成比例增加，而進士數卻未同比增加。結果，有更多生員不能通過考中進士而步入仕途，他們亦無俸祿貼補家用，其生活更爲拮据，他們屬於士紳階層中的下層。

爲求能夠仰事俯育，爲求能夠保身謀食，下層士紳不得不在家訓中頻繁地論及謀生乃至治生問題。傳統儒家思想主張士人「謀道」不「謀食」，士紳階層也以謀求成聖之道爲己任，恥談並鄙棄「謀食」之道。經典儒家所崇尚的是爲「兼濟天下」所準備的「正心、誠意」的「內聖」工夫，所重視的是修身養性，所傾心的是努力開掘與提升人的內在價值；而對於貨殖「謀食」，則持一種遠之、輕之甚至抑之的態度，這一態度實際上也成爲古代知識分子的基本信仰，其核心就是「君子憂道不憂貧」，是急於「修身」而緩於謀利，是勇於道義而恥於「治生」。〔註127〕孔子曾對顏回「一簞食，一瓢飲，在陋巷，人不堪其憂，回也不改其樂」的行爲讚賞有加，稱其爲賢。而對於樊遲請教求學稼則給予打擊，視之爲「小人」。這種「謀道」不「謀食」的思想成了後世儒家思想中顛撲不破的至理名言。但是，士人能夠「謀道」的前提是，有統治者爲其「謀道」買單。但這又帶來一個不良後果：爲求有食的「謀道」之士就不得不與統治者之間形成「剪不斷理還亂」的關係，也使得其「謀道」之舉被打上了妥協和順從的烙印。傳統社會末期，社會人口暴增，而統治者能夠提供的官位卻無多大變化，希求通過「謀道」達到「謀食」目的變得困難，即使僥倖榮登仕途，這也僅能解決爲官時的生計問題，入仕前和致仕後的生計，同樣不容等閒視之。門第時代的士大夫有門第家業可依託，他們可據此專心「謀道」，而科舉時代，在「謀道」的同時，尋求自身及家人的生存之道，就顯得比較迫切。

當生存都存在問題時，奢談「謀道」豈非空中樓閣？明人文徵明指出明朝中期士人晉升之難：「開國百有五十年，承平日久，人材日多，生徒日盛，學校廩增正額之外，所謂附學者不啻數倍。此皆選自有司，非通經能文者不

〔註127〕胡發貴：《從「謀道」到「謀食」——論宋明之際儒家價值觀念的遷移》，《中州學刊》2003 年第 5 期。

與。雖有一二倖進，然亦鮮矣。略以吾蘇一郡八州縣言之，大約千有五百人。合三年所貢不及二十，鄉試所舉不及三十。以千五百人之眾，歷三年之久，合科貢兩途，而所拔才五十人。」按此比例，每一生員在三年之中才有三十分之一的成功率。其結果自然是「……白首青衫，羈窮潦倒，退無營業，進靡階梯，老死牖下，志業兩負。」以至於出現了「……學校壅滯，遂有垂白不得入仕者」的普遍現象。〔註128〕文徵明本人就是一活生生的例子：他先後 10 次赴考，但均名落孫山，直至 54 歲時，才「以貢生詣吏部試，奏授翰林院待詔」。〔註129〕富有之家也許能夠憑藉其財富將落第子弟一次次送上考場，但家境一般的人家甚或清貧之家又將處之奈何？為避免志業兩負、為生計所迫、為立身之慮，許多士紳一改往日坐而論道的架勢，紛紛在家訓中論及治生問題。

清人沈垚曾解釋元人許衡為何會在家訓中談到治生為儒者之急務的問題：「元無祠祿可食，則許魯齋先生有治生為急之訓。若魯齋治生之言，則實儒生之急務，能躬耕者躬耕，不能躬耕則捍一藝以為食力之計。」〔註130〕這番話，也可用於解釋為何明清士紳家訓中大量出現治生內容。沈氏強調，士人只有在經濟上獲得獨立自足的保證，才能夠維持個人的尊嚴和人格。

為官前和致仕後的士紳，均因沒有官俸收入，面臨生計問題，為官者又何嘗不面臨生計艱難的窘境。明清以來的官俸極為有限，為官者不能憑此贍養全家。顧炎武曾指出，從漢朝到清朝，官員的俸祿雖然歷朝高低不一，大體上來說都偏輕，明朝以後尤烈；明朝以前的慣例尚有職田、俸田和人力差遣，到了明初也還有職田，而後來則只折成俸鈔，再到後來，是上半年給俸鈔，下半年則給胡椒、布匹之類的實物，以至於大小官員們「無以贍其家也。」〔註131〕海瑞曾指出：「士當斯世，既貧而無養矣，曰農、曰工、曰商，無非資身策也。」〔註132〕清朝亦然：清朝翰林的生活也十分清苦，有一位出生翰林名叫黃霬的，因養不起車馬，上班只能步行，頂多租個騾車，而且這種現象

〔註128〕〔明〕文徵明：《文徵明集》卷 25，《三學上陸冢宰書》，上海古籍出版社 1981 年版，第 584 頁。另見文徵明：《甫田集》卷 25，《書·三學上陸冢宰書》，影印文淵閣四庫全書本。

〔註129〕〔清〕張廷玉等：《明史》卷 287，《文徵明傳》，中華書局 1974 年點校本。

〔註130〕〔清〕沈垚：《落帆樓文集》卷 9，《外集三》，《簡箚摭存中》，《與許海樵書》，見《吳興叢書》第 188～197 冊，吳興劉氏嘉業堂刊。

〔註131〕〔清〕顧炎武：《日知錄》卷 12，《俸祿》，影印文淵閣四庫全書本。

〔註132〕〔明〕海瑞：《海瑞集》下編，《孟子貧而仕議》，中華書局 1962 年版，第 310 頁。

是：「同輩皆然，不獨一人也。」〔註133〕所以，明清各層士紳還是下層士紳在家訓中普遍談及治生問題就恬不為怪了：「不耕無以為養，且無以置吾躬也，不有耕者，無以佐讀者。」〔註134〕不治生無法謀食保身、無法仰事俯育，讀書就更無從談起。

第二，商品經濟的長足發展。明朝中後期，隨著商品經濟的發展，傳統的四民觀開始受到衝擊，「工商皆本」理念開始受到士紳的贊同，我們引用一段大家都很熟悉，但卻非常能說明問題的明人王陽明的一段文字來佐證，王陽明曾提出「四民異業而同心」的思想：「古者四民異業而同道，其盡心焉，一也。……其歸要在於有益於生人之道，則一而已。……故曰：四民異業而同道。」〔註135〕

16 世紀，商人階層的成功不斷衝擊著士人階層，此時，出現了「士而成功者十之一，賈而成功者十之九」的說法。〔註136〕士紳階層對商人階層由最初的排斥到後來的接納。士商相互滲透，或士而商，或商而士，士商聯姻的現象也極為普遍，士商之間的界限已越來越模糊。〔註137〕進而，商品經濟的發展又使得部份士人對商人表現出由衷的豔羨。清人汪中曾說他見到一個士人巴結商人：「歲甲午（1774 年）余館揚州榷署，以貧故，肄業書院中。一日薄晚，偕中（作者按：此指汪中）至院門外，各騎一駭獠，談徐東海所著《讀筍通考》得失。忽見一商人，三品章服者，肩輿訪山長。甫下輿，適院中一肄業生趨出，足躬揖商人曰：昨日前日並曾至府中叩謁安否，知之乎？商人甚傲，微頷之，不答也。」〔註138〕商人的倨傲，士人的謙卑躍然紙上，足見世風的變化。

商品經濟的發展及商人的成功，使得士紳不再鄙棄商業，開始接受這樣的變化，從默認到鼓勵子孫根據實際情況擇業，所擇職業不再局限於士農兩類。明人姚舜牧指出：「人須各務一業，第一品格是讀書，第一本等是務農，

〔註133〕〔清〕歐陽兆熊、金安清：《水窗春囈》，中華書局 1984 年版，第 57 頁。

〔註134〕〔清〕孫奇逢：《孝友堂家訓》，《叢書集成新編》第 33 卷，第 209 頁。

〔註135〕〔明〕王陽明：《王文成全書》卷 25，《墓誌銘‧節庵方公墓表》，影印文淵閣四庫全書本。

〔註136〕《豐南志》第 5 冊，《百歲翁狀》，轉引自張海鵬、王廷元主編《明清徽商資料選編》，黃山書社 1985 年版，第 251 頁。

〔註137〕余英時：《中國歷史轉型時期的知識分子》，《明清變遷時期社會與文化的轉變》，聯經出版事業公司 1992 年版，第 35～42 頁。

〔註138〕〔清〕洪亮吉：《更生齋文甲集》卷 3，《又書三友遺書》，轉引自余英時《余英時文集》卷 3，廣西師範大學出版社 2004 年版，第 305～306 頁。

外此爲工爲商皆可以治生，可以定志，終身可免於禍患。遊手放閒，便要走到非僻處所去。」〔註139〕清人焦循說：「子弟必使之有業，士農工商四者皆可爲。若不爲此，則閒民矣，而後無所入則餓，餓則無所不爲，四民之中，執其一業，歲必有所入，有所入而量以爲出，可不餓矣。」〔註140〕這些士紳對於子弟所擇何業，已經不再特別看重，他們看重的是要「有業」，唯其如此，子孫後代才能夠守身而不至於挨餓，也不會因無業而遊手好閒，最終導致道德淪喪，他們已認識到，只有經濟獨立才能有人格獨立。

　　第三，與社會觀念的變化尤其是與「貧窮」一詞的詞義由中性詞演變爲貶義詞有關。據臺灣學者梁其姿研究，在宋代以前，貧富差別在古代的中國社會一直是明顯的經濟現象，但「貧窮」並不構成一個需要解決的特殊經濟社會問題。當時人看來，貧民之所以構成社會問題，並非單純地由於物質上的匱乏，而是由於缺乏家族鄰里的幫助。古人認爲引起社會問題的貧人主要產生自不完整的家庭，如果政府將這種倫理上的缺陷加以彌補，社會上就不會存在無助的貧人，所以，古代中國認爲貧窮與道德無關，貧窮狀況在道德上是中性的，不反映當事人的道德，或者說，當事人的道德修養並不決定他的經濟狀況。並且，在儒家的早期傳統中，士人的形象往往還與貧窮分不開，士人也愛以貧來標榜清高。從宋代開始，由於商業的異常發達，社會上可看到新的財富累積，財富與商業的觀念開始發生重大的變化，但這些觀念的變化在宋代似乎只在經濟思想的層面上產生影響，而仍未深入到個人道德的層面。16 世紀以後，隨著經濟發展到另一個高峰，社會與文化觀念也發生了許多重要變化，貧與富在此獲得了新的道德意義。過去貧與富作爲道德中立的思想此時發生了改變，貧人的道德逐漸受到懷疑。貧人不一定有優良品德，相反一些富人卻有勤儉的美德，財富只要不過份，即具有正面價值。貧窮狀況在明末日益顯著的負面價值，對士人與仕宦階層的心態影響最大。〔註141〕所以，晚明以來，越來越多的士人爲維持一定的生活水準，走上治生之路，他們在家訓中也積極論述治生問題，畢竟，「不貧則可以專心學問」。〔註142〕

　　明清士紳之所以在家訓中廣泛論及治生問題，是與當時社會經濟的發展

〔註139〕〔明〕姚舜牧：《藥言》，《叢書集成新編》第33卷，第198頁。
〔註140〕〔清〕焦循：《里堂家訓》，《叢書集成續編》第60卷，第659頁。
〔註141〕以上由梁其姿著作《施善與教化——明清的慈善組織》（河北教育出版社2001年版，第13頁至第67頁）總結而成。
〔註142〕〔清〕錢泳：《履園叢話》，中華書局1979年版，第183頁。

及士紳所面臨的生存現狀密切相關，一方面經濟的發展衝擊了士紳階層，使其能夠以客觀的心態直面商人及商業；另一方面，士紳階層的日益貧困化及社會對「貧窮」一詞衍生出的貶義含義促使其不得不考慮治生問題，以達到仰事俯育、求生謀食、回應社會觀念的變化等多重效果。社會的劇變促進了士紳階層的職業覺醒，而士紳階層職業的覺醒又反過來推動了社會對四民職業的重新認識與定位，明清士紳由此形成了多元性家族職業觀。

（二）多元共生的治生理念

1.「學者以治生為要」──治生的必要性

治生是為了解決自身和家人的生計問題，生計問題不能解決，則難以守身，最終會為求生謀食而降低道德底線，乃至道德淪喪，這是明清士紳最擔心的問題。所以，要想進德，先要守身，要想守身，先要解決生計問題，為此，明清士紳在家訓中普遍談到治生問題。他們開始認識到「治生是要緊事」。〔註 143〕這類士紳，在在有之。如清人焦循指出：「學者以治生為要，一切不善，多由於貧，至於貧而能堅守不失，非有大學問不能，莫如未窮時，先防其窮。」〔註 144〕焦循建議，與其因貧窮而不能保持人格尊嚴，不如在貧窮尚未出現時，防患於未然。張英認為不事治生，「究至謀生無策」。〔註 145〕相反，如果積極治生，則生活有著落，無飢寒之虞，不會因豔羨他人而使尊嚴喪失。治生有恒業，也不會養成驕傲、奢侈、狡點、欺詐的不良習氣，既為保身，也為保家：「耕則無遊惰之患，無飢寒之憂，無外慕失足之虞，無驕奢點詐之習，思無越畔，土物愛厥心臧，保世承家之本也。」〔註 146〕高拱京指出勤治生的三大益處，第一，治生可以免飢寒；第二，治生可以致壽考；第三，治生可以遠淫僻。〔註 147〕史搢臣指出：「少年子弟不可令其浮閒無業，必察其資性才力，無論士農工賈，授一業與之習，非必要得利也，拘束身心，演習世務，諳練人情，長進學識，這便是大利益。」〔註 148〕

總結明清士紳關於治生重要性的論述表現在以下幾個方面：首先，治生可以避免不良習氣的形成，從而維持基本的道德操守；其次，治生可以解決

〔註 143〕〔明〕溫璜：《溫氏母訓》，《叢書集成新編》第 33 卷，第 204 頁。
〔註 144〕〔清〕焦循：《里堂家訓》，《叢書集成續編》第 60 卷，第 659 頁。
〔註 145〕〔清〕張英：《恒產瑣言》，《叢書集成新編》第 33 卷，第 214 頁。
〔註 146〕〔清〕張英：《恒產瑣言》，《叢書集成新編》第 33 卷，第 214 頁。
〔註 147〕〔清〕高拱京：《高氏熟鐸》，《叢書集成續編》第 60 卷，第 638 頁。
〔註 148〕〔清〕史搢臣：《願體集》，〔清〕陳宏謀輯：《五種遺規》，《訓俗遺規》卷 4。

生計問題，不致因生活窘迫而喪失人格尊嚴；其三，治生可以瞭解人情世態，練達事務，鍛鍊身體。但是，應注意的一點是，他們僅僅將治生看作不得已之舉，或者說是爲治學創造物質基礎，而並非要沉溺於其中，他們反對「因而廢學，一任蚩玩」，這樣做「則不可耳。」〔註149〕認爲那種「只爲俗物將精神意趣全副交與家，緣這便喚作家人，不喚讀書人。」〔註150〕所以，明清士紳強調治生，其出發點是爲了守身而已：「學問之道，無他奇異，有國者守其國，有家者守其家，士守其身，如是而已。所謂身，非一身也。凡父母兄弟妻子之事，仰事俯育，決不可責之他人，則勤儉治生洵是學人本事。而或者疑其言之有弊，不知學者治生絕非世俗蠅營狗苟之謂，即莘野一介不取予學術，無非道義也。」〔註151〕《溫氏母訓》中也指出：「若肯高低各執一業，大小自成結果」，各安生理，自然就不會貧困。因爲「人有父母妻子，如身有耳目口鼻，都是生而具的，何可不一經理？」〔註152〕所以，「唯眞志於學者，則必能讀書，必能治生。天下豈有白丁聖賢、敗子聖賢哉！豈有學爲聖賢之人而父母妻子之弗能養，而待養於人者哉！然則當何以救之？曰治生以學爲本。嗟乎，士苟志於學，則豈唯能讀書治生而已哉！修齊治平，悉於斯焉取之。而有未能者，亦必不可謂之學。故曰：士惟志學而已矣。」〔註153〕治生是治學的基礎，而治學是爲了治國平天下，反過來說，不能治生則無以治學，自然也就不能實現「修齊治平」的家國情懷。

士紳階層最引以爲榮、有別於其它階層的是文化資本，而且他們本身也是文化載體，他們在家訓中反覆強調讀書實屬常態。但是，明清士紳卻也亟亟談論治生，可以看出，明清士紳已經將較多的精力轉向現實人生，轉向人倫日用，說明他們已經逐漸趨於現實，他們的「生存態度發生了變化，即從激越趨向平實，從過份激進的政治進取和道德自勵，轉而關注人倫日用和世俗人生。」〔註154〕關於這一思想我們也可以從時人的其它著述中得到印證：清中期錢泳在其《履園叢話》中說道：「商賈宜於富，富則利息益生；僧道宜

〔註149〕〔清〕張履祥：《楊園先生全集》卷4，《訓子語》。
〔註150〕〔明〕溫璜：《溫氏母訓》，《叢書集成續編》第33卷，第204頁。
〔註151〕〔清〕陳確：《陳確集》卷5，《學者以治生爲本論》，第158頁。
〔註152〕〔明〕溫璜輯：《溫氏母訓》，《叢書集成續編》第33卷，第204頁。
〔註153〕〔清〕陳確：《陳確集》卷5，《學者以治生爲本論》，第159頁。
〔註154〕胡發貴：《從「謀道」到「謀食」──論宋明之際儒家價值觀念的遷移》，《中州學刊》2003年第5期。

於貧，貧則淫惡少至。儒者宜於不貧不富，不富無以汩沒性靈，不貧則可以專心學問。」〔註155〕錢泳的直白表述，說明了貧窮對於儒者專心向學的妨礙。

概而言之，明清士紳之所以強調治生，一方面是因為他們認識到治生可以自立，可以健身，可以養德，另一方面治生可以練習事務，長進知識，為將來治理國家進行前期準備。他們將治生－治學－治國三者串聯起來，形成一個相互依存的關係鏈，其中治生是基礎，治國是終極目的。從治國這一終極目的來看，治生可以說是其物質條件，而治學則是其精神準備，只有當二者必備，士紳才能夠在將來的經世濟國中有所作為。

2. 「農工商賈，無不可為」——治生思想中的職業期許

明清時期，因現實原因，士紳在家訓中暢談治生問題，打破士人恥談「謀食」的傳統，將謀道與謀食有機地結合起來，對「明其道不計其功，正其誼不計其利」的高要求，進行變通，賦予其與時俱進的意義。具體到職業的選擇方面，他們對傳統的四民觀持何態度？我們整理明清士紳相關的家訓，製表如下：

表1-2　明清士紳家訓中的職業期許

家訓作者	朝代	家訓著作	職業期許	備註
張履祥	清	《訓子語》	「治生以稼穡為先，捨稼穡無可為生者。」〔註156〕	
張英	清	《恒產瑣言》	「獨有田產，不憂水火，不憂盜賊……」〔註157〕	
鍾於序	清	《宗規十條》	「逐末以營生，不若力農而務本。」〔註158〕	
姚舜牧	明	《藥言》	「吾子孫但務耕讀本業」〔註159〕	
劉良臣	明	《鳳川子克己示兒編》	「四民莫苦於農，亦莫樂於農。」〔註160〕	

〔註155〕〔清〕錢泳：《履園叢話》卷7，第183頁。
〔註156〕〔清〕張履祥：《楊園先生全集》卷4，《訓子語》。
〔註157〕〔清〕張英：《恒產瑣言》，《叢書集成新編》第33卷，第214頁。
〔註158〕〔清〕鍾於序：《宗規十條》，《叢書集成續編》第60卷，第645頁。
〔註159〕〔明〕姚舜牧：《藥言》，《叢書集成新編》第33卷，第198頁。
〔註160〕〔明〕劉良臣：《鳳川子克己示兒編》，續修四庫全書本。

焦循	清	《里堂家訓》	「子弟必使有業，士農工商四者皆可爲。」〔註161〕	
孫奇逢	清	《孝友堂家訓》	「不有耕者，無以佐讀者。」〔註162〕	
史搢臣	清	《願體集》	「無論士農工賈，授一業與之習。」〔註163〕	
高拱京	清	《高氏塾鐸》	「讀書之暇，即當用力農圃。」〔註164〕	
龐尚鵬	明	《龐氏家訓》	「子弟以儒書爲世業，……力不能，則必親農事。」〔註165〕	
石成金	清	《傳家寶》	「若氣質愚鈍不能讀書，就教他做正經生理。爲農也可，爲工也可，爲商賈也無不可。」〔註166〕	
許雲村	明	《許雲村貽謀》	「農桑本務，商賈末業，巫事醫卜者皆可食力資身。」〔註167〕	
汪輝祖	清	《雙節堂庸訓》卷5，《蕃後》	「農工商賈，無不可爲。」〔註168〕	
朱舜水	清	《朱舜水集·與諸孫男書》	「汝輩既貧窘，能閉門讀書爲上；農、圃、漁、樵，孝養二親，亦上也；百工技藝，自食其力者次之；萬不得已，傭工度日又次之。」〔註169〕	遺民
陳確	清	《陳確集·與同社書》	「吾輩自讀書談道外，僅可宜力農畝，必不得已，醫卜星象，猶不失爲下策。」〔註170〕	遺民
王孟祺	明	《講宗約會規》	「士農工商，業雖不同，皆是本職。……不得越四民之外，爲僧道、爲胥隸、爲優戲、爲椎埋、屠宰。」〔註171〕	

（製表說明：本文作者據相關文獻整理而成）

〔註161〕 〔清〕焦循：《里堂家訓》，《叢書集成續編》第60卷，第659頁。
〔註162〕 〔清〕孫奇逢：《孝友堂家訓》，《叢書集成新編》第33卷，第209頁。
〔註163〕 〔清〕史搢臣：《願體集》，〔清〕陳宏謀輯：《五種遺規》，《訓俗遺規》卷4。
〔註164〕 〔清〕高拱京：《高氏熟鐸》，《叢書集成續編》第60卷，第638頁。
〔註165〕 〔明〕龐尚鵬：《龐氏家訓》，《叢書集成新編》第33卷，第192頁。
〔註166〕 〔清〕石成金：《傳家寶》，第110頁。
〔註167〕 〔明〕許雲村：《許雲村貽謀》，《叢書集成新編》第33卷，第181頁。
〔註168〕 〔清〕汪輝祖：《汪龍莊先生遺書·雙節堂庸訓》卷5，《蕃後》。
〔註169〕 〔清〕朱舜水：《朱舜水集》，《與諸孫男書》，中華書局1981年版，第46頁。
〔註170〕 〔清〕陳確：《陳確集·與同社書》，第483頁。
〔註171〕 〔明〕王士晉：《講宗約會規》，〔清〕陳宏謀輯：《五種遺規》，《訓俗遺規》卷2。

明朝中後期以來，隨著商品經濟的發展，士紳們對社會職業，尤其是對居於四民之末的商業有了全新認識，他們對商業不再持拒斥態度，認同商業爲家人可選的職業之一。這是一個較大變化。具體來說，明清士紳家訓中關於職業選擇的思想，主要表現如下：

第一，「但務耕讀本業」── 以讀、耕爲首選職業

自春秋以來，「士」就居於「四民」之首，士紳階層自然將「士」作爲理想職業首選。科舉制度誕生後，由士而仕是士紳家庭最理想走向成功的路徑。這種理想一旦實現，不但讀書者本人獲得極大的政治、經濟功效，而且使全家通族共享此殊榮。這種理想的實現使得個人理想與家族理想乃至國家理想有機地結合起來，使成功者既享有實惠，又擁有社會榮譽，也可獲得較高的社會地位。所以，明清以來，對於士紳階層來說，最理想的職業自然是「士」業。對他們來說，「讀書，業之美而貴者也。」〔註172〕

清人汪輝祖的認識，充分說明了士紳對子弟選擇「士」業爲職業首選的現實原因：

> 子弟非甚不才，不可不業儒，治儒業，日講古先道理，自能愛惜名義，不致流爲敗類，命運亨通，能由科第入仕，固爲美善。即命運否塞，藉翰墨糊口，其途甚廣，其品尚重，故治儒業者，不特爲從宦之階，亦資治生之術。〔註173〕

汪氏認爲，治儒業有幾大優勢：第一，學習先賢經典，進德修身；第二，入仕做官，光宗耀祖；第三，即使命運不濟，也可以翰墨治生。當然，其中最理想的期待是「命運亨通，科第入仕」。清人馮班也一語道出了從事儒業可達名利雙收的效果：「爲人之所不能爲，知人之所不能知，盡心力而務之，不得利必得名，人皆不如我，我得名利也。」〔註174〕

讀書做官固然是立身揚名、光宗耀祖最便利、最迅捷的途徑，但是，競爭的激烈使得這一道路荊棘叢生、險惡重重，有幸蟾宮折桂者少之又少。當子弟不適合讀書，走「仕途」無望時，或經濟條件不允許時，是一意孤行還是另作他圖？部份士紳在家訓中給出了出路，強調治生除卻「士」業外，首

〔註172〕〔清〕馮班：《鈍吟雜錄》卷 1，《家戒》上。
〔註173〕〔清〕汪輝祖：《汪龍莊先生遺書・雙節堂庸訓》卷 5，《蕃後》。
〔註174〕〔清〕馮班：《鈍吟雜錄》卷 1，《家戒》上。

選業農。在傳統農業社會中，士人階層比較典型的治生方式是耕讀，業農就成爲不能業儒的士子較能接受的職業選擇，甚至許多士紳只選耕讀爲治生手段。如鍾於序、張履祥、姚舜牧、孫奇逢、劉良臣、高拱京、龐尚鵬等，從上表中可以看出，這種觀點占到我們所選16位士紳中的半數，即達到50%。

持此觀點者認爲，以農業爲治生手段者，兒女可以承歡膝下，常享天倫之樂；只要不變賣田地，無論發生任何變故，田地依然是自己的，不會被他人奪去；和其它職業相比，力農更加穩當可靠，雖不致於大富，但也不至於使人貧困無依，不會像從事商業一樣大起大落，難以把握。「逐末以營生，不若力農而務本。歲時伏臘，家家兒女歡闠，雞犬桑麻處處，室廬安樂。今年荒歉，還看來歲豐收，百日勤劬，卻享三多逸豫。」〔註175〕張英認爲田產既無水火盜賊之憂，又無離亂易主之慮，是保產隆家最可靠之法：「天下貨財所積，則時時有水火盜賊之憂，至珍異之物，尤易招尤速禍，草野之人，有十金之積，則不能高枕而臥。獨有田產，不憂水火，不憂盜賊，雖有強暴之人，不能競奪尺寸；雖有萬鈞之力，亦不能負之以趨。千萬頃可以值萬金之產，不勞一人守護，即有兵燹離亂，背井去鄉，事定歸來，室廬蓄聚，一無可問，獨此一塊土，張姓者仍屬張，李姓者仍屬李，芟夷墾闢，仍爲殷實之家。嗚呼，舉天下之物，不足較其堅固，其可不思所以保之哉？」〔註176〕

不過，這些認識對業農的艱辛認識不足，也沒有充分認識到氣候對農業的制約作用。明人劉良臣的分析則比較全面：「四民莫苦於農，亦莫樂於農，何也？祈寒暑雨沾體塗足，晏眠早起，苦骨勞筋，目維草萊，耳絕絲竹，友牛羊而棲山坡，一目不到，一足不臨，不失天時則失人事，人力可假而不可託，苦孰甚焉？事和年豐地饒，力至麥穀果實，困盈倉積，績紡備具，豚雞肥佳，不履市井，不越山河，父兄聚首，妻子團圓，輸租供役，會友睦鄰，歲晚功休，擁爐閉戶，衎衎春溫，樂孰大焉？」〔註177〕苦中有樂，樂中有苦，苦樂相較，還是樂莫大焉。

清人張履祥認爲：「商賈近利，易壞心術；工技役於人，近賤；醫卜之類又下工商一等。」〔註178〕姚舜牧建議：「吾子孫但務耕讀本業，切莫服役於衙

〔註175〕〔清〕鍾於序：《宗規十條》，《叢書集成續編》第60卷，第645頁。
〔註176〕〔清〕張英：《恒產瑣言》，《叢書集成新編》第33卷，第214頁。
〔註177〕〔明〕劉良臣：《鳳川子克己示兒編》，續修四庫全本。
〔註178〕〔清〕張履祥：《楊園先生全集》卷4，《訓子語》。

門，但就實地生理，切莫奔利於江湖」，因為「衙門有刑法，江湖有風波。」
〔註 179〕在他們看來，商業要運用計謀來獲得利益，這會有損於品德的修煉，
且經商者風裏來、雨裏去，囤無出有，浮沉商海，既辛勞又存在較大風險；
工技受人驅使，屬於低賤職業；它們均屬傳統士人鄙視的職業，而農業則不
然：農業收成是勞動所得，用之泰然，業農有利於強身健體，也無須運用計
謀，春種秋收，只需老老實實地遵循自然規律即可，於道德修養大有好處；
再者，業農者也無須背井離鄉，可常享天倫之樂。許多士紳有錯誤預設：運
用計謀經商獲利，屬不正當做法，長此以往，會導致道德淪喪；有的又認為
有些職業受人驅使，從業者地位下賤，也不宜從事，因而只主張耕讀為業。

　　部份明清士紳主張耕讀兼顧，亦耕亦讀，以耕促讀，以讀助耕。他們甚
至對於耕與讀的時間分配都作了妥當安排：「子侄入社學，遇農時俱暫力農，
一日或寅卯力農，未申讀書；或寅卯讀書，未申力農。或春夏力農，秋冬讀
書，勿袖手坐食，以致窮困。」〔註 180〕但是有人擔心，對謀食的過多專注，「則
耕漸勤，學漸荒，而傳統絕。」〔註 181〕對此，張履祥辯證分析道：「人言耕讀
不能相兼，非也。人只坐無所事事，閒蕩過日，及妄求非分，營營朝夕，看
得讀書是人事外事。又為文字章句之家，窮年累歲而不斷休息，故以耕為俗
末勞苦不可堪之事，患其分心。若專勤農桑，以供賦役，給衣食，而絕妄為，
以其閒讀書修身，僅優游也。農工有時多只半年，諺曰：「農夫半年閒」，況
此半年之中，一月未嘗無幾日之暇，一日未嘗無幾刻製息，以是開卷誦習，
講求義理，不已多乎？」〔註 182〕張氏認為，耕田並不妨礙讀書，耕作之餘多
有閒暇，利用這些閒暇就能夠很好地讀書。

　　《論語》言「耕也，餒在其中矣；學也，祿在其中矣。」元典儒家思想
曾將耕讀對立起來，片面強調「讀」。而明清士紳則對儒家的學習觀，賦予時
代意義的詮釋。他們強調讀書的重要性，但也充分認識到「耕」的重要性，
將耕與讀提到了同樣重要的地位，如果說，「讀」是屬於精神文化建設，那麼，
「耕」則屬於物質文化建設，二者缺一不可，相輔相成。通過「讀」，個體的

〔註 179〕〔明〕姚舜牧：《藥言》，《叢書集成新編》第 33 卷，第 198 頁。
〔註 180〕〔明〕霍韜：《家訓》，轉引自俞岳恆：《歷代名人家訓》，嶽麓書社 1991 年
　　　　版，第 171 頁。
〔註 181〕錢穆：《國史大綱》下冊，商務印書館 1994 年版，第 50 頁。
〔註 182〕〔清〕張履祥：《楊園先生全集》卷 4，《訓子語》。

文化素養得到提高，通過「耕」，不但為個體發展提供物質保障，使個體有健康體魄，促進個體的「讀」。所以，明清士紳普遍強調耕讀兼顧，以耕促讀，以讀助耕，這一思想反映出明清士紳家訓中的普遍的重農思想，也同國家「以農為本」的政策導向一致。

第二，「諸業均可」——治生取向的多元化

深受傳統觀念的影響，從宋代開始談及治生思想的家訓中，有關的職業選擇主要是以務農為主。如元朝的許衡所倡導的治生職業：「學者治生最為先務，苟生理不足，則於為學之道有所妨，彼旁求妄進及作官謀利者，殆亦窘於生理所致。士君子當以務農為生，商賈雖逐末，果處之不失義理，或以姑濟一時，亦無不可。」〔註183〕他將商賈之業作為「姑濟一時」的不得已之選，足以看出農耕思想對其影響之深，也可以看出商品經濟的發展在宋元時期還不足以對士紳階層造成強力衝擊。

錢穆說，「中國社會結構，自漢武以下，不斷以理性控制事實，而走向一條路，即以士人為中心，以農民為底層，而商人之成旁枝。因此社會理想除卻讀書做官，便是沒世為農。」〔註184〕錢穆的認識適用於門第時代。到了科舉時代，尤其是商品經濟取得長足發展的明朝中後期以來，這一論斷不甚貼切。此時工商業也被提到治生的日程上，「工商皆本」的理念出現並被不斷強化，以致士紳將士農工商均當作治生手段，並加以實踐。

傳統農業社會的「四民」職業觀，既是社會經濟發展的反映，反過來也影響著社會的發展。「一旦社會的人口職業觀念形成一個次序，成為一種等級的概念，就會生成一種無形的導向，造出一種社會壓力，制約人們的擇業行為，從而影響社會職業的供需，影響社會的發展。而人口職業結構及其調整的影響與社會產業的變化密切相連，是社會經濟變動的眼光重要標誌。」〔註185〕一旦社會經濟有了新的變化，它必然也在人們的擇業觀上表現出來。

乾隆年間士紳謝啓昆在家訓中論及擇業的觀念則更具有前瞻性：

世間不過士農工商四等人，以士言之，若能專志一力，積學問，取高第，致顯宦，守道勤職，上而尊主澤民，下至一命之吏，於物

〔註183〕〔清〕黃宗羲：《黃宗羲全集》第6冊，浙江古籍出版社1992年版，第533頁。

〔註184〕錢穆：《國史大綱》下冊，第849頁。

〔註185〕吳建華：《明清江南人口社會史研究》，群言出版社2005年版，第233頁。

必有所濟，仰不愧君父，俯不怍妻子，豈不受用？即作一窮秀才，
工詩文，善書法，或稱為才子，或尊為宿儒，桃李及門，館穀日豐，
豈不受用？農春耕夏耘，婦子偕作，沾體塗足，揮汗如雨，非老不
休，非疾不息，及獲有秋，歡然一飽，田家之樂，逾於公卿，豈不
受用？百工研精殫功，早起夜作，五官並用。其成也五行百產，一
經運動，皆成至寶，上之馳名致富，次之自食其力，計日受值，無
求於人，不困於天，豈不受用？商則貿遷有無，經舟車跋涉之勞，
有水火盜賊之慮。物價之低昂，人情之險易，一一習知。行之既久，
一諾千金，不脛而走千里。大則三倍之息與萬戶等，次亦蠅頭之利
若源泉然，豈不受用？然此皆從刻苦中來也。然則士之攻書，農之
力田，工之作巧，商之營運，正其受用時也。〔註 186〕

謝氏並無執優執劣的職業高下觀，這是商品經濟的發展在精神層面的反映。
16 世紀以來，商品經濟取得長足發展，明清士紳的擇業取向上也隨之發生多
元變化。這一時期，士紳在家訓中論及有關治生的職業選擇，除卻士業，不
再單純以農業為主，職業選擇趨於多遠。上表中肯定工商可以為業的士紳也
達到一半，說明這一時期士紳職業觀的明顯變化。

　　我們再來比較兩則選自南宋陸游和袁采的家訓，看看他們對家人子弟的
治生期許：

子孫才分有限，無如之何，然不可不使讀書。貧則教訓童稚以
給衣食，但書種不絕足矣。若能布衣草履，從事農圃，足跡不至城
市，彌是佳事。⋯⋯仕宦不可常，不仕則農，無可憾也。但切不可
迫於衣食為市井小人事耳，戒之戒之。〔註 187〕

士大夫之子弟，苟無世祿可守，無常產可依，而欲為仰事俯育
之資，莫如為儒。其才質之美，能習進士業者，上可以取科第致富
貴，次可以開門教授，以受束脩之奉。其不能習進士業者，上可以
事筆箚，代箋簡之役，次可以習點讀，為童蒙之師。如不能為儒，
則醫、卜、星相、農圃、商賈、技術，凡可以養生而不至於辱先者，

〔註 186〕〔清〕謝啟昆：《訓子俚文》，轉引自俞嶽衡：《歷代名人家訓》，嶽麓書社 1991
　　　　年版，第 275～276 頁。

〔註 187〕〔宋〕陸游：《陸放翁家訓》，見〔明〕葉盛：《水東日記》，卷 15，影印文淵
　　　　閣四庫全書本。

　　皆可爲也。子弟之流蕩，至於爲乞丐、盜竊，此最辱先之甚。〔註188〕
可以看出，南宋時期，士人對於子弟擇業還是局限於傳統的四民順序中的前
兩項——士和農。士業爲擇業首選，陸游將農業排在第二位，捨此無他；袁
采推薦的職業範圍相對比較寬泛，但將工商業幾乎排在最末，其擇業觀仍然
以科舉爲準繩，或者以科舉爲擇業的指揮棒。北宋後期規定，除了不孝悌者
外，還包括工商雜類及僧道歸俗之人，均不得參加科考，考進士還需找三人
作保，以保證考生不是出身工商雜戶及僧道。〔註189〕可見，宋代士人對於商
賈之業依然持排斥態度，把習儒業當作唯一高貴的選擇。

　　明清時期，工商職業在家訓中被屢屢提到，其被提及的頻率僅次於耕讀，
說明當時社會工商業的發展、清代以來匠戶的解放、商人地位的提高等社會
現實對士紳階層潛在影響。但我們也應看到，明清士紳還是將讀與耕看作擇
業首選：「第一品格是讀書，第一本等是務農。」〔註190〕他們提倡「擇業首儒
次農」。〔註191〕若不能力學，則「就其材質，授以行業，農工商賈無不可爲。」
〔註192〕說明明清士紳擇業觀雖有變化、有改觀，但還不能越出傳統職業觀的
藩籬。

　　朱舜水與陳確等遺民，不仕清朝，面臨的生計形勢非常嚴峻，他們對於
子弟職業選擇的限制更少。朱舜水曾說：「汝輩既貧窶，能閉門讀書爲上；農、
圃、漁、樵，孝養二親，亦上也；百工技藝，自食其力者次之；萬不得已，
傭工度日又次之。」〔註193〕陳確也建議：「吾輩自讀書談道外，僅可宜力農畝，
必不得已，醫卜星象，猶不失爲下策。」〔註194〕說明遺民在捨棄仕宦之路後，
謀生的需求更急迫，他們對職業的選擇範圍也就更寬泛。這種現象說明只有

〔註188〕〔宋〕袁采：《袁氏世範》卷中，《處己》，影印文淵閣四庫全書本。
〔註189〕按：《宋史》卷155，《選舉志》中規定：「不許有大逆人緦麻以上親，及諸不
　　　　孝、不悌、隱匿工商異類、僧道歸俗之徒。」
〔註190〕〔明〕姚舜牧：《藥言》，《叢書集成新編》第33卷，第198頁。
〔註191〕〔明〕龐尚鵬：《龐氏家訓》，《叢書集成新編》第33卷，第192頁。龐尚鵬
　　　　是出身木商之家的進士，對工商業有獨到而深刻的認識，他的擇業觀很具有
　　　　代表性，可以說，他的擇業觀既代表了當時的士紳也代表了當時商人：「士農
　　　　工商各居一藝，士爲貴，農次之，工商又次之。量力勉圖，各審所尚，皆存
　　　　乎其人耳。予家訓首著士行，餘多食貨農商語，皆就人家日用之常，而開示
　　　　塗轍，使各有所執循。」
〔註192〕〔清〕汪輝祖：《雙節堂庸訓》卷5，《蓄後》。
〔註193〕〔清〕朱舜水：《朱舜水集》，《與諸孫男書》，第46頁。
〔註194〕〔清〕陳確：《陳確集·與同社書》，第483頁。

解決「謀食」問題，才能暢談「謀道」，這類士紳已經由激越回歸現實，對儒家思想做出了符合時代變化的變通，他們既要「謀道」也要「謀食」，他們將「謀道」當作「謀食」後的精神追求，而「謀食」又是「謀道」的經濟支柱。

明清士紳雖然認為其它職業也可治生，但他們是把其它職業當作對耕讀的一種有益補充而已。首先，這種思想的出現與士紳階層的特殊性有關：士紳是飽學儒家思想的文化人，通過讀書而擁有知識，是士紳與其它階層明顯不同的標誌。讀書是他們曾經的選擇，或正在做的事情，甚至是畢身的事業。科舉制度確立後，士紳們有的通過讀書已經走上仕途，有的正在讀書，期望藉此步入仕途，有的希望通過讀書修身進德。無論如何，通過讀書擁有知識可以說是士紳顯著的階層特色。擁有文化權利的士紳一向把「謀道」作為己任，明清時期，這些士紳雖然因現實原因在家訓中頻繁論及治生問題，他們在內心深處還是對讀書有一種難以割捨的情結，他們任何時候都不會忘記「讀書種子」，所以在治生思想中，讀書成為其難以繞開的一個重要內容。希望子孫走讀書 —— 應試 —— 中舉 —— 做官之路也是大多數士紳家庭對家人的期許，反映到擇業觀上，則把士業作為治生首選。

其次，中國傳統社會是農業社會，傳統理念是安土重遷，政策導向是以農為本，社會流動減少，自然也減少不穩定因素，利於國家的穩固統治，有利於國計民生，農業因此受到歷代統治者的大力提倡，士紳階層屬既得利益者，一般來說，他們也是國家政策的有力擁護者。

儘管如此，我們仍不能否認明清士紳所倡導擇業觀的積極意義。即使有條件地提倡「諸業均可」，仍然表明其思想觀念已經開化，他們的職業觀已經不再局限於耕讀兩業，而是擴大到工商諸業，這是明朝中後期以來商品經濟發展在其思想觀念中的折射，促使他們在家訓中暢談包括商業在內的治生問題。

梁漱溟曾總結說：「在中國，耕與讀之兩事，士與農之兩種人，其間氣脈渾然相通而不隔。士與農不隔，士與工商亦豈隔絕？」〔註195〕「士紳階層作為社會文化資本的持有者，他們對社會輿論往往有導向作用，他們深受商品經濟發展所影響的治生觀，反過來又會促進社會商品經濟的進一步發展。其治生觀「客觀上為商品經濟的合理性提供了一種理論的論證和辯護。於是，一切從事商品生產的行為，也就獲得了道義上的支持和聲援。這在一定程度上會沖淡歷史所

〔註195〕梁漱溟：《中國文化要義》，上海世紀出版集團 2005 年版，第 136 頁。

強加於商、商人之上的恥辱印記，也多少會改變人們輕商、鄙商的社會成見，這就為人們的貨殖經營創造了一種寬鬆的環境。另一方面，知識分子在古代社會的特殊地位也使其思想言論有著重要的示範效應。……因此，士言『治生』，不僅會有力地衝擊賤商的歷史堅冰，而且也會引導、鼓勵人們跟著去『治生』，其對商業、對商品經濟的促進作用，自是不言而喻的。」〔註196〕

深受儒學濡染的明清士紳，因應時代的變化，將「謀道」與「謀食」有機結合，他們追求那種「志在世道人心，而又能躬親稼圃，囂囂自得」〔註197〕的理想境界。士紳倡言治生既使其精神追求有物質保障，也使得物質追求得到精神上的支持。士紳階層能夠在追求精神享受的同時，坦然面對物質利益，以達到「正其誼而謀其利，明其道而計其功」〔註198〕的雙重效果。

（三）「清貧立品，勤儉持身」的治生宗旨

作為儒家思想承載主體的士紳提倡治生理念，是現時生活使然，也是他們能夠直面現實，做出的理性選擇，這是一種歷史的進步。他們所提倡的治生宗旨突出表現出以儒家思想為精神內核的特點。

1.「勤則生善，儉則致豐」

傳統的農業社會，生產力不發達，生產資料和消費資料有限，若對這些有限財富不進行合理安排、統籌規劃，使之頃刻告罄，不但影響家庭的正常運轉，而且一旦遭遇變故，就會措手不及，坐等敗亡。怎樣對有限的財富進行合理分配，就顯得相當重要。儒家先賢開出的良藥是勤儉，自古以來，節儉是君子應具備的美德之一，孔子曾說：就禮俗而言，過與不及都不合適。太過奢侈則越禮悖法；太過節省，則顯得簡陋而不合禮分。權衡過與不及之間，與其奢侈，不如因陋就簡，質樸一些更好。〔註199〕「民生在勤，勤則不匱」，〔註200〕從個人生存的角度來看，節儉可以積聚財富，保身保家，勤與儉是一對孿生兄弟，二者缺一不可。勤為開源，增加財富；儉為節流，積累財富。不勤勞則沒有收入，難以興家；不節儉則沒有結餘，難以隆家。

〔註196〕胡發貴：《從「謀道」到「謀食」── 論宋明之際儒家價值觀念的遷移》，《中州學刊》2003 年第 5 期。

〔註197〕〔清〕李顒：《二曲集》卷 38，《四書反身錄‧論語下》，中華書局 1996 年版，第 488 頁。

〔註198〕〔清〕顏元：《顏元集》，《四書正誤》卷 1，中華書局 1987 年版，第 163 頁。

〔註199〕《論語‧八佾》。

〔註200〕〔宋〕林之奇：《尚書全解》，卷 19，影印文淵閣四庫全書本。

　　明清士紳繼承了先賢主張勤儉的優良傳統，他們在家訓中論及治生宗旨時，無不談到勤儉內容。明人王孟祺認爲，既要勤，也要勤之以道，要恪守符合儒家倫理道德的勤勞準則：

> 勤則職業修，惰則職業墮。修則父母妻子仰事俯育有賴，墮則資身無策，不免姍笑於姻裏。然所謂勤者，非徒盡力，實要盡道。如士者，則須先德行，次文藝，切毋因讀書識字舞弄文法，顛倒是非，造歌謠匿名帖。舉監生員不得出入公門，有玷行止，仕宦不得以賄敗官，貽辱祖宗。農者不得竊田水，縱牲畜作踐，欺賴佃租。工者不可作窯巧售敝僞器什。商者不得紈綺冶遊酒色浪費。〔註201〕

王氏以爲，爲了對父母妻子盡到仰事俯育之功，必須勤於治生，不僅要盡力，更要盡道，既要做好本職工作，也要約之以道，處之以德。

　　清人孫奇逢曾組織家人討論勤與儉的關係，辯論孰重孰輕，一子說：「勤非儉，終年勞瘁，不當一日之奢靡。」似乎是儉更重要一些。另一子說：「一生之計在勤，一年之計在春，一日之計在寅，治家、治國、治身、治心，道豈有先於此者乎？」似乎是勤更重要。而孫奇逢最後總結陳詞說，勤和儉都很重要，更爲重要的是「無欲」：「勤儉一源，總在無欲，無欲自不敢廢當行之事，自無禮外之費，不期勤儉而勤儉矣。」〔註202〕

　　焦循指出勤儉對於道德操守的重要作用：

> 儒者以治生爲要，一切不善，多由於貧，至於貧而能堅守不失，非有大學問不能，莫如未窮時，先防其窮，防之道如何？曰勤曰儉，曰量入以爲出，……知所出，則又量歲之所入以準之，以此處家自無匱乏之矣。所入不足以食肉，寧食蔬；所入不足以食飯，寧食粥。……不甘其餓，則有不能自守者，必先籌其不至於餓也。〔註203〕

汪輝祖也認爲：

> 不惟寒素之家，用財以節，幸處泰世，尤當準入量出，一日多費十錢，百日即多費千錢，……富家兒一敗塗地，皆由不知節用而起。〔註204〕

〔註201〕〔明〕王孟祺：《講宗約會規》，〔清〕陳宏謀輯：《五種遺規》，《教女遺規》卷下。

〔註202〕〔清〕孫奇逢：《孝友堂家訓》，《叢書集成新編》第 33 卷，第 210 頁。

〔註203〕〔清〕焦循：《里堂家訓》，《叢書集成續編》第 60 卷，第 659 頁。

〔註204〕〔清〕汪輝祖：《雙節堂庸訓》卷 3，《治家》。

勤是創造財富，但並不是對物質貪得無厭的追求，儉是積累財富，但不是吝
嗇，該用則用，該節儉時節儉，這才是對勤儉的正確態度。勤儉不僅是治生
的方法，更是人生的態度，是一種道德修養，是為了促進人的道德的完善。「儉
之一字，其益有三，安分於己，無求於人，可以養廉；減我身心之奉，以周
極苦之人，可以廣德；忍不足於目前，留有餘於他日，可以福後。」〔註205〕
「勤勞節儉作為一種美德，不僅具有外在價值，能夠保證物質需要的經常滿
足，更具有內在的精神價值，它可以促進人的本質力量充實、提高與完善，
是德與富的源泉。勤儉所增進的物質財富是暫時的、有限的，而它內涵的精
神財富則是永恆的、無限的。」〔註206〕唐彪指出勤儉的具體做法，其原則是
量入為出：「農工商賈，各安本分，務凡事量入以為出，每歲十分留二三，以
備不虞，毋爭虛體而多閒費，此中等之家理財之法也。」〔註207〕

懶惰是相對於勤勞而言，奢靡是相對於節儉而言。奢靡是指大量錢財用
於過度享受和過份消費中。明清以來，隨著商品經濟的發展，世人從衣著打
扮到婚喪嫁娶等大小事務，無不日漸奢靡，士紳們面臨的嚴重問題是怎樣防
止子弟過於奢靡。明朝中後期以來，社會上日趨奢靡的風俗引起士紳們的擔
憂。如康熙年間舉人鍾於序描述當時社會奢靡之景：

> 人情多厭樸而趨華，世俗每好奢而惡儉，在貫朽粟紅之戶，固
> 未克持盈，即繩樞甕牖亦誰能安分？儲無擔食，偏思饌列珍饈，地
> 少立錐，尚欲衣裁羅綺，徵歌劇飲，不恤妻子涕饑，賽會迎神罔念
> 室家懸磬，似此浸淫莫及，勢必俯仰依人。……豈如忍當前之澹泊，
> 省不急之經營，留有限之脂膏，屏無涯之嗜欲，清貧立品，且圖無
> 辱無榮。勤儉持身，更可漸充漸裕。〔註208〕

身處如此奢靡的社會，士紳子弟也概莫能外，稍不自持，他們就會不知不覺
地融入其中。針對這種現象，明清士紳一方面積極尋找應對之策，另一方面
訴諸家訓，對家人寄予勤儉期許，以求養德保家。

如果說，勤儉既可保家，又可養德，那麼懶惰與奢靡則會導致家敗與德

〔註205〕〔清〕唐彪：《人生必讀書》，〔清〕陳宏謀輯：《五種遺規》，《訓俗遺規》卷
　　　　4。
〔註206〕唐凱麟、張懷承：《成人與成聖——儒家倫理道德精粹》，第217頁。
〔註207〕〔清〕唐彪：《人生必讀書》，〔清〕陳宏謀輯：《五種遺規》，《訓俗遺規》卷
　　　　4。
〔註208〕〔清〕鍾於序：《宗規十條》，《叢書集成續編》第60卷，第646頁。

喪。宋人司馬光曾論述過儉和奢的辯證關係：「夫儉則寡欲，君子寡欲，則不役於物，可以直道而行；小人寡欲，則能謹身節用，遠罪豐家。……侈則多欲，君子多欲，則貪慕富貴，枉道速禍；小人多欲，則多求妄用，喪身敗家。是以居官必賄，居鄉必盜。」〔註209〕

明清士紳繼承先賢的思想，反對懶惰與奢靡。許汝霖認為節儉是治生的根本，要想治生，先宜節儉。〔註210〕明人劉良臣指出勤儉是理財的要訣，他讚賞勤儉，反對奢靡。「勤儉之宜中與正而已矣。蓋四肢一惰，則百務無成，放僻邪侈隨至矣。故曰，人生在勤，勤則不匱也。用度一侈，則百貨不惜，鬻產辱先無忌矣。故曰：儉，德之共也；侈，惡之大也。」但是，他對過份的勤勞和過份的節儉均持反對態度，主張不偏不倚的「中正」觀：「夫勤儉固為美德，然過勤則終歲勞勞，輕身徇物；過儉則計較分毫，而褊忐可惡。心以中正為則，可焉？薛文清公曰：夏葛冬裘、饑食渴飲，朝作暮息之得其正皆時中也，正此謂也，若當裘而葛，當食而飲，當息而作，其得為中正乎？」〔註211〕既不過於勤勞，也不懶惰；既不過於節儉，也不奢侈，對它們持「適中」的態度，反映儒家中庸思想對其影響之深。另外，從經濟發展的角度來看，這種中庸思想對人們積極進取、奮發上進也有妨礙。這是值得反思的。

與節儉對應的是吝嗇和奢侈，既不吝嗇也不奢侈，即為節儉。所以節儉實際上也是一種中庸之道。節儉和吝嗇之間有共通性，二者都主張少用，節儉超過了一定的度，則會滑向吝嗇一端。明清士紳均能辯證地看待節儉和吝嗇，他們提倡節儉，但反對吝嗇，他們提倡當節儉則節儉，當用則用，但不妄用。汪輝祖指出：「節用者，非不用也，特不宜妄用耳。錢之義為泉，取其流，無取其滯，惟事必需用，故貴有財。」〔註212〕唐彪認為，該用即用，即為節儉，該用時不用，則為慳吝。「慳吝與儉有大別，當於理之謂儉，吝於財之謂慳。」〔註213〕清人蔡世遠指出：「凡義所應用，不可有一毫吝心也。」〔註214〕

〔註209〕〔宋〕司馬光：《傳家集》卷67，《訓·訓儉示康》，影印文淵閣四庫全書本。
〔註210〕〔清〕許汝霖：《德星堂家訂》，《叢書集成新編》第33冊，第224頁。
〔註211〕〔明〕劉良臣：《鳳川子克己示兒編》，續修四庫全書本。
〔註212〕〔清〕汪輝祖：《雙節堂庸訓》卷3，《治家》。
〔註213〕〔清〕唐彪：《人生必讀書》，〔清〕陳宏謀輯：《五種遺規》，《訓俗遺規》卷4。
〔註214〕〔清〕蔡世遠：《壬子九月寄示長兒》，《叢書集成續編》第61卷，第104頁。

　　浪費財物的奢靡現象，其危害是顯見的。但相對於奢靡來說，慳吝也大有弊端，而其危害性又不易被人所察。「奢濫者，耗財之媒，人皆知之；貪吝者，害財之大，人人鮮知，蓋貪既生吝，吝則當用不用，所謂惜小費而不能成大事，吝極必貪，貪則不當取而取。所謂求利未得而吝已隨之，貪吝之害，不尤大於奢吝者乎？」〔註215〕極度的慳吝必將導致極度的貪婪，當用不用導致不當取而取，最後害己害人。

　　合義而用，不爲奢侈，是爲節儉；不合義不用，非爲吝嗇，是爲節儉。但不合義而用，則爲奢靡；合義少用或不用，則爲慳吝。所以，節儉是把握好「義」這個度，該用就毫不猶豫地用，不該用則義無反顧地棄之不用，是否合「義」是判斷節儉與否的唯一標準。

　　崇尚節儉是歷代家訓不變的主題，明清時期，隨著商品經濟的發展，這種思想觀念又有變化。節儉是在小農經濟條件下，在社會物質財富還不夠豐富的情況下，人們必然要遵循的規則，傳統的節儉之德與比較落後的社會生產力相適應。這種節儉之德，表現出被動消極的特點：「它不是主張通過積極發展生產來滿足人們不斷增長的消費需要，而只是一味消極地抑制消費，通過人爲地降低需求來被動地實現與供給不足的低水平生產之間的平衡。如果我們正視市場經濟發展的客觀現實，就不能接受傳統儉德的這種消極性、被動性，而應當揚棄傳統儉德。」〔註216〕

　　其實，對於節儉和奢靡的辯證關係，明人已經有論述：

　　　　論治者例欲禁奢，一味財節則民可與富也。噫！先正有言：天
　　　地生財，止有此數。彼有所損，則此有所益。吾未見奢之足以貧天
　　　下也。自一人言之，一人儉則一人或可免於貧；自一家言之，一家
　　　儉則一家或可免於貧。至於統論天下之勢則不然。治天下者將欲使
　　　一人一家富乎？抑亦欲均天下而富之乎？予每博觀天下之勢，大抵
　　　其地奢則其民必易爲生；其地儉則其民必不易爲生也。何者？勢使
　　　之然也。今天下之財富在吳越，吳俗之奢莫甚於蘇，越俗之奢莫甚
　　　於杭。奢則宜其民之窮也。而今蘇杭之民，有不耕寸土而口含膏梁，
　　　不操一杼而身衣文繡者，不知其幾，何也？蓋俗奢而逐末者眾也。

〔註215〕〔明〕劉良臣：《鳳川子克己示兒編》，續修四庫全書本。
〔註216〕呂耀懷：《「儉」的道德價值——中國傳統德性分析之二》，《孔子研究》，2003
　　　　年第3期。

> 只以蘇杭之湖山言之，其居人按時而遊，遊必畫舫，肩輿、珍羞、
> 良醞、歌舞而行，可謂奢矣。而不知輿夫、舟子、歌童、舞妓，仰
> 湖山而待爨者不知其幾。故曰，彼有所損則此有所益。若使傾財而
> 委之溝壑，則奢可禁。不知所謂奢者不過富商大賈、豪家巨族自侈
> 其宮室車馬飲食衣服而已。彼以梁肉奢，則耕者庖者分其利；彼以
> 紈綺奢，則鬻者織者分其利。〔註217〕

明清士紳所提倡的節儉，更多的是屬於消費環節的節儉，這對於一家一戶的
生存自然有好處，但從整個社會來說，不進行擴大再生產，必然導致經濟發
展萎縮。從長遠來說，要倡導適當地節儉，以便於個人和家庭的再生產，但
也要適當地消費，以便於整個社會經濟的良性循環，明清士紳站在自身的角
度，繼承古人的傳統，倡導節儉，本也無可厚非，但我們應該認識到，節儉
和消費之間的辯證關係。

　　若一味地提倡節儉，而不思考怎樣擴大再生產，把生產局限於簡單再生
產，不利於整個社會經濟尤其是商品經濟的發展。生產和消費要形成互動關
係。通過生產創造出的財富，要進行合理的消費，合理的消費又會促進生產
進一步發展，比如，合理的消費會刺激流通、加速貨幣的周轉及商品的生產，
增加就業率等，從而促進生產的發展，這樣雙方形成一個良性互動的連帶關
係，進而促進整個社會經濟的發展。

　　2.「義中求利，本分生涯」

　　治生自然與謀利脫不了干係，既然士紳治生是為了獲得仰事俯育的保
證，是為了避免人格尊嚴喪失的權宜之舉，治生為手段而不是目的，其最終
目的是以治生促讀書，所以，明清士紳的又一個治生宗旨是「義中求利」，適
可而止。

　　深受儒家思想濡染的明清士紳主張「義中求利」，反對「見利忘義」，主
張「本分生涯」，反對「利己損人」。義利關係，儒家先賢向來就有討論，如
孔子曾經指出：「富與貴，是人之所欲也，不以其道得之，不處也。貧與賤，
是人之所惡也，不以其道去之，不去也。」〔註218〕在孔子看來，「不義而富且
貴，於我如浮雲。」〔註219〕朱熹在《四書集注》中對「義」進行闡釋：「義者，

〔註217〕〔清〕陸楫：《蒹葭堂稿》卷6，《雜著》，續修四庫全書本。
〔註218〕《論語·里仁》。
〔註219〕《論語·述而》。

事之宜也。」「義者，天理之所宜。」「義者，心之制、事之宜也。」朱熹賦予「義」以三種意思：第一，義是處理事務應該與否的標準；第二，義是宇宙萬物所應遵循的規律；第三，義是個體自身處理事務所應具有的道德規範。可見孔子並不反對富貴，但是他強調要以正確的方法達到富貴，用不義之法謀取富貴，是被孔子鄙棄的。

　　明清士紳們在論及治生宗旨時，均主張以「義」爲準則，反對捨義取利、見利忘義。清人石成金建議家人要存好心，做好事，本分治生，義中求利：「教他循禮守法、不可意大心高，教他義中求利、本分生涯，不可利己損人、明謀詐取。」〔註220〕清人蔣伊建議家人要心存善念，買賣公平、不能使欺耍詐：「交易及買賣日用等類，不得以重等入，輕等出，及用大小稱。」〔註221〕「交易分明不得貪小便宜，鄰於刻剝，致人有怨言。」〔註222〕獲取利益時，要「見利思義」。清人馮班甚至指出不但要見利思義，更要見利思害。因爲「無故之利，害之所伏也。君子惡無故之利，況乎爲不善以求之乎？君子固窮，不求利，所以無害，則利莫大焉。」〔註223〕

　　除從積極方面敦促家人子弟要存善心、做好事、遵禮法、講本分之外，明清士紳還從消極方面規勸家人子弟不要存非分之想、獲非分之得：「古人甚禍非分之得，貨悖而入，亦悖而出。吾見世人非分得財，得財也得禍也。積財愈多積禍愈大，往往生出異常不肖子孫，做出無限醜事，資人笑話。」〔註224〕「憑勢位以侵奪田園，其破家也可翹足而待，挾氣力以魚肉閭里，其殺身也可拭目而觀，故曰非義而強，其斃必速。」〔註225〕

　　獲取不義之財致富，反倒不如清貧守身：「與其濁富，寧守清貧。」〔註226〕關鍵時還要有「狥大義當芥視千金之產」〔註227〕的氣概。史搢臣建議治生要公道公平：「必要平心公道，而利有自然者，順其自然，則無妄念，而不冒險，如蓄有米而望米價貴，蓄有布，而念布價增，則其心不平；大入而小

〔註220〕　〔清〕石成金：《傳家寶》，第35頁。

〔註221〕　〔明〕蔣伊：《蔣氏家訓》，《叢書集成新編》第33卷，第212頁。

〔註222〕　〔明〕蔣伊：《蔣氏家訓》，《叢書集成新編》第33卷，第213頁。

〔註223〕　〔清〕馮班：《鈍吟雜錄》卷1，《家戒》上，影印文淵閣四庫全書本。

〔註224〕　〔明〕高攀龍：《高子遺書》卷10，《家訓》，影印文淵閣四庫全書本。

〔註225〕　〔清〕沈赤然：《寒夜叢談》，《叢書集成續編》第60卷，第702頁。

〔註226〕　〔明〕鄒元標：《願學集》卷1，《家訓》，影印文淵閣四庫全書本。另見《家訓詩》，《古今圖書集成·明倫彙編·家範典》。

〔註227〕　〔明〕許雲村：《許氏貽謀四則》，續修四庫全書本。

出，造假以混真，則其道不公；不平不公，皆出於利心太重。究之，豐嗇有數，未必即如其意，空起刻薄心腸，即或獲利，未必親享其利，世有商賈成家而子孫不享厚澤者，良由此也。」〔註228〕

沈赤然教育家人說：「天下事有利必有害，人徒見利不見害也。而豈知害即生於利中；有福必有禍，人徒見福不見禍也，而豈知禍即伏於福內。故曰，不求利者為無害，不求福者為無禍。」〔註229〕利害互換、禍福相倚的觀念使他們反對對財富的過份追求，希望適可而止：「財取足用而已，過多適足以為患；國多財則天下必瘠；卿大夫多財則死亡必至，士多財則賄必玷精，庶民多財則盜賊必窺，故曰有餘為害者，物莫不然，而財其甚焉者也。」〔註230〕深受「謙受益，滿招損」觀念影響，他們害怕過多財富會帶來災難，主張適可而止，夠用就行。這種適可而止的中庸思想固然可以使士紳子弟避免罔顧其它、過度求利，但也妨礙子弟勇往直前、積極進取。

還有士紳提到要常懷敬畏之心，這種敬畏之心實際上是一種對所從事職業的高度責任心、敬業精神。「人生自幼至老，無論士農工商，智愚賢不肖，刻刻常懷畏懼之心，如明中畏天理，暗地畏鬼神，終身畏父母，讀書畏師長，居家畏鄉評，做官畏國法，農家畏旱潦，商賈畏虧折，兢兢業業，方了得這一生。」〔註231〕其中的「畏懼」，實則主張治生要以合理的方法獲得，要將「義」的原則貫徹始終，反對為滿足物欲追求而不擇手段、無所畏懼，反對不用道德約束、主張以「義」制「欲」。

明清士紳治生思想的成熟，既有現實原因，也有他們自身對現實的體認，他們主張治生，但並非將獲利作為唯一目的，這是與專業商人明顯不同之處。他們主張是適可而止、見好就收，倡導「寡營以養廉恥」，〔註232〕他們時刻難忘的是「讀書種子」。對他們來說，治生只是手段，而不是目的。清人陸世儀曾總結道：「治家人生產非必如今人封殖，只是調料得停當，使一家衣食無缺，……蓋衣食所以養產，衣食足自不致輕易求人，輕為非禮之事，然後可立定腳跟向上做去。若忽視治生，不問生產，每見豪傑名士，往往以衣食不足不矜細行而喪其生平者多矣。可不戒哉？切莫為力量所不能為之事，是亦

〔註228〕〔清〕史搢臣：《願體集》，〔清〕陳宏謀輯：《五種遺規》，《訓俗遺規》卷2。
〔註229〕〔清〕沈赤然：《寒夜叢談》，《叢書集成續編》第60卷，第697頁。
〔註230〕〔清〕沈赤然：《寒夜叢談》，《叢書集成續編》第60卷，第702頁。
〔註231〕〔清〕史搢臣：《願體集》，〔清〕陳宏謀輯：《五種遺規》，《訓俗遺規》卷2。
〔註232〕〔清〕孫奇逢：《孝友堂家規》，《叢書集成新編》第33卷，第206頁。

治生之一訣也。」〔註233〕他們僅把治生看作謀生、進德的途徑，並不將其當作致富手段。

士紳階層的理想因治生而擁有物質基礎，有了實現理想的先決條件，但他們並不認為治生是實現這種理想的最佳方式，他們對治生缺乏足夠的熱情。他們暢言治生，是為了解決讀書進德的後顧之憂，他們反對過度陷溺其中。《溫氏母訓》曾言：「治生是要緊事，……人有父母妻子，如身有耳目口鼻，都是生而具的，何可不一經理，只為俗務將精神意趣全副交與家緣，這便喚作家人，不喚讀書人。」〔註234〕他們只求自足、適可而止，不妄求，不存非分之想。「置田所以自給自足，粥蔬不必刻苦經營以求多，亦不必成方，但取得麥稻以供口食，仰事俯畜而已。以賤值獲良田，尤不可存此見。」〔註235〕

傳統士人提倡「君子謀道不謀食」〔註236〕，他們認可「君子喻於義，小人喻於利。」〔註237〕他們忙於正心、誠意，專注於修身養性等「內聖」工夫，而無暇且不屑於求田問舍、運有販無等謀生手段。（士）「所業者有以極天下之精，所任者有以極天下之大，其於耕稼之勞，鄙賤之事，非徒不屑，亦所不暇；非徒不暇，正亦不必親也。」〔註238〕他們「憂道不憂貧」，對「道」的重視及對「食」的忽視，使得這些古代士人不得不與王朝國家發生千絲萬縷的聯繫，甚至與王朝國家妥協，獲取「謀道」之食，他們因此不得不放棄高自標致的道德追求，將自己的生命智慧同官方的意識形態相調和，換來不自由之身。即使身為食粟之官，如果所食之粟的數量有限，自身及家人如何度日，不由得他們不考慮，而食粟之前和食粟之後，生計問題又如何解決？更何況尚有一批明朝遺民，他們自願棄絕入仕求食之路，游離於王朝政治的邊緣，沒有俸祿可食，「謀道」與「謀食」的矛盾衝突更加突出。

孔子之徒顏回即使面臨「一簞食，一瓢飲，在陋巷」，卻「不改其樂」。明清時期，隨著商品經濟的發展，這種寬鬆的環境卻不復存在，儒家道德同一性遭受到奢靡風氣的空前挑戰。據臺灣學者梁其姿研究，明清以前，「貧

〔註233〕〔清〕陸世儀：《思辨錄》，〔清〕陳宏謀輯：《五種遺規》，《訓俗遺規》卷2。
〔註234〕〔明〕溫璜輯：《溫氏母訓》，《叢書集成新編》第33卷，第204頁。
〔註235〕〔清〕焦循：《里堂家訓》卷上，《叢書集成續編》第60卷，第667頁。
〔註236〕《論語・衛靈公》。
〔註237〕《論語・里仁》。
〔註238〕〔明〕羅欽順：《整庵存稿》卷3，《序・送大行人歐陽君序》，影印文淵閣四庫全書本。

窮」還是一個中性詞，不蘊含道德意韻，到了明清時期，「貧窮」一詞，富含貶義，人人鄙而遠之，去貧窮之道，唯有治生一策。如何在儒家倫理道德的框架內維持基本的生存條件，成了他們首先必須考慮和解決的問題。

身遭貧困威脅的明清士紳，靜心反思「謀道」與「謀食」的複雜關係，「謀食」的渴望漸漸置於「謀道」道德價值範疇之前，重視道德修煉的物質基礎，突出士紳經濟人格獨立性的思想開始萌發，並蔓延開來。他們的治生理念中又摻入儒家思想內核，他們主張以儒家思想作為治生的思想指歸，仁義、公平、守信等價值觀是其遵循的必要宗旨。

因是士紳，而非專業的農、工、商人，他們的治生出發點和追求目的自然有別於這些專業人員。他們治生的最終目的也並非獲取高額利潤，而僅僅是為了能夠保持尊嚴獨立及人格的持守，為了能夠仰事俯育。當目的達到時，他們就會及時收手，專心讀書。他們對治生不會投入過多精力，這種做法既影響士紳本人治生效果，也導引著世人對治生的態度——因為作為文化資本的持有者，士紳能夠通過文化輿論指引世人，士紳的治生觀在改變世人輕商觀念的同時，他們的適可而止、持中之道的指導思想也同樣在指引著世人對治生淺嘗輒止，這種做法又妨礙商品經濟的充足發展。

概言之，以士紳身份治生，使儒家經濟倫理觀念深入治生運作中，使治生行為在儒家仁義、公平、守信等思想的指導下處於良性運作之中。這一宗旨也被播撒於整個世人的經濟運作過程中，使得整個社會經濟發展在儒家經濟倫理的觀照下能夠良性發展。士紳治生觀又是一把雙刃劍，它在導引世人以儒家經濟倫理經營生理的同時，反對對利益的過份追求，治生僅是為讀書作必要的經濟奠基，一旦條件成熟，情況好轉，他們會轉而致力於讀書，這對經濟的發展不但會有負面作用，而且也導引著世人以讀書應舉為終極追求，而把除此之外的其它職業當作一時應景之舉。這一時期，不但士紳將治生作為暫時的應景之舉，商人一旦有了雄厚的經濟實力，他們又何嘗不是將財富投資於子弟讀書應舉，鼓勵子弟讀書，而非進一步擴大再生產呢？這一結果固然不能完全由士紳來負責，但他們在其中所負的輿論導向責任也不容小覷。其結果必然使經濟發展後繼乏力。

三、小　結

「儒家文化中的人都只有社會群體化單向發展途徑，人們的精神歸屬道

德化宇宙，它的血肉之軀歸屬父母所有，他的意志和行爲被父家長和君權緊緊束縛住。人們越是要成爲儒家文化稱道的人，就越要泯滅個性，否定自我，沿著儒家的道路不可能導向個人尊嚴，個性解放，自由意志和獨立人格，儒家文化造就了一個順民社會，從而成爲君主專制主義生存的最好的土壤。」〔註239〕在明清時期，「順」表現在下對上、卑對尊、女對男的義務。

明清士紳對於家庭（家族）人際關係的處理，完全遵循儒家文化的人倫規範。儒家思想強調「君君、臣臣、父父、子子」〔註240〕，具體到家庭來說，要求家庭成員各司其責、各盡其職。雖然夫婦關係被認爲是「人合」關係，但夫婦關係卻是其它一切人際關係的基礎，若無夫婦關係爲基礎，父子關係、兄弟關係、鄰里關係等都無從談起，夫婦關係對於整個家庭人際關係至關重要。明清士紳均認識到夫婦關係和諧的重要意義，訓誡子弟要注重建立良好的夫婦關係。但他們更多的是要求爲妻者應盡順從之道，而對爲夫者應盡的「義」道卻要求不多，只重視丈夫享受權利，只要求妻子恪盡義務，夫妻關係並不對等。

妻子對丈夫的順從在某些方面某些時候甚至要曲從。士紳階層是文化階層，在沒有步入仕途之前，讀書做文章爲其主要事業，只要他們在這方面有特長、做得好，其它方面的不良作爲則可忽視。如明清士紳在家訓中勸誡妻子不要反對丈夫暢遊娼樓、狎妓嫖娼——前提是他能夠讀書學習即可。可見，當丈夫的不良之舉若只對妻子個人造成傷害，明清士紳希望爲妻者採取順從態度；但若丈夫的不當行爲對整個家庭構成威脅時（如導致家人不和，丈夫本人不思進取，甚至危及家庭的安全及存在等），這時，明清士紳在家訓中普遍要求妻子克盡勸諫之道，並盡力保全家產。當婦女整體社會地位下降時，在不平等的夫妻關係中，士紳們希望爲妻者忍耐順從，這是在男權社會中，教給柔弱女子的生存之道，但這種生存之道是對妻子權利的嚴重抑制，夫妻處於絕對的不平等關係之中。殊不知，夫妻之間只有平等相處，才會琴瑟和諧，伉儷情深，才可建立良好的夫妻關係，進而有利於家庭的和諧與家道的延綿。

父子和兄弟關係則是「天合」關係，他們之間均因有血緣關係而被刻意強調。在這兩對關係中，傳統文化所期許的理想關係應是父慈子孝、兄友弟

〔註239〕林存陽等：《中國之倫理精神》，四川人民出版社2000年版，第76～77頁。
〔註240〕《論語·顏淵》。

恭，父與子、兄與弟這兩對關係者在奉獻義務的同時，也都要享受權利。但
到了明清時期，由於宗族宗法制的加強和家長制的強化，對於為父者的慈愛
和為兄者的友愛卻不再強調，甚至被「忽略」。他們更強調為子者的孝順、為
弟者的恭敬，雙方的權利和義務不再是對等的，變為對為子者和為弟者單方
面的要求，表明父權制和家長制趨於強化。

　　明清士紳治家思想除了治人觀，還有治生觀。明清士紳普遍在家訓中論
及治生問題。他們將「謀食」與「謀道」放在了同等重要的地位，直面「謀
食」，不再迴避。這既顯示出他們思想的與時推遷，也是他們逼不得已的做法。
畢竟生存是第一位的，物質文化是精神文化的經濟基礎，精神的追求需要以
物質財富為依託。士紳談治生，其認識自然就不同於普通的農、工、商等階
層，有特殊的階層特色。他們治生是為治學作物質準備，為修齊治平奠定基
礎，是為了能夠更好地修身、治學、治世。深受儒家文化濡染的士紳階層並
不把治生當作終身追求，一旦經濟條件好轉，他們會轉而向學；一旦沒有生
存危機，他們會置治生於不顧。即便身在治生，他們也準備隨時抽身，這就
決定了士紳階層治生的不徹底性和臨時性。而明清士紳在談及治生問題時，
因自身經濟條件的優劣不同，對治生中的職業寄予不同的期許，顯示出多元
共生的特點。但總的來說，由於受到傳統儒家文化的濡染，他們對治生的職
業期許是首選耕讀，希望以耕助讀，以讀佐耕，耕讀兼顧。但當他們生存艱
難時，對治生的職業要求就不那麼苛刻，如明朝的遺民士紳及下層士紳對職
業選擇就寬泛一些，不再局限於耕讀二業，只要不是賤業，他們均可接受。
談及治生原則與方法也顯示深受儒家文化薰陶的階層特色，他們將儒家思想
所主張的勤儉、信義作為治生的原則而奉為圭臬。

　　明清士紳家訓中對子弟擇業的期許，一方面是受傳統四民觀根深蒂固的
影響，另一方面是科舉取士官本位的影響，再者是明清時期尤其是明朝中後
期以來，商品經濟的發展對人們擇業觀的衝擊，幾方面的合力作用，使這一
時期士紳家訓中的擇業觀既遵循傳統，又因應時代變化。明清士紳的治生觀
是經家訓作者本人認同並教誨後人，可以讓子孫少走彎路，以達保身隆家的
多重功效。

第二章　明清士紳家訓中的修身觀：
內聖外王之本

　　修身是指個體以傳統及現實社會中主流的道德規範要求自己、約束自己，從而提高自身的道德修養，以完善自我。是人身主體自我規範、改造和完善人格的自覺過程。個人只有提高自身的道德修養之後，才能在與他人相處時以德規約自己，不致危害他人的利益，才能建立和諧的人際關係與穩定的社會秩序。「其爲人也孝悌，而好犯上者鮮矣。不好犯上而好作亂者，未之有也。」〔註1〕

　　在儒家看來，修身是道德主體對於道德客體的認同，並通過道德實踐來實現，是道德主體一種自覺的道德實踐與修煉，是以「平天下」爲指歸的基本道德要求，是每個人進入社會關係的價值操守和倫理準備。「是爲學者以社會倫理道德規範爲標準而進行的自我改造、提高自身道德素質和道德境界的一種高級實踐活動。」〔註2〕外在的倫理道德規範只有通過人們的學習、實踐、體驗和修養，內化爲人們的道德質量和習性，才能眞正發揮作用。

　　「在儒家看來，只有通過自我修養，一個人的家庭才能得到調節，他同他父親的關係才能得到協調。」〔註3〕與此同時，個人也只有提高自身的道德修養之後，才能夠以自身的高尚品行影響、感化他人，使整個社會趨於向善，從而建立和諧的社會。「其身正，不令而行，其身不正，雖令不從」〔註4〕闡

〔註1〕《論語·學而》。
〔註2〕焦國成：《中國倫理學通論》，山西教育出版社1997年版，第381頁。
〔註3〕杜維明著，曹幼華、單丁譯：《儒家思想新論——創造性轉換自我》，江蘇人民出版社1991年版，第125頁。
〔註4〕《論語·子路》。

釋的就是這個道理。余英時總結說：「中國人相信價值之源內在於一己之心而外通於他人及天地萬物，所以翻來覆去地強調『自省』、『自反』、『反求諸己』、『反身而誠』之類的工夫，這就是一般所謂的『修身』或『修養』。……自我修養的最後目的仍是自我求取在人倫秩序與宇宙秩序中的和諧。」〔註5〕

　　元典儒家思想都強調修身的重要性，強調修身是齊家、治國、平天下的先決條件。自身道德有問題，則不能奢談其它。「自天子以至庶人，壹是皆以修身為本」。〔註6〕儒家強調在兼善天下時，以德治民，反對以刑治民。「道之以政，齊之以刑，民免而無恥；道之以德，齊之以禮，有恥且格。」〔註7〕儒家認為，在促進社會發展，創建良好社會關係方面，道德比刑法的作用更好、更有效。〔註8〕修身是實現君子理想的必要前提，修身是人際和諧、治理國家的基礎；但是，道德修養的最終目的並非僅僅是獨善其身，而是為了構建和諧的人際關係和良好的社會關係，使社會處於良性運作中。（修身）「是使一個人接受他自己的文化符號資源，關心他自己的社會價值，以此逐漸建立起人性實現的過程。」〔註9〕

　　《大學》中有「知止而後有定，定而後能靜，靜而後能安，安而後能慮，慮而後能得。」這句話透徹地揭示出內在修養的重要作用。先秦儒家普遍認為，修身是士人應具備的起碼道德基準。修身的整個過程就是尋求豐富自我、增強力量、昇華認識，以便他能夠誠以待己、善以待人，形成人己和諧的生活氛圍。「傳統中國所講的修養，基本上是把個人融於社會的角色中，以社會所界定之愛憎為自己之愛憎，以期做到孔子所說的『從心所欲不逾矩』的境界。換言之，在儒家倫理支配下的中國社會，個人是存在的，但只是寓於角色中的個人。」〔註10〕

　　修身才可入仕，入仕才可宏揚儒道，最終才能實現治國平天下的政治理

〔註5〕余英時：《余英時文集》卷3，《儒家倫理與商人精神》，第 29 頁。

〔註6〕〔宋〕朱熹：《四書集注‧大學章句》，嶽麓書社 1987 年版，第 7 頁。

〔註7〕《論語‧為政》。

〔註8〕《論語‧憲問》中通過孔子與子路的問答，揭示了孔子心目中的君子形象：「子路問君子。子曰：『修己以敬。』曰：『如斯而已乎？』曰：『修己以安人。』曰：『如斯而已乎？』曰：『修己以安百姓。』」

〔註9〕杜維明著，曹幼華、單丁譯：《儒家思想新論——創造性轉換自我》，第 64 頁。

〔註10〕張德勝：《國家倫理秩序情結——中國思想的社會學闡釋》，臺北巨流圖書公司 1991 年版，第 167 頁。

想。《大學》中提到「自天子以至於庶人，一是皆以修身爲本。」並提出「格物、致知、正心、誠意」等修身必備的步驟，〔註11〕《中庸》有更爲詳盡的闡發：「君子不可以不修身，修身以道，修道以仁，欲修其身者，先正其心，欲正其心者，先誠其意，欲誠其意者，先致其知。知所以修身，則知所以治人，知所以治人，則知所以治天下國家矣。」〔註12〕《大學》、《中庸》均言由治心到治身再治天下，其發展路徑是由內向外、推己及人、漸次提高，把修身和治國平天下融爲一個邏輯縝密的統一體。

儒家思想強調入世，強調經世濟民，修身也有此目的。「儒家以道德爲安身立命、治國安邦和經世濟民的根本。」〔註13〕當然，經世濟民是否能夠實現，需要個體條件和外部條件的綜合作用，個體自身的道德修養，是個體條件的一個重要組成部份，當條件成熟時，個體通過經邦濟世使民眾身受福澤，當條件不成熟時，個體通過修身，提升道德品格，爲經邦濟世做好準備。修身也是個體入世的重要組成部份，誠如孟子所說：「故士窮不失義，達不離道。窮不失義，故士得己焉；達不離道，故民不失望焉。古之人，得志，澤加於民；不得志，修身見於世。窮則獨善其身，達則兼濟天下。」〔註14〕修身既是個體得志時經世濟民的前提，也是不得志時的心理調適良藥。儒家強調修身的最終目的是「兼善天下」，爲天下人謀福澤。通過修身來達到完善自己，還僅僅是儒家所強調的經世濟民的第一步。「德者得也，它不僅要內得於己，更應外施於人，外施與人，在某種意義上說可以是檢驗是否眞正內得於己的標準。」〔註15〕家庭的興衰與家庭內每個成員不無關係，品德修養的好壞不僅關涉到個人的名聲與發展，也會對家庭產生極大的影響。所以歷朝歷代的家訓都特別重視個人品德的修養。

中國古代社會的各個朝代都重視修身。但是，宋元以降，由於深受理學的影響，廣大知識分子片面地注重「內聖」之學，而忽視了「外王」之學，將二者割裂，使得這一時期「很明顯地只是『內聖』之學。……主要地甚至全部都是內省修身。」〔註16〕和前朝相比，明清士紳更加注重修身，他們在家訓中普遍都談到修身問題，並提出了具體的操作步驟

〔註11〕《禮記·大學》。
〔註12〕《禮記·中庸》。
〔註13〕唐凱麟、張懷承：《成人與成聖——儒家倫理道德精華》，第83～84頁。
〔註14〕《孟子·盡心上》。
〔註15〕唐凱麟、張懷承：《成人與成聖——儒家倫理道德精華》，第85頁。
〔註16〕李澤厚：《中國古代思想史論》，天津社會科學院出版社2003年版，第255頁。

及方法。〔註17〕

一、「君子之道，修身爲上」

明清士紳強調修身以提高品德修養，從最低程度上來說，是期望子弟在日趨激烈的社會競爭中能夠擁有更多優勢，以便維護個人乃至家庭利益，使家庭在社會競爭中處於不敗之地；從更高一層次上來說，則是教導子弟通過修身以達到治國平天下的終極理想。

明人方孝孺指出：「聖人之道，必察乎物理，誠其念慮，以正其心，然後推之修身；身既修矣，然後推之齊家；家既可齊，而不優於爲國與天下者無有也。故家人者，君子之所盡心而治理。天下之準也，安可忽哉！」〔註18〕寥寥數語將修身與齊家治國平天下的聯繫揭示出來，指出修身在治國平天下中的基礎作用。清人孫奇逢指出：「家運之盛衰，天不能操其權，人不能操其權，而己實自操之。父慈、子孝、兄友、弟恭，男正位於外，女正位於內，既家貧窶終身，而身型家範，爲古今所仰，盛莫盛於此。」〔註19〕爲了日後能更好地齊家和治國，明清士紳都重視對子弟修身的教導。

孫奇遇把修身和世人普遍追求的富貴、功名相比照，認爲富貴功名只能帶來一時片刻的榮耀，而道德修養卻可以令子孫永遠獲益。所以，他們普遍希望子弟要比追求功名富貴更急迫的心情追求道德的完善：「以積貨財之心積學問，以求功名之心求道德，以愛妻子之心愛父母，以保爵值之心保國家。」〔註20〕

承平之世，需要修身提高自身道德修養，以便爲齊家治國做準備。變亂之時，更需通過修身把持自己，不爲流俗所染，不喪失尊嚴與人格：「世變彌殷，只有讀書明理，耕織治家，修身獨善之策。」〔註21〕

當修身與其它追求發生衝突時，該如何處理呢？陳確指出，當修身與物質追求發生衝突時，他主張首重修身，而將物質的享受放於末位。只要能夠

〔註17〕按：雖然說理學在宋朝時期就已形成，但當時還不是官方思想，並一度受到迫害，到了明清時期，理學才成爲占統治地位的思想，理學才對廣大士紳階層產生普遍影響，並通過家訓、學校教育、社會教育及科舉考試等形式影響了明清社會的一代又一代人。

〔註18〕〔明〕方孝孺：《遜志齋集》卷1，《雜著》，《家人箴》。

〔註19〕〔清〕孫奇逢：《孝友堂家訓》，《叢書集成新編》第33卷，第210頁。

〔註20〕〔清〕孫奇遇：《仲氏家訓》，《叢書集成續編》第61卷，第87頁。

〔註21〕〔明〕吳麟徵：《家誡要言》，《叢書集成新編》第33卷，第188頁。

修身，即使終身爲布衣寒士，也強似不事修身的宰相狀元。「君子之道，修身爲上，文學次之，富貴爲下。苟能修身，不愧於古之人，雖終身爲布衣，其貴於宰相也遠矣；苟能修身，不愧於古人，雖老於青衿，其榮於狀元也遠矣。」〔註22〕姚舜牧指出，和田地相比，心地的觀照更爲重要：「凡人爲子孫計，皆思創立基業，然有至大至久者在乎？捨心地而田地，捨德產而房產，已失其本矣，況唯利是圖，是損陰騭，欲令子孫永享，其可得乎？」〔註23〕

　　精神追求和物質享受，在傳統儒家文化中是無需比較的，自然以精神追求爲重，「謀道」重於「謀食」，「謀道」具有優先和不可替代性。同爲精神追求，又當如何抉擇呢？對於士紳階層來說，個體修身與教育子孫都是屬於精神活動，當二者要有所抉擇時，個體的修身同樣先於教子，張履祥指出：「修身爲急，教子孫爲最重，然未有不能修身而能教其子孫者也。」〔註24〕沒有良好的品德修養，難以做一個好教師，品德的修養重於高於知識的探索。確實，只有擁有高尚的道德修養者，才能培養出成功的子孫後代。

　　並且，道德的修煉完全靠自己即可做到，自己可以把握，而其它諸如功名富貴卻不以自己的意志爲轉移。《庭帷雜錄》中總結說，「士之品有三：志於道德者爲上，志於功名者次之，志於富貴者爲下。……位之得不得在天，德之修不修在我。毋棄其在我者，毋強其在天者。」〔註25〕修身不但是自己能夠把握的事情，而且是時時處處都需要做的事情：「當至忙促時，要越加檢點，當至急迫時，要越加飭守，當至快意時，要越加謹慎。」〔註26〕

　　明清士紳強調修身，將修身作爲齊家、治國先決條件，希望通過「內修聖人之道」來達到「外行王者之治」；即便條件不成熟，至少也要「獨善其身」。立德、立言、立功「三不朽」爲修身的終極目標。

二、內容豐富的修身之道

（一）「日日省察，勉加檢點」

　　所謂自省是通過自我檢視，找出不足，加以改正，以達到道德的完善。孔子曾講不修德是他擔憂的事情之一：「德之不修，學之不講，聞義不能徙，

〔註22〕　〔清〕唐甄：《潛書》，《誨子》，第80頁。
〔註23〕　〔明〕姚舜牧：《藥言》，《叢書集成新編》第33卷，第199頁。
〔註24〕　〔清〕張履祥：《楊園先生全集》卷4，《訓子語》。
〔註25〕　〔明〕袁衷等輯：《庭帷雜錄》，《叢書集成新編》第33卷，第177頁。
〔註26〕　〔明〕姚舜牧：《藥言》，《叢書集成新編》，第33卷，第201頁。

不善不能改，是吾憂也。」〔註27〕曾子一日三省以進德：「吾日三省吾身，爲人謀而不忠乎？與朋友交而不信乎？傳不習乎？」〔註28〕荀子指出自省的方法，看到善的行爲，一定一絲不苟地拿它來對照自己；看到不善的行爲，一定心懷恐懼地拿它來反省自己。「見善，修然必以自存也；見不善，愀然必以自省也。」〔註29〕

自省的修身方法被明清士紳繼承。明人李應升指出，「居身須有反觀簡查之心，始可行快情滿意之事。」〔註30〕高攀龍認爲反省實際上是免禍求福，長此以往，人的思維將更加縝密，面臨事情考慮得更周詳。是否能夠反省，找出不足，正是君子和小人區別之處。「見過所以求福，反己所以免禍。常見己過，常問吉中行矣。自認爲是，人不好再開口矣。非是爲橫逆之來，姑且自認不是。其實人非聖人，豈能盡善？人來加我，多是自取，但肯反求，道理自見。如此則吾心愈細密，臨事愈精詳。一番經歷，一番進益，省了幾多氣力，長了幾多見識，小人所以爲小人者，只見別人不是而已。」〔註31〕

明人劉德新指出，自省也就是檢視自己，品行要向高於自己者看齊，激勵自己奮發向上；日常生活條件要常想不如自己的人，這樣就不會有覬覦之念。「蓋吾人之道德品誼，當向勝於我者思之，則希聖齊賢，而奮勵之心自起，吾人之居處服食，當向不如我者思之，則隨緣安分，而覬窺之念自消。……欲根不斷，愁火常煎，勢將多病易老，無益有損。」〔註32〕

自省不僅僅是檢視自己的不足，更重要的是自省後的遷善改過。清人傅山指出，「改之一字，是學問人第一精進工夫，只是要日日自己去省察，如到晚上把這一日所言所行底想想，今日那一句話說的不是了，那一件事做的不是了，便是件件都是向上熟境。若今日想，明日又犯，此等人活一百年也沒個長進，吃緊底是小底往大裏改，短裏往長裏改，窄底往寬裏改，躁底往靜裏改，輕底往重裏改，齷齪底往光明裏改，沒耳性裏往有耳性裏改，如此去讀書，只有益，決無損，久久自受益。」〔註33〕

〔註27〕 《論語・述而》。

〔註28〕 《論語・學而》。

〔註29〕 《荀子・修身》。

〔註30〕 〔明〕李應升：《官西臺寄季弟》，《叢書集成續編》第 61 卷，第 44 頁。

〔註31〕 〔明〕高攀龍：《高子遺書》，卷 10，《家訓》。

〔註32〕 〔明〕劉德新：《餘慶堂十二戒》，《叢書集成續編》第 62 卷，第 328 頁。

〔註33〕 〔清〕傅山：《霜紅龕家訓》，《叢書集成續編》第 60 卷，第 602 頁。

　　這種自省的方法，實際上也就是自反的方法，反思自己的不足，並加以改正，以達到品格的完善。自省不但包括通過檢視自我品行來敦促自己，還包括從與人交往中來檢視自己的品德。涂天相指出：「愛人而人不愛，敬人而人不靜，君子必自反也；愛人而人即愛，敬人而人即敬，君子益加謹也。」〔註34〕儒家提到三自反的修身方法。與人相處時，自己的善意付出，若沒有得到善意的回報，這時就要反觀自己，反省自己那些方面沒有做到，還須更加努力。當自己的付出得到回報，也不能就此罷休，要更加謹慎，唯其如此，個人的品德修練才能趨於完善。

　　自省是一個無處不在、無時不在的品德檢查過程。夜深時，獨處時，都要時刻自省：「心以思為職，或獨坐時，或深夜時，念頭一起，則自思曰這是好念，是惡念？若是好念便擴充起來，必見之行。若是惡念，便禁止無思。方行一事，則思之，以為此事合天理不合天理，若是不合天理，便止而勿行，若是合天理，便行。」〔註35〕，明人袁黃指出：「汝之命未知若何，即命當顯榮，常作落寞想，當順利常作拂逆想，即現前頗足食，當作貧寠想，即學問頗優，常作淺陋想。遠思揚祖宗之德，近思蓋父之愆；上思報國之恩，下思積家之福，外思濟人之急，內思閑己之邪，日日知非，日日改過，凡一日不知非，即一日安於自是，一日無過可改，即一日無步可進。」〔註36〕

　　具體自省哪些內容呢？不外乎個人言行舉止，「言恒患不能行，行恒患不能善，學恒患不能正，慮恒患不能遠，改過恒患不能勇，臨事恒患不能辨。」〔註37〕如果在言行舉止、處己為人等方面都能夠擇善從正，自省就是成功的。將自己的言行舉止都與聖賢要求相比照，如果言行舉止符合聖賢之道，就發揚光大，反之，則痛加改正。「凡日間一言一動須自省察，曰此合於聖賢之言乎？苟有不合須痛自該易，如此方是真讀書人。」〔註38〕

　　「居常只見人過，不見己過，此學者切骨病痛，亦學者公共病痛，此後讀書人，須苦切點檢自家病痛。蓋所惡人許多病痛，若真知反己，則色色有之也。」〔註39〕看不到自己的不足，只看到他人的不是，這是學人的通病，

〔註34〕　〔清〕涂天相：《靜用堂家訓》，《叢書集成續編》第61卷，第86頁。

〔註35〕　〔明〕楊繼盛：《楊忠愍集》，卷3，《赴義前一夕遺囑》。

〔註36〕　〔明〕袁黃：《訓子語》，《叢書集成續編》第61卷，第39頁。

〔註37〕　〔明〕方孝孺：《遜志齋集》卷1，《家人箴·自省》。

〔註38〕　〔清〕陸隴其：《示三兒宸徵》，《叢書集成續編》第61卷，第80頁。

〔註39〕　〔明〕唐順之：《荊川文集》，卷4，《與二弟書》，影印文淵閣四庫全書本。

需要自省痛改。

有時人們被外物蒙蔽，即使自省也難以看到不足，又該如何處理呢？明人龐尚鵬提出自律和他律相結合的方法。家庭成員分別在每月的初 10 和 25 日聚集起來，召開家庭會議，會上各自介紹近日情況，互相監督，互相學習，以提高家庭成員的整體道德水準。各個家庭成員間：或善惡之當鑒戒，或義所當爲，或事所當己者，彼此據己見次第言之，各傾耳而聽，就事反觀，勉加檢點。〔註40〕

（二）「心存敬意，以敬行事」

孔子認爲：「居處敬，執事敬，與人忠，雖之夷狄，不可棄也。」〔註41〕敬是指內心修養時要整齊嚴肅，思想專一，內心有所主持，不渙散，不二用，不受外物干擾，當外物引誘時，能敬守內心所持天理，保持純善的本性，時刻使內心處於一種警戒狀態。也就是說，無論是獨處、做事或與人相處時，都要心懷敬意，不敢任意妄爲。「敬是主體對自己認眞、對他人尊敬、對德業嚴肅的一種態度，是自己立身的根本、禮讓他人的前提，它是一種德，同時它本身反映了主體優良的道德素養。」〔註42〕

宋儒朱熹曾對敬作出全面而細緻的解釋：「敬非是塊然兀坐，耳無所聞，目無所見，心無所思，而後謂之敬。只是有所畏謹，不敢放縱。如此則身心收斂，如有所畏。常常如此，氣象自別。存得此心，乃可以爲學。敬不是萬事休置之謂，只是隨事專一，謹畏不放逸耳。敬只是一個畏字，敬無需多事，敬只是收斂來。又曰：敬是始終一事。問敬，曰：一念不存也，是間斷；一事有差也，是間斷。問：敬何以用工？曰，只是內無妄思，外無妄動……。」〔註43〕在這裡，朱熹指出敬包含多層含義：心存敬畏，身心收斂，做事專一。具體到行動中，就是心無妄念，行不妄動。他認爲爲學的根本就是居敬和持志：「蓋爲學之道莫先於窮理，窮理之要必在讀書。讀書之法莫貴於循序而致精，而致精之本則又在於居敬而持志。此不易之理也。」〔註44〕懷有恭敬之心，就不會恣意妄爲、無所畏懼。

〔註40〕〔明〕龐尚鵬：《龐氏家訓》，《叢書集成新編》第 33 卷，第 194 頁。
〔註41〕《論語・子路》。
〔註42〕唐凱麟、張懷承：《成人與成聖——儒家倫理道德精華》，第 336～337 頁。
〔註43〕〔宋〕朱熹：《朱子語類》卷 12《學六》，影印文淵閣四庫全書本。
〔註44〕〔宋〕朱熹：《性理大全書》卷 44《學二》，影印文淵閣四庫全書本。

　　明清士紳在家訓中也非常強調心存恭敬、心懷敬畏。清人史搢臣說：「人生自幼至老，無論士農工商，智愚賢不肖，刻刻常懷畏懼之心，如明中畏天理，暗地畏鬼神，終身畏父母，讀書畏師長，居家畏鄉評，做官畏國法，農家畏旱潦，商賈畏虧折，兢兢業業，爲了得這一生。」〔註45〕

　　陳確指出，恭敬、謹愼的品德往往會和階層特徵相契合，「端莊敬愼者，望而知爲學人；慢易輕誕者，望而知爲草野市井人。」〔註46〕修身以敬，心存敬意，則不會產生邪僻之念；以敬行事，則不會產生怠慢之氣，時時處處心存敬意，以敬指導言行舉止，日久天長，就會成就爲君子。反之，若沒有恭敬之念，任意恣肆，無所畏懼，則會遺留後患。清人汪輝祖以新衣受污前後人的心理變化來說明心存敬畏的必要性，「著新衣者，恐有污染，時時愛護，一經垢玷，便不甚惜，至於乾亦留痕，則聽其敝矣。儒者凜凜清操，無敢試以不肖之事，稍不自謹，輒爲人所持，其勢必至於踰閑敗檢，故自愛之士，不可有一毫自玷，當於小節，先加嚴愼。」〔註47〕

　　無論做人做事，都要心懷敬意，惟其如此，做事才能成功，做人才能完善。對父母的敬表現爲孝順，夫妻之間的敬，表現爲嚴肅和睦，兄弟之間的敬，表現爲友愛，朋友之間的敬表現爲互相有利，對童僕用敬童僕則會遵從命令，對一切世俗之事用敬，則不會受辱，敬於言語則不會妄自亂言，敬於事，則容易成功，對老師的講誦用敬，則學有所得，對書法用敬，則會日有進步，總而言之，就是要時時用敬、事事用敬。〔註48〕

　　獨處時，懷有恭敬之心，則爲愼獨。愼獨，語出《中庸》「君子戒愼乎其所不睹，恐懼乎其所不聞。莫見乎隱，莫顯乎微。故君子愼其獨也。」〔註49〕群聚時，懷有恭敬之心，即爲謙虛。「學者識見欲遠，操守欲正，器局欲大，然須從幼養成溫恭端默氣象，處眾恒以退讓下人，絕口勿矜門閥，勿炫行能，勿優劣鄉人，勿臧否時政，勿品評士大夫文行，言偶及之，稱善不稱惡。」〔註50〕

　　懷有恭敬之心者，能時時見到自己的不足，而缺少或失去恭敬心者，則常常只見自己的長處，只有見到不足才能夠遷善改過，在品德修養上更加完

〔註45〕〔清〕史搢臣：《願體集》，〔清〕陳宏謀輯：《五種遺規》，《訓俗遺規》卷2。
〔註46〕〔清〕陳確：《陳確集》，《書示仲兒》，第383頁。
〔註47〕〔清〕汪輝祖：《汪龍莊先生遺書・雙節堂庸訓》卷2，《律己》。
〔註48〕〔清〕陳確：《陳確集》，《書示仲兒》，第383頁。
〔註49〕《禮記・中庸》。
〔註50〕〔明〕許雲村：《許氏貽謀四則》，續修四庫全書本。

善自己。「能敬之人，時時見得自己不是；不敬之人，時時見得自己是。故《中庸》言君子，能戒懼而已矣；其言小人，無忌憚而已矣。」〔註51〕

明清士紳通過對先賢關於敬的思想的闡釋與衍發，強調敬對於修身的重要意義，從而倡導人人主敬，事事持敬，時時用敬，以促使個體成爲道德完人，促進個體和社會和諧統一而臻於完美的境地。

（三）積善成德、積少成多

《易經·文言》道：「積善之家，必有餘慶；積不善之家，必有餘殃。」〔註52〕懷善念，做善事，積小成大，積少成多，涓涓細流，彙成江河之勢，星星之火，構成燎原之威。積善是明清士紳勸誡子弟修身的又一重要方法。

荀子也提到日積月累的重要性：「積土成山，風雨興焉；積水成淵，蛟龍生焉；積善成德，而神明自得。」〔註53〕古人認爲，家庭人事的興衰成敗，不是外力所能控制的，而是與家人所作所爲有關。人們在祈求上天賜福的同時，逐漸認識到社會、國家、家庭的人事吉凶禍福，有其自身發展規律，並且，希望通過積善去惡，逢凶化吉。《周易》中提出了積善成福，積惡成殃的吉凶觀；佛教傳入後，因果報應觀念又對其加以強化，這樣儒家思想和佛教思想互爲佐證，強化了人們的認識，並將這一認識深深地根植於家訓文獻中，影響一代又一代人。他們深知良好品德的積累，可以成就王者風範，而不良品德的累積，卻會導致亡身之險。張履祥指出：「易曰：『積善之家必有餘慶，積不善之家，必有餘殃。』又曰：『善不積，不足以成名，惡不積，不足以滅身。』人之爲善，修其孝悌忠信，只是理所當爲，不善亦由此心之良不敢自喪以淪入禽獸，非欲僥福慶於天也。然論其常理，吉凶禍福恒亦由之積之之勢，不可不畏也。涓涓之流，積爲江河，星星之灼，燎於原野，其始至微，其終至巨。」〔註54〕

明末的吳麟徵分析身處社會動亂之時，有的家庭得以避禍保全，有的家庭卻陷於破敗之境，究其原因，是取決於這一家庭是否積善。「四方衣冠之禍，慘不可言，雖是一時氣數，亦是世家習於奢淫不道，有以召之，若積善之家，亦自有獲全者，不可不早夜思其故也。」〔註55〕

〔註51〕 〔清〕陳確：《陳確集》，《書示仲兒》，第 383 頁。
〔註52〕 《易經·文言》。
〔註53〕 《荀子·勸學篇》。
〔註54〕 〔清〕張履祥：《楊園先生全集》卷4，《訓子語》。
〔註55〕 〔明〕吳麟徵：《家誡要言》，《叢書集成新編》第 33 卷，第 188 頁。

所謂積善也就是將傳統思想中被認為是美好的品德多加修煉，以提高自己的品德涵養。與之相對應的是積惡，對不良德行不加戒飭，任其滋延。明人高攀龍指出了積善的工夫是一個日積月累的過程：「善須是積，今日積，明日積，積小便大，一念之差，一言之差，一事之差，有因而喪身亡家者，豈可不畏也。……去無用可成大用，積小惠可成大德，此為善中一大功課也。」〔註56〕

與積善有同等作用的是去惡，對於惡的抵制，要防微杜漸，從小處著手，以免釀成大錯。「小善小惡，最宜忽略。凡人日用，云為：小小害道，自謂無妨。不知此『無妨』二字種禍最毒。今之自暴自棄，下愚不肖，總只此『無妨』二字，不知不覺，積成大惡。故古之君子，科勒小物，非是務小道大。蓋小者猶不可忽，況大事乎！《易》曰：『小人以小善為無益而弗為也，以小惡為無傷而弗去也，故惡積而不可掩，罪大而不可解。』慎小之道，悉數之，雖憂憂三千，未能終物；舉其大指，不過言行兩端。慎之又慎，猶多錯誤，況一不慎，事何可言！克己讓人，苟全性命，何獨下士處亂世之法，雖躬上聖而逢熙世，何獨不然。惟氓之蚩蚩，不知畏懼耳。」〔註57〕

積善與去惡實際上形成一種連帶互動的關係，善的品行越積越多，惡的德行自然就會漸趨消亡。反之，如果惡的品行越積越多，善的品行則又會處於邊緣地位，甚至愈益減少，只有對善的品行嚴加修煉，才會逐漸修煉成為道德完人。

（四）無欲無求，守身全己

這種修身方法要求個體不為欲望驅使，不為外物吸引，靜以守身，剔除無謂欲求，純潔意念，完善自我，成就道德完人。

傳統社會有修齊治平的家國情懷。家國同構觀將孝親和忠君聯繫起來，他們認為在家盡孝，為國則會忠君。孟子將守身和事親聯繫起來，以示守身的重要性：事親和守身都是人的一生中至尊至大之事，但比較而言，守身又是事親的前提，能守身才能事親，不能守身也就不可能很好地事親。守身、正身、持己、淡泊等都是主張不為外物所遷，端正品行、修煉成高尚的道德情操。〔註58〕

〔註56〕〔明〕高攀龍：《高子遺書》卷10，《家訓》。
〔註57〕〔清〕陳確：《陳確集》，《書示仲兒》，第389～390頁。
〔註58〕孟子曾講：「事，孰為大？事親為大。守，孰為大？守身為大。不失其身而能

　　明人楊繼盛強調要守心：「心為人一身之主，如樹之根，如果之蒂，最不可先壞了心。心裏若是存天理，存公道，則行出來便是好事，便是君子這邊的人；心裏若存的是人欲，是私意，雖欲行好事，也有始無終，雖欲外面做好人，也被人看破。你如根衰則樹枯，蒂壞則果落，故吾要你休把心壞了。」〔註 59〕守心即內心深處要純潔意念，摒絕私意，心存公道，唯其如此，才能守全自己。

　　「若庸人多求多欲，不循禮，不安命，多求而不得，則苦；多欲而不遂，則苦。不循禮，則行多窒礙而苦，不安命則意多怨望而苦，是以局天蹐地，行險僥倖，如衣敝絮行荊棘中，安知有康衢坦途之樂？」〔註 60〕古語言，無欲則剛。無欲無求，「淡泊」、「寧靜」，不為外物所遷，不為流俗所蔽，不以得失為念，安於進德，安於修業。人心向善，光明磊落，一旦有私欲邪念產生，就要隨時剷除，純潔意念。多欲則會妄求，這不但不利於身心的修煉，妄求不得還會帶來無盡的苦楚。

　　持身以靜是無欲無求、純潔意念的又一種表現形式：「吾人進德修業，未有不靜而能有成者。《太極圖說》曰：『聖人定之以中正，仁義而主靜』。《大學》曰：『靜而後能安，安而後能慮。』且不獨學問之道為然也。歷觀天下享遐齡，膺厚福之人，未有不靜者，靜之時義大矣。」〔註 61〕只有持身以靜，才會安心而無妄求、多慮，這一方法對修身大為有利。

　　明清士紳主張淡泊、寧靜，他們崇尚身貴於物，提倡不為外物所遷，他們反對身為物役，反對為名利而蠅營狗苟，守身正身，內心不存私念，行事做人都要拿得起，放得下，不為功名利益所驅使。「語云：『身貴於物。』汲汲為利，汲汲為名，俱非尊生之術。人心只此方寸地，要當光明洞達，直走向上一路。若有齷齪襟懷，則一生德器壞矣。少年人只宜修身篤行，信命讀書，勿深以得失為念。人品須從小作起，權宜、苟且、詭隨之意多，則一生人品壞矣。」〔註 62〕

　　　事其親者，吾聞之矣。失其身而能事其親者，吾未之聞也。孰不為事，事親，事之本也；孰不為守？守身，守之本也。」《孟子‧離婁上》。
〔註 59〕〔明〕楊繼盛：《楊忠愍集》，卷 3，《赴義前一夕遺囑》。
〔註 60〕〔清〕張英：《聰訓齋語》，《叢書集成新編》第 33 卷，第 217 頁。
〔註 61〕〔清〕張廷玉：《澄懷園語》卷 1，〔清〕張虔輯：《桐城兩相國語錄》，1880年桐城聚珍鉛印本。
〔註 62〕〔明〕吳麟徵：《家誡要言》，《叢書集成新編》第 33 冊，第 187。

　　清人陸桴樟以人的外在表現和內心所思的關係，形象地說明了如何正身：「人相生於天然。語有之，有心無相，相逐心生；有相無心，相隨心滅。知上視之非，則去其傲，知下視之非，則去其弱，知偷視之非，則去其奸，知斜視之非，則去其淫。心既平正，則視瞻不期平正，而自無不平正矣。此之謂，欲修其身者，先正其身。」〔註63〕相是心的外在表現形式，它隨著心的產生而產生，隨著心的消滅而消滅，內心怎樣想，外相就怎樣表現。內心認識到向上看不對，就要驅除其驕傲之念；內心認識到下視是示弱的表現，就要驅除其怯懦之念；內心認識到偷看不對，就要驅除其姦猾之念；內心認識到斜視不對，就要驅除其淫邪之念。人的心念如果是正而不是邪惡的，那麼，看外物自然而然就會平正了。

　　人非聖賢，孰能無過，人心也是一顆平常心，不可能時時刻刻都能夠光明磊落，當面臨利益時，也會有私念產生，這時就要靠修身來抵禦私念。具體來說，也就是要正身、守身，當自私之念一旦產生，當阿諛之念一旦出現，就要適時地鏟去，不讓其滋生繁衍。「知有己，不知有人，聞人過不聞己過，此禍本也。故自私之念萌，則鏟之，諂諛之徒至，則卻之。」〔註64〕

　　明清士紳所強調的靜以修身，不為外物所遷，佛教也提倡靜 —— 入定，但儒家的靜並不同於佛教的靜。「我輩求靜，欲異乎禪氏入定，冥然無覺之旨，其必驗之此心。有所謂一陽初動，萬物滋始者，庶可謂之靜極，可謂未發之中，寂然不動之體也，必然深閉固拒，心如死灰，自以為靜，而生理或幾乎息矣，況乎其並不能靜也？有或擾之，不且憧憧往來乎？深觀道體，蓋陰先於陽，信矣，然非由體驗得來，終略影之談也。」〔註65〕儒家修身中所提倡的靜，並不是心如死灰，而是要用心體驗，靜極的表現就是「一陽初動」，萬物由此生長。那種心如死灰之靜，一旦遇到外物的干擾，心就會浮動起來。所以修身求靜之道，要用心去體驗。而不是浮光掠影的說說而已。守身不是惜身，守身是守全自身，修煉良好的品德，為將來服務天下做準備；而惜身是為一己、一家私利而愛惜自身，這是明清士紳所反對與鄙棄的。「士大夫當為天下養身，而不當為天下惜身，寡嗜欲滅私欲戒忿怒節飲食，此養身

〔註63〕〔清〕陸桴樟：《思辨錄》，〔清〕陳宏謀輯：《五種遺規・訓俗遺規》卷2。
〔註64〕〔明〕吳麟徵：《家誡要言》，《叢書集成新編》第33卷，第187頁。
〔註65〕〔清〕曾國藩：《曾國藩日記》上，京華出版社2000年版，第14頁。

也；規利害、避勞怨、營窟宅、守妻子，此惜身也；養身者嗇而大，惜身者膻而細。」〔註66〕

（五）「忠信為主，誠實為要」

《易經》中最早出現誠信，「君子進德修業。忠信，所以進德也，修辭以立其誠，所以居業也。」〔註67〕《論語》中也提出：「人而無信，不知其可也。」〔註68〕這裡提到忠信是君子進德的一個重要品質。荀子指出君子修身養心最重要的內容就是誠心誠意，這一點能做到，就不會有其它事紛擾了。誠心誠意並保有仁愛之心，就會行之於外，就會有意想不到的神奇作用，這種神奇作用就會起到遷善感化的作用；誠心誠意並以義行事，就會辦事有條理，辦事有條理則會善惡分明，善惡分明則能改惡從善。〔註69〕誠不僅是修身而且是從事一切事情的基礎：「學者不可以不誠，不誠無以為善，不誠無以為君子。修學不以誠，則學雜；為事不以誠，則事敗；自謀不以誠，則是欺其心而自棄其忠；與人不以誠，則是喪其德而增人之怨。」〔註70〕「誠其意者，自修之首也。」〔註71〕可見，將誠作為修身的重要內容是儒家一貫主張。

明清士紳繼承了儒家注重誠意的修身內容。他們在家訓中普遍告誡家人要心存誠意，反對虛詐。明人彭端吾指出：「人只一誠耳。少一不實，盡是一腔虛詐，怎成得人。」〔註72〕明遺民朱之瑜更將誠作為修身的唯一內容，要求子弟加以重視：「修身處世，一誠之外更無餘事。」〔註73〕明人高攀龍建議子弟：「吾人立身天地間，只思量作得一個人，是第一義，餘事都沒要緊。作好人，眼前覺得不便宜，總算來是大便宜。……以孝悌為本，以忠信為為主，以廉潔為先，以誠實為要，臨事讓人一步，自有餘地；臨財放寬一分，自有

〔註66〕〔清〕閔子奇：《洗心齋纂古》，《叢書集成續編》第 61 卷，第 99 頁。

〔註67〕《易經‧文言》。

〔註68〕《論語‧為政》。

〔註69〕荀子指出誠是修身養心的主要內容：「君子養心莫善於誠，致誠則無他事矣。唯仁之為守，唯義之為行。誠心守仁則形，形則神，神則能化矣；誠心行義則理，理怎明，明則能變矣。」見《荀子‧勸學》。

〔註70〕〔宋〕程顥、程頤《二程遺書》卷25，《暢潛道本》，影印文淵閣四庫全書本。

〔註71〕〔宋〕朱熹：《晦庵集》卷60，《書‧答周南中》，影印文淵閣四庫全書本。

〔註72〕〔明〕彭端吾：《彭氏家訓》，《課子隨筆鈔》卷2，《叢書集成續編》第 61 卷，第 39 頁。

〔註73〕〔清〕朱之瑜：《朱舜水集》卷17，《誠二首》，第 495 頁。

餘味。」〔註74〕在此，高氏提到孝悌、忠信、廉潔、誠實、寬讓等品質，實際上也是希望子弟在修身時，從這些方面著手。與誠意相對應的是欺瞞、詐騙，如果養成這些不良品行，則會貽害終身。清人張履祥認爲，「忠信篤敬是一生做人根本，若子弟在家庭不敬信父兄，在學堂不敬信師友，欺詐傲慢，習以成性，望其讀書明義理，向後長進難矣。」〔註75〕與忠信誠實相對的是虛浮：「凡人最不可心浮而氣傲。浮者忠信之反，事皆無實，爲惡則易，爲善則難。」〔註76〕

（六）「遇物知愛，見善則親」

仁愛之心是儒家思想核心要義之一，也是個人道德修養中最重要的內容之一，孔子曰「仁者，愛人」。孟子又將其擴展爲惻隱之心。元典儒家思想主張愛有等差，它要求首先要愛身邊的人，再推而廣之。由愛親開始，推至社會之愛、天下之愛乃至於愛天地萬物。〔註77〕

由愛親人到對血緣關係以外的人施以同情尊重與救助，甚至對人類以外的宇宙萬物施以愛心。雖然愛有遠近厚薄之分，但他們主張把愛由親人推及到普通人乃至世界萬物，這是一個仁心不斷擴充的過程。他們希望這種仁愛不斷擴充，最終實現：「選賢與能，講信修睦。故人不獨親其親，不獨子其子，使老有所終，壯有所用，幼有所長，矜寡孤獨廢疾者皆有所養。」〔註78〕元典儒家仁愛思想所關注的對象主要是人，是對人的關懷，也可稱之爲「人本情懷」。

明清士紳繼承了儒家的仁愛思想。明人姚舜牧指出：「創業之人，皆期子孫之繁盛，然其本要在一仁字。桃梅杏果之實皆曰仁。仁，生生之意也。蟲蝕其內，風透其外，能生乎哉？人心內生淫欲，外肆姦邪，即蟲之蝕，風之透也。」〔註79〕通俗地說，仁愛之心就是「心地好」，不存害人之心。明人龐尚鵬在《訓蒙歌》將人心比喻爲果蒂，認爲二者的共同之處就是都要心好。「凡

〔註74〕〔明〕高攀龍：《高子遺書》，卷10，《家訓》。
〔註75〕〔清〕張履祥：《楊園先生全集》卷4，《訓子語》。
〔註76〕〔清〕方元亮：《家訓》，《叢書集成續編》第61卷，第106頁。
〔註77〕費孝通將其界定爲差序格局。他認爲儒家所謂的「倫」就是從自己推出去的和自己發生社會關係的那一群人裏所發生的一輪輪波紋的差序。見費孝通：《鄉土中國》，第23頁。
〔註78〕《禮記・禮運》。
〔註79〕〔明〕姚舜牧：《藥言》，《叢書集成新編》第33冊，第199頁。

做人，在心地，心地好，是良士，心地惡，是凶類。譬樹果，心是蒂，蒂若壞，果必墜。」〔註80〕心地好，與人為善，人人喜歡。反之，陰險刻薄、心浮氣傲、「心地惡」等人人討厭。「做人最忌是陰惡，處心尚陰刻，作事多陰謀，未有不殃及子孫者」。〔註81〕張履祥所說的「寬和之氣」，實際上也是仁愛的一種表現：「凡做人，須有寬和之氣，處世不論貧富，亦須有寬和之氣。此是陽春景象，百物由以生長，所謂天地之盛德，氣也。若一向刻急煩細，雖所執未為不是，不免秋殺氣象，百物隨以凋殞，感召之理有然，天道人事常相依也。」〔註82〕

明清士紳在繼承元典儒家仁愛思想的同時，將仁愛思想擴而充之，對其進行泛化處理，他們由愛家人推及到愛宗族之人，再推及到他們所能接觸的人和物，如身邊的奴僕、佃農等。如黃標認為，「奴僕亦人子也，十月懷胎，三年哺乳，與常人無異。方其在父母之前撫育恩勤，食之而問其饑，衣之而問其寒，是如何之愛惜也。不幸而遭家不造，骨肉分離，或因貧窮而易子，或緣事故而投人，亦人情之最可傷者，……余願使奴僕者，以愛己之子，轉而體人之子，以憐我之兒轉而恤人之兒。」〔註83〕他們實施仁愛的對象涵括身邊的奴僕，是其修身思想中仁愛思想擴充的表現。

他們進而又將仁愛之心推及到一切可施善行之處，如收屍、散藥治病、散衣禦寒等。「凡福緣之事，在於感觸，不必作而致之。如暴屍無棺，施之或銀或木，吾夙有例矣。他如蓄藥濟貧，製纊惠寒，吾時行之而未設定格，吾子孫當視力之可行，見義必為，乃吾心也。其餘甓路成楨、放生戒殺，舉目動念可以利濟，若四方稗僧動鑽赫蹏，濫募填壑，與其給一人之欲，不若救百靈之生。」〔註84〕

明清士紳在家訓中反覆告誡家人，要心存仁愛，要隨時隨地教育子弟擁有愛心，遇物知愛，由愛人，推及愛動物，愛植物，愛身邊一切可愛之物。這表現出明清士紳的自覺仁愛意識。「教子弟者，先須養其不忍之心，愛敬之良自孩提而已然，及其稍有知識，如不破巢、不毀卵、不殺蟲、不折方長之類，隨其所在而告誡勸勉之，則惻隱之心，有以充滿於胸中，而其遇物知愛，

〔註80〕〔明〕龐尚鵬：《訓蒙歌》，《叢書集成新編》第33卷，第195頁。
〔註81〕〔清〕張履祥：《楊園先生全集》卷4，《訓子語》。
〔註82〕〔清〕張履祥：《楊園先生全集》卷4，《訓子語》。
〔註83〕〔明〕黃標：《庭書頻說》，《叢書集成續編》第61卷，第52頁。
〔註84〕〔明〕席本楨：《古今格言類編》，《叢書集成續編》第61卷，第84頁。

見善則親，可以達之天下矣。且仁統四端，兼萬善，中有仁心以爲質，則遇可恥之事而羞惡生，當致恭之時而禮讓作，蓋仁則有覺，覺則有觸，即發感而遂通，無矯勉無期待，此所謂禁於未然之謂。」〔註85〕明人曹端主張：「子弟切不可於山野放火延燒林木，傷害蟲鳥，有失仁心。……鄰里有水火賊盜，當盡赴救，不可坐視。」〔註86〕清人蔣伊也建議：「每月朔望放生，家中戒殺，勿食牛犬肉。祭祀婚喪及仕宦慶喜，俱市五斤肉，不得特殺。子孫世世守之。……宴客有節，不得於滋味著精神致物命。」〔註87〕他們的思想一方面是受儒家仁愛思想的影響，另一方面也是佛教戒殺生觀念世俗化的表現。總之，明清時期士紳在家訓中不但繼承了儒家思想中的仁愛思想，並將其泛化處理，表明其仁愛思想的推延及泛化。

三、小　結

明清時期，傳統儒家思想和時代碰撞、激盪，對身處其時的士紳產生影響，在繼承前人的基礎上，明清士紳因循時代變化，對修身思想進行了與時俱進的發展。這一時期，士紳家訓中有關修身的內容全面而具體，既有高深的理論闡釋，也有淺顯的譬喻，既具有思辨色彩，又體現出深入淺出的特徵，表現出突出的時代特色。陳來先生認爲：「蒙學教材中，宋代以後，倫理教誡的內容大大加重，許多道德箴言是取歷來聖賢的嘉言加以改鑄，成爲流行甚廣的格言諺語。」〔註88〕他的論斷同樣適用於明清時期士紳家訓中的修身觀，明清士紳家訓中很多修身內容即是通過言簡意賅的格言警語來訓誡家人。

明清士紳家訓中普遍論及修身問題，內容愈益細緻全面，主要原因如下：

第一，「內聖外王」思想的影響。明清時期，深受理學的影響，士紳在家訓中普遍談到修身問題，並探討修身的具體方法，以期指導子孫的修身行動。他們的修身思想進一步將元典儒家關於修身與齊家治國之間這種邏輯縝密的層級關繫緊密地聯繫在一起，通過修身，通過個體的道德完善，以期在時機成熟時達到治國乃至平天下的終極目的，以完成儒家所倡導的「內聖」與「外王」的完美結合。這一時期，修身的內容更爲詳細，甚至有泛化傾向。明清

〔註85〕〔清〕涂天相：《靜用堂家訓》，《叢書集成續編》第61卷，第85頁。
〔註86〕〔明〕曹端：《曹月川集》，《雜著・夜行燭》。
〔註87〕〔清〕蔣伊：《家訓》，《叢書集成新編》第33卷，第212頁。
〔註88〕陳來：《中國近世思想史研究》，第418頁。

士紳希望子弟通過品德的修煉，成爲一個眞正意義上的社會人。

　　第二，凸現士紳的階層優勢。明朝中後期以來，是中國古代社會經濟大幅度發展的一個重要時期，客觀的經濟變化往往連帶著主觀價值的動搖。這一時期，也是社會思潮極爲活躍的時期，與此同時，傳統價值也正受到空前的衝擊，深受儒家思想薰陶的士紳階層在感歎「世風日奢、日澆漓」的同時，積極尋找應對之策，「糾正」時弊。糾正時弊首先要從家中做起，不是說家齊才能國治天下平麼？所以，明清士紳在家訓中反覆訓誡子弟要重視修身，要用仁、義、禮、誠、信等道德規範自己，唯其如此，才能保持士紳家庭不至墜於社會底層，才能確保凸顯士紳階層的文化優勢。

　　這一時期，由於科舉制度的相對公平性，普通平民家庭子弟也可以登上科舉之巔，「朝爲田舍郎，暮登天子堂」的現象時有發生，即使不參加科舉考試，通過捐納，普通人家尤其是商人子弟同樣可以走上仕途，單靠科舉考試已不足以拉開士紳階層與一般平民階層的距離，或者說僅靠科舉考試已經不難以彰顯士紳階層的優勢，若想彰顯士紳階層優勢，還需加高尙的德行修煉，以及書香門第、清白家風等，這些均爲他們加大與普通平民區別開來的文化及道德優勢。文化知識的習得，可以速成，但擁有雍容雅致的品德修養與氣質，卻非一蹴而就，它需要長期的修煉。所以，明清時期士紳家訓中對修身的內容規定得極爲詳細和全面。一方面是維護傳統的價值觀，走修齊治平之路；另一方面在面對來自其它階層衝擊與挑戰時，通過擁有高尙的道德品質來確保及突出本階層的優勢。關於這一點，我們也可以從士紳階層的擇偶標準的變化來求證。宋代「不少士人乃與商賈聯婚，藉妻子豐厚的嫁奩支持舉業和生計，好運的話，富家千金也是賢妻良母，綜理大小家務，讓夫婿和兒子可以專心發展各方面的事業。」〔註89〕而明清士紳家訓中則反覆告誡家人不要與富家結親，他們注重的是書香門第、隆禮之家。他們重人品，重家風，說明對品德修養的重視，也可以看出他們是要以此爲界，凸顯士紳階層優勢。

〔註89〕柳立言：《淺談宋代婦女的守節與再嫁》，李貞德、梁其姿主編：《婦女與社會》，
　　　　中國大百科全書出版社2005年版，第234頁。

第三章　明清士紳家訓中的治學觀：
科舉制度的激勵

　　士紳階層是知識與智慧的承載者，是社會精神產品的生產者，擁有文化知識是他們區別於其它階層的一個顯著標誌，他們也希望子弟和自己一樣，飽讀詩書、滿腹經綸，所以，他們在家訓中積極倡導子弟努力向學。明清士紳在家訓中諄諄教導子弟要學習，主要分爲以下幾種情況：

　　第一，希望子弟經由讀書應舉步入仕途。科舉考試爲其敲門磚，其中，學習成績的好壞則爲關鍵因素。明清是科舉制度的成熟時期，士紳家庭都強調讀書的重要性，反映出科舉制度籠罩下全社會的價值趨向及心態。只要有可能，士紳家庭就會爲其子弟創造出最優化的學習環境，爲科舉考試做好一切準備。士紳家庭本來就是通過科舉考試獲得優越的社會地位，他們更懂得讀書學習與科舉仕途的緊密聯繫，深知讀書入仕是家道昌隆的重要通道。讀書「中舉之後，一路上去，中進士，拉翰林」，「拉了翰林就有官做。做了官就有錢賺」。〔註1〕他們認爲讀書是美而貴之業：「人各有業，所以爲生也。生而習焉，長而安焉。廢而習其所習，敗而無成者，十八、九矣。讀書業之美而貴者也，奈何其廢乎！」〔註2〕在科舉功名的誘導下，在官本位的文化氛圍中，勸子讀書是士紳家訓中不變的主題。「一登科第，則爲一方之雄長。」〔註3〕所以，「自其束髮讀書之時，所以勸之者，不過所謂千鍾粟、黃金屋，而一旦服官，即求其所大欲。君臣上下懷利以相接，遂成風流，不可複製。」〔註4〕

〔註1〕　〔清〕李寶嘉：《官場現形記》第1回，人民文學出版社1957年版，第4頁。
〔註2〕　〔清〕馮班：《鈍吟雜錄》，卷1，《家戒》。
〔註3〕　〔清〕顧炎武：《日知錄》，卷23，《集釋道》，影印文淵閣四庫全書本。
〔註4〕　〔清〕顧炎武：《日知錄》，卷13，《名教》。

　　第二，爲保持家風不墜而勉勵子弟讀書。明清時期，由於數代的積累，有許多家庭成爲具有特殊學問的家庭，這些家庭出生的士紳在訓誡子弟讀書時，希望淵源有自的家學能夠發揚光大，保持家學於不墜。如清人焦循的家訓就有此目的。

　　第三，雖然有些士紳深受科舉之苦或因其它原因而反對子孫從事科舉之業，他們認爲首要的是做人，即便修身做人，依然要學習，學習聖人先賢的經典言論，指導子弟做人與處世。

　　概言之，大多數士紳勉勵子弟讀書，其目的並不單一，很多屬於以上幾種情況兼而有之，他們既希望子弟通過讀書明白做人道理，又期待子弟讀書走科舉之路，最低要求是讀書明理，最佳願望是實現修齊治平的家國情懷。

一、「非志無以成學」：治學的基礎

　　讀書先要立志，只有先立下堅定的志向，朝著目標矢志不移地奮鬥，才能達致成功彼岸。志向決定著人的發展方向、人生道路，決定著人的成功與失敗。遠大的目標、明確的志向是激勵人們前進與奮鬥的動力，學習者只有心中確立了穩固的治學目標，立定大志，才能產生無窮的學習動力，才能使學習和工作具有持續性、高效性，繼而加速學習者成功。「儒家倫理強調自然者天地、主持者人，堅信只要充分發揮人的主觀能動性，就可以改造、決定自身乃至外部自然界的命運，能夠在現實生活中實現自身和社會的完善。」〔註5〕主觀能動性的發揮，需要有明確的方向，而確立這個方向的過程實際上就是樹立志向的過程。

　　志即志向、意志，是人們爲了達到所追求的某種價值目標而樹立的理想和決心，立志就是樹立人生奮鬥目標，確立人生發展方向。志有堅持性、持久性以及不爲外物所影響的堅定性特點。「大夫爲志，窮當益堅，老當益壯。」〔註6〕傳統文化均將立志作爲做人成事的基礎與根本。「非學無以廣才，非志無以成學。」〔註7〕人們強調要立志，且立鴻鵠之志，志當存高遠。一旦立下志向，則需排除各種干擾，克服各種險阻，堅定地朝著志向永不停息地奮鬥。

〔註 5〕唐凱麟、張懷承：《成人與成聖——儒家倫理道德精粹》，第 148 頁。
〔註 6〕〔南朝宋〕范曄：《後漢書》卷 24，《馬援傳》，中華書局 1965 年點校本。
〔註 7〕〔三國〕諸葛亮：《誡子書》，《古今圖書集成‧明倫彙編‧家範典》第 40 卷，「教子部」。

「士志於道，而恥惡衣惡食者，未足與議也。」〔註8〕明清士紳繼承了先賢的立志思想，他們強調要立志，並要立下堯舜君民之志，為實現遠大志向，須通過讀書學習充實自己，為立志奠定堅實的知識基礎。

（一）「為學之道，始於立志」

明清士紳將立志作為做人成事的基礎與根本。他們認為，沒有志向，終日無所事事，終會一事無成。明人姚舜牧認為：「凡人須立志，志不先立，一生通是虛浮，如何可以任得事？老當益壯，貧且益堅，是立志之說也。」〔註9〕王陽明認為，「志不立，天下無可成之事，雖百工技藝，未有不本於志者。……志不立，如無舵之舟，無銜之馬，飄蕩奔逸，終亦何所底乎？」無論立下什麼志向，只要朝著這一志向奮鬥，最終就會獲得成功，「立志而聖則聖矣，立志而賢則賢矣。」〔註10〕要立大志，樹雄心。沒有志向，就會隨波逐流，無所事事，苟且一生。許雲村指出：「世之所以因循苟且，隨俗習非而卒歸於污下者，凡以志之不立也。」〔註11〕

立志固然重要，但更要選擇好立志的時機，過早立志，立志者不能對志向有深刻的認識，不能認識到立志對於人生的重要意義，這時立志也就沒有什麼作用，所以，立志不宜太早；但如果立志太晚，對立志者的人生奮鬥又不能起到很好的指導作用，這樣的志向也沒有多大意義，要把握好立志的時機，發揮好志向的應有作用。這一良好時機應該就在子弟已經開知，已經認識到人生奮鬥的意義時，鼓勵孩子立下遠大的志向，並不斷鼓勵孩子為實現遠大志向而克服各種困難，堅定不移地朝著立定的志向奮鬥。許雲村建議，「及十五成童時，情竇日開，利欲易動，立志為先。」〔註12〕

清人張習孔認為，貧窮不怕，就怕無才；低賤也不可怕，但就怕沒有志向，他把無志和無才並論，說明志向和才識一樣對於學子的重要意義：「貧莫貧於無才，賤莫賤於無志。」〔註13〕實際上，從某一方面來說，有志比有才更重要，如果有才而缺乏志向就不會充分開發和利用自己的才能，結果，即使有才也不會有多大作為。如果有遠大志向，即使沒有多少知識與才能，也

〔註 8〕　《論語‧泰伯》。
〔註 9〕　〔明〕姚舜牧：《藥言》，《叢書集成續編》第 33 卷，第 201 頁。
〔註 10〕　〔明〕王陽明：《王文成全書》卷 26，《教條示龍場諸生‧立志》。
〔註 11〕　〔明〕許雲村：《許氏貽謀四則》，續修四庫全書本。
〔註 12〕　〔明〕許雲村：《許氏貽謀四則》，《續修四庫全書》第 938 冊，第 538 頁。
〔註 13〕　〔清〕張習孔：《家訓》，《叢書集成續編》第 60 卷，第 595 頁。

會積極主動學習，並使知識爲實現志向所用，從而有所作爲，成爲有才能的人。

楊繼盛說：「人須要立志，初時立志爲君子，後來多有變爲小人的，若初時不先立下一個定志，則中無定向便無所不爲，便爲天下之小人，眾人皆賤惡爾。爾發奮立志要做個君子，則不拘做官不做官，人人都敬重耳，故我要爾第一先立起志氣來。」〔註14〕清人阮元生子阮福，同僚送禮，被一概謝絕，阮元卻給兒子寫了一首七絕，勉勵兒子盡早立志：「翡翠珊瑚列滿盤，不教爾手一相拈；男兒立志初生日，乳飽飴甘便要廉。」〔註15〕

立志是成才的根本，是治學的基礎，是激勵個人達到成功彼岸應具備的精神動力。王陽明認爲：「學莫先於立志，志之不立，猶不種其根，而徒事培擁灌漑，勞苦無成。」〔註16〕樹立遠大的志向才可能成就輝煌的事業，反之，如果沒有鴻鵠之志，人的行爲沒有強大的精神動力作支撐，缺乏明確的奮鬥方向，就會無所作爲，最終則難以成就一番大事業。

士紳階層是社會的中堅階層，他們均受儒家修齊治平思想的薰陶，都抱有恢宏之志，希望成爲濟世之才。他們本人一生朝著這一志向奮鬥，並期望家中子弟也能如此立志成才。所以，這一階層在家訓中對家人普遍寄予厚望，希望家人也能夠立下非凡之志，成就不凡之才，成爲國家和社會的棟樑。「做人如行路，然舉步一錯，便歸正不易，必先有定志，始有定力。……故孟子曰：『懦夫有立志』，蓋不能立志則長爲懦夫而已矣。」〔註17〕

（二）「以堯舜君民爲志，以報國安民爲職」

立志對於人生的發展是如此重要，到底該立下何等志向呢？志向有大小高低遠近之分，如果立下的志向過於高遠，以致難以實現，讓人望而卻步，則無法起到催人奮進的目的；如果立下的志向太過平庸，輕易就能實現，很容易滿足，同樣不能激勵人進取。立志就要根據個人資質，立下適當的志向，要樹立有所作爲的志向，使人具有上進心、事業心、責任心。只有將個人志向和社會國家的發展聯繫在一起，樹立遠大志向，才會激人奮進。所以，

〔註14〕〔明〕楊繼盛：《赴義前一夕遺囑·諭應尾應箕兩兒》。
〔註15〕〔清〕徐珂：《清稗類鈔》，第 2 冊，「教育類」，中華書局 1984～1986 年版，第 579 頁。
〔註16〕〔明〕王陽明：《王文成全書》卷 7，《示弟立志說》。
〔註17〕〔清〕汪輝祖：《汪龍莊先生遺書·雙節堂庸訓》卷 2，《律己》。

立志是要決心成爲聖人、君子，而非小人、庸人，惟其如此，才能夠發揮儒家所倡導的「兼濟天下」的作用。

許雲村說：「士幼而績學業，以堯舜君民爲志，壯而入仕，固當不論尊卑，一以廉恕忠勤，報國安民爲職，持此黜謫何愧？」〔註18〕清人顏元從哲學的角度出發，指出人性天生與聖人無別，人的身體天生也與聖人相同，所以，要有聖人一樣的志向，這樣才會振奮精神發奮圖強，最終才會有所作爲；而不要以小人自居，終身無所事事。「父母生我此身，原與聖人之體同，天地賦予我此心，原與聖人之性同；若以小人自甘，便辜負天地之心，父母之心矣。常以大人自命，自然有志，自然心活，自然精神起。」〔註19〕

究其實質，人是一種社會性的動物，人的立志自然也與社會息息相關，「儒家倫理學說反對把個人同社會割裂開來、對立起來，認爲離開了社會，任何個人都無法實現眞正的完善。因而它要求人們把個人的生命、人生的價値同國家社會的利益聯繫在一起，追求個人與社會的共同完善。」〔註20〕所以，明清士紳把樹立遠大志向當作自己及子弟的人生抱負及追求。清人朱伯廬指出要「讀書志在聖賢，爲官心存君國。」〔註21〕張履祥也指出，「爲學之道始於立志，猶射者未發矢而志已及之，志大而大，志小而小，他日所成無不由是。……此志已定，便須實做工夫，以必求其如我所志而後矣。日用之間一切外誘，凡可奪志者，力屏絕之。」〔註22〕人一旦立下志向，要杜絕一切可能妨礙志向實現的不利因素，堅定不移地朝著所立志向奮鬥。

明清時期，由於受理學的影響，士紳們在家訓中主張立志成爲道德完人。他們認爲「志於道德者爲上，志於功名者次之。」〔註23〕對於社會上出現的「近世人家生子，稟賦稍異父母，師友即以富貴期之，其子幸而有成，富貴之外，不復知功名爲何物，況道德乎？」的現象頗爲不齒。〔註24〕

但俗世之人，不可能脫離世俗的影響。明清時期是科舉制度成熟的時代，通過科舉謀求功名富貴是部份士紳的追求。這些士紳希望走上仕途之後，能

〔註18〕〔明〕許雲村：《許雲村貽謀》，《叢書集成新編》第33卷，第181頁。
〔註19〕〔清〕顏元：《顏元集》，第668頁。
〔註20〕唐凱麟、張懷承：《成人與成聖——儒家倫理道德精粹》，第148頁。
〔註21〕〔清〕朱伯廬：《治家格言》，《叢書集成續編》第61卷，第64頁。
〔註22〕〔清〕張履祥：《楊園先生全集》卷13，《書‧答顏孝嘉》。
〔註23〕〔明〕袁衷等錄：《庭幃雜錄》，《叢書集成新編》第33卷，第177頁。
〔註24〕〔明〕袁衷等錄：《庭幃雜錄》，《叢書集成新編》第33卷，第177頁。

夠大有作爲，建立恢弘功業。《庭帷雜錄》道：「生汝兄弟，始教汝習舉業，亦非徒以富貴望汝也。伊周勳業，孔孟文章，皆男子常事也。位之得不得在天，德之修不修在我，毋棄其在我者，毋強其在天者。」〔註25〕其中談到「始教汝習舉業，亦非徒以富貴望汝也。」說明他們還是把追求富貴當作對子弟的期許之一，只是士紳階層的修養，使得他們的表述不是那麼直白，當然，期望子弟富貴，是爲父母者人之常情，未嘗不可，但是要取之有道，且不忘成就「治平」勳業。他們還認爲修身立志可以反求諸己，是可以內化爲個人的自覺行動，個人可以把握、操縱；而功名是身外之事，它不完全以個人意志爲轉移，要將自己能夠把握的事情做到最好，這也是立志與踐行的一種表現。雖然他們學習舉業，相當大的程度上是爲了求取功名富貴，但是，他們能夠把求得功名富貴與進德修業很好地聯繫起來，而不純粹爲功名而功名，這可以說是大部份明清士紳的眞實想法。

人不但要立志，還要立下堯舜君民之大志，要有治國平天下的人生抱負，但所立志向同時要符合自己的興趣、情致，如陳豪就指出：「人之志氣，固貴自立，而亦關乎精神興趣。發奮忘食即是精神，樂以忘憂即是興趣。」〔註26〕唯其如此，才會爲了志向而堅定不移地奮鬥。

立志只是成才的基礎，只是成才的第一步，志向只是個人奮鬥的精神動力，如果個人不去奮鬥，不將其付諸實踐，只是立下一個空志，其志向、理想最終也只是空想。一旦立下志向，就應該擯棄一切私心雜念、戰勝一切艱難險阻，力阻一切外物利誘，堅定不移地勇往直前，永不退縮地勇猛精進，爲達到成功而奮鬥不息。汪輝祖指出：「於身名大節所關，須立定腳跟，獨行我志，雖蒙譏被謗，均可不顧。必不可捨己殉人，遷就從事。」〔註27〕

顏元認爲聖人與庸人的根本區別在於立志之後的踐行：「聖人亦人也，其口鼻耳目與人同，惟能立志用功則與人異耳。故聖人是肯做工夫庸人，庸人是不肯做工夫的聖人。」〔註28〕王陽明曾將志向比喻爲「氣之帥，人之命，木之根，水之源。」沒有了它，就像水流會阻塞、樹木會枯竭、生命會喪失一樣嚴重：「源不濬則流息，根不植則木枯，命不續則人死，志不立則氣昏。

〔註25〕〔明〕袁衷等錄：《庭帷雜錄》，《叢書集成新編》第 33 卷，第 177 頁。

〔註26〕〔清〕吳慶坻：《蕉廊脞錄》卷 8，《陳豪訓子語》，中華書局 1997 年版，第 238 頁。

〔註27〕〔清〕汪輝祖：《雙節堂庸訓》卷 2，《律己》。

〔註28〕〔清〕李塨：《顏元年譜》卷下，中華書局 1992 年版，第 128 頁。

是以君子之學無時無處而不以立志爲事。」〔註29〕一旦立下遠大的志向，就應當聚精會神，擯棄一切私心雜念，當有雜念（如懈怠、忽慢、焦躁、嫉妒、忿怒、貪婪、驕傲、吝嗇）產生時，就拿它們和所立志向比照，用志向來規範它們，使不利於志向實現的一切干擾因素，毫不猶豫地被一一剔出。一旦立下志向，人的行爲就有穩定性、堅定性、專一性。

概括起來，教子立志是歷代家訓不變的話題，但是在門第時代，士大夫子弟無須立志讀書學習，同樣可以世襲得到高官厚祿，立志並沒有引起士大夫的應有重視。到了科舉時代，尤其是明清時期，士紳階層對敦促子弟讀書應舉的期許更爲急迫，與讀書緊密相連的立志的重要性也更加受到重視，所以，立志在士紳家訓中被作爲訓誡家人的重要內容而反覆強調。

二、「非學無以成才」：治學的目的

明清士紳大多都有讀書應試做官等豐富的人生閱歷，而他們豐富的學識，又使得他們對指導子弟讀書學習有足夠的發言權，他們希望把自己成功的經驗或失敗的教訓傳給子弟，使他們少走彎路，盡快成功。

雖然明清士紳對於教子有主動權，但作爲社會人，要想把子弟培養成適應社會發展的理想人才，他們不得不從當時的社會現實及士紳階層本身的現狀出發，對子弟的學習進行規範。明清時期，由於科舉制度極度成熟，而士紳階層又是一個與科舉制度同榮共存的階層，所以，科舉制度在士紳階層心目中扮演著極爲重要的角色，也成爲士紳階層規範家族子弟的重要支柱。

相對於遺傳給子弟田地財貨、金銀珠寶等物，明清士紳都能夠認識到書籍的重要性，如清代江蘇崑山三徐之一——徐健庵，建有私家藏書的樓閣叫「傳是樓」，其中蘊涵著徐氏教子的良苦用心：（當該樓建好後）徐氏將孩子召集到傳是樓上說，「吾何以傳汝曹哉？嘗概爲人父祖者，每欲傳其土田財貨，而子孫未必世富也。欲傳其金玉珠元、鼎彝尊斝之物，而又未必能世寶也。欲傳其園池臺榭、歌舞輿馬之具，而未必能世享娛樂也。吾方鑒此，則吾何以傳汝曹哉？……因指書而欣然曰：「所傳者惟是矣。」遂命其樓爲「傳是」。」〔註30〕徐氏通過「傳是樓」這種實物教育子弟擁有書籍的重要性、讀

〔註29〕〔明〕王陽明：《王文成全書》卷7，《示弟立志說》。

〔註30〕〔清〕陳康祺：《郎潛紀聞初筆、二筆、三筆》，「初筆」卷4，中華書局1984年版，第71頁。

書的重要性，以敦促子弟潛心向學。

學習目的是學習活動的指向和歸宿，對學習者的治學具有導向作用和動力功能。自從隋唐實行科舉制度取士以來，教子讀書學習就與科舉制度產生了不解之緣。

明王朝建立之初，天下未定，百廢待興，需要啓用有眞才實學的全能人才，爲其安邦定國出謀劃策，當時的科舉考試規定：從洪武三年開始，設科舉以尋找懷才抱德智士，其中要求經明行修，博通古今，文質得中即可，並沒有特別規定朱熹集注的四書五經爲科考的準繩，可惜這一規定並沒有執行多長時間。

1380年天下大定後，朱元璋對科舉考試的內容進行了改革：「考試中的經義、四書義題明確規定必須採用指定的傳注來回答：《四書》主朱子集注；《易》主程傳，朱子本義；《書》主蔡氏傳及古注疏；《詩》主朱子集傳；《春秋》主左氏、公羊、穀梁三傳及胡安國、張洽傳；《禮記》主古注疏。」「初場試四書義三道，經義四道；……二場試論一道，判五道，詔誥表內科一道；三場試經史時務策五道。」〔註31〕每場考試結束後，各房師便立刻開始閱卷、薦卷，通常是第一場經書考試甫一考畢，全部錄取名額已被占滿，二、三場考試發揮如何已基本不影響最後結果，四書五經的考試成爲科舉考試的實質內容，限定了經書注疏的範圍，便是限定了科舉考試的內容。清代因襲明朝科舉考試規制，同樣以朱熹集注的四書五經爲科舉考試的準繩。這一標尺對於明清士紳在家訓中對子弟的讀書內容起到了指引性作用。

明清士紳是科舉考試的受益者，他們切身體會到接受教育及讀書學習的好處：或可以仕宦，或可以修身做人，或者二者得兼。而飽讀聖賢經典也是士紳階層區別於其它階層的突出標誌，明清士紳也希望他們所得的這一優勢繼續保持。所以，在家訓中明清士紳普遍談到教育子孫的重要性及相關內容與方法。

（一）「雖有美質，不教胡成」

注重讀書學習，強調教育的重要性，向來是中國儒家文化的重要組成部份。《禮記・學記》中指出：「玉不琢，不成器，人不學，不知道。」說明學習對於成人的重要作用。孔子通過對知識獲得途徑進行歸類，指出常人學習

〔註31〕〔清〕張廷玉：《明史》卷70，《選舉志二》，中華書局1974點校本。

的重要性：「生而知之者，上也；學而知之者，次也；困而學之，又其次也；困而不學，民斯爲下矣。」〔註 32〕雖然一生下來就擁有知識的人是人中的一等，但這種人少之又少，甚至絕無僅有，這類人只能是人們的一種美好期望。侯外廬指出（孔子所說的）「生而知之者」是「虛懸的一格」〔註 33〕而孔子本人也不敢自詡自己屬於第一類人，而是「吾非生而知之者，好古，敏以求之。」〔註 34〕孔子認爲自己知識的獲得，仍然是好學的結果。那麼，第二等人也就是通過自覺學習獲取知識的人，就成了人們的普遍追求了，或者說，自覺學習這類人成了現實社會中人們對子弟的最佳期許；當然，學習的過程也就是一個受教育的過程。

儒家思想強調修身的重要性，修身與學習關聯密切，孔子指出道德修養和知識學習之間的辯證關係：「好仁不好學，其蔽也愚；好知不好學，其蔽也蕩；好信不好學，其蔽也賊；好直不好學，其蔽也絞；好勇不好學，其蔽也亂；好剛不好學，其蔽也狂。」〔註 35〕注重學習是儒家一以貫之的思想傳統，歷代思想家都沒有放鬆對學習重要性的呼籲，到了科舉時代，由於讀書學習與科舉入仕直接掛鈎，官僚士大夫等精英階層都強調讀書學習的重要性，「書中自有顏如玉，書中自有黃金屋」、「朝爲田舍郎，暮登天子堂」是最爲通俗易懂而又極具誘惑力的勸學宣言。

明清時期，勸學者的隊伍更加擴大，上至帝王將相，下至普通世人都將勸學當作訓誡子弟的重要內容，勸學宣言也更加全面，有勸子學習以修身的，有勸子學習以做人的，有勸子學習以入仕的，有勸子學習以經世濟民的，有勸子學習以謀生的……總之，學習對於明清士紳之家來說是必不可少的家訓內容。他們也在家訓中普遍強調學習的重要性。

方孝孺從人性本善的人性論出發，認爲忠、信、禮、讓這些氣質本來是人天生就有的，但是如果後天不學習，則有可能發生變化，那些希望其子孫爲善，卻不知道教育他，是自棄其家。「國之本，臣是也；家之本，子孫是也。忠信禮讓，根於性，化於習，欲其子孫之善而不知教，自棄其家也。」〔註 36〕在這裡，方孝孺將子孫當作一家之根本，人們均在子孫身上寄予厚望，或希

〔註 32〕《論語・季氏》。
〔註 33〕侯外廬：《中國思想通史》第 1 卷，人民出版社 1957 年版，第 171 頁。
〔註 34〕《論語・述而》。
〔註 35〕《論語・陽貨》。
〔註 36〕〔明〕方孝孺：《遜志齋集》卷 1，《雜誡》。

望他們完成父祖輩未竟的事業，或實現父祖的理想，或傳承家學等等，這些子孫身負一家甚至全族的殷切期望，怎樣實現這些父祖的未竟事業呢？用正確的方法對子孫進行適時的教育就顯得彌足珍貴，通過教育，使其先天就有的忠信禮讓等善性張大，這樣才能光宗耀祖，家風永續。他將學習和進食相比，為學更重要，不進食，大不了就是一死了之，但不學習卻和禽獸無異，不學而生，不如不食而死：「人或可以不食也，而不可以不學也。不食則死，死則已；不學而生，則入於禽獸而不知也。與其禽獸也，寧死。」〔註37〕

石成金也指出要想子孫能夠光前裕後，傳宗隆家，就必須對其進行教育，使之趨於賢能：「世上接續宗祀，保守家業、揚名顯親、光前耀後，全靠在子孫身上。子孫賢則家道昌盛，子孫不賢則家道消敗。這子孫關係甚是重大，……無論富貴貧賤，……這教之一字，時刻也是少他不得。」〔註38〕

走讀書入仕之路固然美好，但由於子弟資質不一，並非人人都適合，也並非人人都能夠蟾宮折桂，經歷多次科舉考試磨難的許多士紳更熟知個中酸甜苦辣，認識到科舉之路的艱難與不易，所以，走科舉考試之路，並非是他們敦促子弟讀書的唯一選擇。子弟資質不宜從事儒業，不宜入仕，這類子弟又該當如何，他們是否應該讀書呢？答案是肯定的。子弟將來從事儒業固然應當讀書學習，即使從事其它職業，同樣需要學習必要的知識，一方面期望通過知識學習，使為學者明白道理，從而能夠對其所從事職業起到指導作用。如明人徐三重指出，無論子弟天賦如何，都應當教育他：他認為教育子弟首先應是一個普及性的教育，子弟賢能，自然應當教其讀書，即使子弟不是讀書的種子，也應該教其適量讀書，使其識得一些做人的道理，這樣，他們就不敢妄作非為而一路向上。教育子弟可延請塾師，也可以由父親或兄長對其實施教育，無論那種方式，只要能夠教育子弟即可，重要的是要讓子弟通過學習，懂得一些知識，尊守禮節，而不在乎由誰來教，怎樣教。〔註39〕家庭經濟條件有好有壞，子弟秉賦有優有劣，不可能一家全體都以儒業為生，農、工、商均可作為職業選擇，但即便如此，他們仍然主張子弟在從事這些職業之前，要掌握必要的知識，以適應社會和職業的需要，這種觀點無疑是正確的。

〔註37〕 〔明〕方孝孺：《遜志齋集》卷1，《雜誡》。

〔註38〕 〔清〕石成金：《傳家寶》，第29頁。

〔註39〕 〔明〕徐三重：《徐三重明善全編・家則》，《古今圖書集成・明倫彙編・家範典》第39卷，「教子部」。

　　明人程漢舒指出，家長不但要教育子弟，而且要教育子弟守本分，識道理，否則「愛子弟不教之守本分，識道理，田產千萬，適足助其淫邪之具，即讀書萬卷，下筆滔滔，亦不過假以欺飾之資。」〔註40〕清人鄭板橋也指出，愛子弟要以道愛之，也就是要教育子弟，而且要教育子弟忠厚仁慈，最重要的是要教育子弟明理做好人。「愛之必以其道，雖嬉戲玩耍，務令忠厚悱惻，毋為刻急也。……夫讀書中舉，中進士，作官，此是小事，第一要明理作個好人。」〔註41〕雖然讀書為求功名，也是明清士紳內心深處揮之不去的陰影，但和教育子弟為做人明理相比，求功名的目的就居於次要地位了。相應地，知識教育和道德教育相比，也居次要地位。他們強調教育的重要性，他們更強調品德教育的優先性。誠然，讀書為求功名，也並不失其積極意義，只要求得功名之後能夠兼濟天下，為生民謀福利，將讀書作為生存手段，也不無是處，但他們並不把求取功名當作勸子讀書的唯一動力。

　　清人蔣伊在《家訓》寓理於事，深入淺出地分析比較，讓人領會出何謂真愛，以此說明教育的重要性，「世之愛其子者，坐之高堂，食之雛豢，足跡未嘗及門，自以為愛之至矣。彼鄉人之父則不然，使其子躡履擔簦，犯風雨冒霜雪以從師取友於千里之外，伶仃顛頓，雖道路之人莫不竊議其父之不慈也。及觀其終，則有一人焉不辨菽麥玩嚚無知，問何人也，乃嚮之足跡未嘗及門者也。有一人焉，知類通達，為世名儒，問之何人也，乃嚮之顛頓數千里者也，彼為人父者將使其子無知為愛耶？將使其子有成為愛耶？雖甚愚者亦知所擇矣。」〔註42〕兩類愛子的方式迥異：一個使子弟坐在高堂上，食用美味佳肴，足跡不出家門，不受顛簸勞頓之苦；另一個使子弟冒著風雨霜雪，顛沛於千里之外，從師訪友。結果終日苦守於家者，是一個連菽麥都不知為何物的愚頑無知之徒；而那位顛沛於千里之外者，卻成為了舉世名儒。一位父親的愛子之道使得子弟成為無知之人，一位父親的愛子之道使得子弟成為事業有成者，到底哪種愛是真愛，哪種愛是真正的愛子以道，不言而喻。

　　愛子以道就是用正確的方法教育子弟，這種教育無時無刻不在。因讀書而成功的明清士紳，雖然也強調讀書的重要性，但他們在揭示教育的重要作

〔註40〕〔明〕程漢舒：《程漢舒筆記》，〔清〕陳宏謀輯：《五種遺規》，《訓俗遺規》卷2。

〔註41〕〔清〕鄭板橋：《板橋家書》，《濰縣署中與舍弟墨第二書》，第92～93頁。

〔註42〕〔清〕蔣伊：《家訓》，《叢書集成續編》第61卷，第77頁。

用時，並未一味地強調教育目的為中舉，而是把做人放在第一位，他們將此稱為「做好人」、「識道理」，這是他們倡導讀書的首要目的。科舉取士制度形成之後，取士的標準就是以科舉考試成績的好壞為尺度。下表為從唐朝到清朝，年平均錄取進士數量及進士數在總人口中所佔比例。

表3-1　自唐至清歷朝年平均錄取進士數

朝代	錄取進士數	朝代總年數	年平均錄取進士數
唐代	6546	289	23
北宋	18523	167	111
南宋	23649	152	155
元	1136	97	12
明	24480	276	89
清	26747	267	100

製表說明：轉引自何懷宏：《選舉社會及其終結——秦漢至晚清歷史的一種社會學闡釋》，三聯書店1998年版，第348頁。

表3-2　自唐至清歷朝錄取進士數在總人口中所佔的比重

朝　　　代	總人數	錄取進士數	進士在總人口中的比重
唐開元20年（732年）	4543	24 逐年	0.000053％
北宋大觀3年（1109年）	4673	685 三年一科下同	0.000489％
南宋嘉定16年（1223年）	2832	550	0.000647％
元至元27年（1290年）	5883	50（1315年之科）	0.000028％
明洪武26年（1393年）	6055	100（1394年之科）	0.000055％
清嘉慶25年（1820年）	26428	246	0.000031％

製表說明：轉引自何懷宏：《選舉社會及其終結——秦漢至晚清歷史的一種社會學闡釋》，三聯書店1998年版，第349頁。

　　從表中可以看出，唐代雖行科舉，但進士在總人口中所佔比重極小，基本上還是個貴冑社會，還不能稱為完全意義上的科舉社會。或如陳寅恪所言，是一個有賴於門第的舊貴族與借助於科舉的新貴族並存及相爭的社會，至宋代考試行糊名、謄寫、鎖院等，取士全然不問門第，且數量大，士大夫多出草野，貴族世家就無論新舊而皆消亡，社會就漸轉成一個完全的選舉社會了。〔註43〕

〔註43〕何懷宏：《選舉社會及其終結——秦漢至晚清歷史的一種社會學闡釋》，第

　　宋代以來，朝廷選官幾乎全是通過科舉考試進行的，時人也就把讀書看成了做官的階梯，「今人讀書便只道作好官多得錢」，〔註44〕應該說在古代社會這種論斷代表很大一部份人的觀點。但我們在家訓中看到明清大多士紳並沒有把做官看成是讀書的唯一出路，他們首先提到讀書是爲了「明道理」、「做好人」這表現出明清士紳道德自覺與自律，也表現出他們優於世俗社會的前瞻性和先進性。

　　孔子曾說：「學也，祿在其中」，科舉時代，更驗證了這一論斷的正確性。明清時期社會普遍認爲，學好了經書，就可以做大官。但明清士紳結合時代對孔子的學習觀進行了揚棄。讀書重要，但讀書的目的並非唯一，並非僅僅爲了做官。他們承認讀書的目的之一是中舉做官，他們更強調讀書的目的是爲了明理做人。他們認爲，學好了經書，明白了做人的道理，修煉成爲道德高尚的人，聖賢精髓就是充溢於腑髒中最好的養身之物。傅山說，「明經取青紫，此大俗話，苟能明經，則青紫又何足貴……學也祿在其中，亦非死話。對祿字說則祿猶食，有食則飽，故學可作食，使充於中，聖賢之澤潤，益臟腑自然，世間滋味聊復度命，何足貪婪者，幾木殘書，勤謹收拾，在腹中作濟生飯糧，眞不虧人也。」〔註45〕

　　清儒孫奇逢在比較富貴和教育孰重孰輕時，指出：「士大夫教誡子弟是第一要緊事，子弟不成人，富貴適以益其惡，子弟能自立，貧賤益以固其節，從古賢人君子多非生而富貴之人，但能安貧守分，便是賢人君子一流人，不安貧守分，畢世經營，捨易而圖難，究竟富貴不可以求得，徒自喪其生平耳。余謂童蒙時，便宜斷其濃華之念，子弟中得一賢人，勝得數貴人也，非賢父兄，焉能享佳子弟之樂乎？」〔註46〕他們認爲子弟賢能與否，都要教育，而且子弟賢能與否，全在教育。

　　門第時代，一旦成爲貴族，就可以依靠其世襲的官爵，世代永享榮華富貴。而科舉時代，榮華富貴只能享受一時，而不能永久存在，要想使家道永續，唯有讀書一途。清人王心敬認識到：「蓋人生本善，一經讀書，無論氣質好者，可望成就，即中材能識得三二分義理，亦是保身保家之藉資。」〔註47〕

　　　　348 頁。

〔註44〕〔明〕呂維祺：《曉諭子十則》，《叢書集成續編》第61卷，第45頁。

〔註45〕〔清〕傅山：《霜紅龕家訓》，《叢書集成續編》第60卷，第602頁。

〔註46〕〔清〕孫奇逢：《孝友堂家訓》，《叢書集成新編》第33卷，第208頁。

〔註47〕〔清〕王心敬：《豐川家訓》，《叢書集成續編》第61卷，第105頁。

　　自古以來，關於人性的認識有三種觀點，第一種觀點認爲人性本善，針對
這種善的本性，需要後天學習，將善的本性進行保持與發揚，但善的氣質有可
能受環境的影響而發生變化，這時更需要教育予以矯正；第二種觀點認爲人性
有善有惡，也同樣要通過教育使善的一面發揚光大，使惡的一面通過教育而達
到棄惡從善；第三種觀點認爲人性是惡的，就需要針對其惡的本性進行教育，
以達到遷惡從善的目的。明清士紳大多繼承人性本善的思想，但他們也認識到，
這種善的本性有可能受後天環境的影響而趨於惡，這時，就要對其進行教育，
充分挖掘其善的本性，而變化其趨於惡的氣質，使其歸於善。無論人的本性如
何，都應當教育子弟讀書識字，學習倫理道德，這樣，既可保身，又可保家。
這也是明清士紳在家訓中強調教育子弟讀書的原因——保身保家。

　　由於父母與子弟之間有濃烈的血緣關係，父母對子弟的關愛是人之常
情。但愛護子弟不是溺愛、偏愛，要愛之以道，要教育子弟，且要教子以道：
「父之於子，惟當教之道，諺曰：孔子家兒，不識罵；魯子家兒，不識斷。
吾於善則善也。養子弟，如養芝蘭，既積學以培之，更須積善以潤之，人之
教子，飲食衣服之愛，不可不均，長幼尊卑之分，不可不嚴，賢否是非之際，
不可不辨，示以均，則長無爭財之患，責以嚴，則長無悖逆之患，教以分別，
則長無匪類之患。」〔註48〕這裡的「積學」教育實際上就是知識教育，而「積
善」教育則指的是品德培養，兩相比較，王氏指出品德涵養更重於知識學習。

　　子弟不肖，需要教育使之走上正道；即使子弟秉賦優異，同樣需要教育
使其成爲完人。「雖有美質，不教胡成？即使至愚，父母之心安可不盡？中等
之人，得教則從而上，失教則流而下。子孫賢，子以及子，孫以及孫；子孫
弗肖，傾覆立見，可畏已。近日師道不立，爲子孫計者，孰知尊師崇傅之道？
甚之生子不復延師。盍思爲人父母將以田宅金錢遺之子爲愛其子乎？抑以道
德遺子之爲愛其子乎？不肖之子，遺此田宅，轉眄屬之他人，遺此多金，適
資喪身之具，孰若遺以德義之可以永世不替？」〔註49〕張氏認識到，子孫賢
能，則家道可以永續，而子孫賢能與否，又是以是否接受教育爲標準。給不
肖子孫留下田宅金錢，只能增加其揮霍與浪費的資本；不如通過教育，給子
孫留下德義，這樣賢能的子孫可以代代相傳，昌隆的家道也可以永世傳續。

　　對於治學的益處和不學的弊端，明人方孝孺進行了全面的比較：「人孰爲

〔註48〕〔清〕王朗川：《王朗川言行彙纂》，〔清〕陳宏謀輯：《五種遺規》，《訓俗遺
　　　　規》卷2。
〔註49〕〔清〕張履祥：《楊園先生全集》卷4，《訓子語》。

重？身爲重。身孰爲大？學爲大。天命之全，天爵之貴，備乎心身，不亦重乎？不學則夷乎物，學則可以守身，可以治民，可以立教，學不亦大乎？學者，聖人所以助乎天也，天設其倫，非學莫能。敦人有恒紀，非學莫能序。故賢者由學以明，不賢者廢學以昏，大匠成室，材木盈前，程度去取，沛然不亂者，繩墨素定也。君子臨事而不眩，制變而不擾者，非學安能定其心哉！學者，君子之繩墨也。……不學者，其猶盲乎！手捫足行，物至而莫之應。」〔註50〕他認爲，通過學習可以涵養品德、獲取知識，這樣就能退可守身，進可治民；賢能的人是因學而變得更加明達，不賢者則因廢棄學習而變得昏聵無知。

對於士紳家庭來說，無論是家境貧寒也好，富貴也罷，讀書學習是不變的「傳家寶」：「貧富何常，只要自身上通達得去。是故貧當思通，不在守分；富當思通，不在知足。不缺祭享，不失慶弔，不斷書香，此貧則思通之法也；仗義周急，尊師禮賢，此富則思通之法也。」〔註51〕家貧要思考變通之法，而書香不絕就是貧窮之家的變通之法；富裕之家也要思考變通之法，尊師禮賢就是其變通的辦法。

總之，知識符碼是士紳階層有別於其它階層的明顯標誌，他們是知識學習的最大受益者，通過學習，他們可能從一介平民一躍而走上仕途。他們深知教育對個人和家庭命運的重要意義，他們自然會在家訓中反覆訴說教育的重要性。本來，倡導學習是傳統文化的重要組成部份，但在門第時代，世家大族僅靠顯赫的家世就可獲得高官厚祿，而庶族則無此殊榮，更不用說一般平民了，讀書的重要性並沒有引起士大夫足夠的重視。隨著門第時代的終結及科舉時代的到來，科舉的相對公平性使得中下層人士都可通過讀書參加科舉而加入到統治階層的行列中來，而即使是高官顯赫之家，也可能因子弟不事讀書，不思進取而轉瞬棄置溝壑，家道也會因此衰敗，讀書是個人進取之梯，也是家道昌隆之梯，而棄學則是家道衰落的開始。所以，明清士紳在家訓中無一例外地會談到讀書學習的重要性。

（二）「變化氣質，陶鑄德性」

既然教育子弟的作用已經在明清士紳中達成共識，那麼，教育又遵循什麼爲宗旨呢？清人王士晉指出：「族中各父兄，須知子弟之當教，又須知教法

〔註50〕 〔明〕方孝孺：《遜志齋集》卷1，《雜誡》。
〔註51〕 〔明〕溫璜輯：《溫氏母訓》，《叢書集成新編》第33卷，第204頁。

之當正，又須知養正之當豫，七歲便入學塾學字學書，隨其資質，漸長有知識，便擇端慤師友，將正經書史，嚴加訓迪，務使變化氣質，陶鑄德性，他日做秀才做官，固爲良士，爲廉吏，就是爲農爲工爲商，亦不失爲醇謹君子。」〔註52〕在首倡道德修煉的前提下，作者才談到讀書、作文、寫字等知識學習問題。也就是說，作者在強調教育重要性的同時，提出了德教爲先的教育宗旨。又如呂維祺指出：「讀書要存心養性，明道理爲眞儒，出爲名世，非爲取科第之階梯而已。」〔註53〕

明清士紳能夠認識到道德修煉和知識學習的辯證關係，他們認識到二者缺一不可，道德學習是知識學習的重要前提，而知識學習是道德修煉的有益補充，他們強調道德學習也重視知識的積累。

他們都能夠認識到品德的積累對於家道昌隆的積極意義，方孝孺說：

> 天下無千載全盛之國，無百年全盛之家。天豈不欲有國家者，久而不墜哉！或一再傳而失之，或未終其身而不振，得之於勞勤艱難之餘，而敗之於談笑燕安之頃。非其智力所不能，德不足而子孫無所藉以自立也。人之生於德善之家，猶木之生沃土，蚤發而易長，華茂而後凋。磽田瘠壤，雖有萌蘖之滋，拳曲擁腫，終不足觀，則所藉使之然耳。今之人莫不欲子孫之蕃，賢才之夥，傳緒久而不衰，而莫能爲善，此猶不藝而欲獲也，不獵而欲衣狐貉也，孰從而致乎？故富貴而不修德，是以爵祿貨財禍其身也，富貴其子孫，而不力爲善，是置子孫於賤辱之窠、爭奪之區，而不顧也。使貴而可傳，則古之顯人，與齊魏秦楚之君，至今不失祀矣；使富而可傳，則趙孟三桓之裔，有餘積而無憂矣，然而皆莫之存，何哉？德澤既竭，而後人莫能繼也。〔註54〕

教子學習到底是爲了求取功名還是進德修業呢？怎樣處理二者的關係呢？

讀書爲求功名，是部份士紳的選擇與期許。如清人張英就指出，「讀書固所以取科名，繼家聲，然亦使人敬重。……至舉業乃朝廷取士之具，三年開場大比，專視此等優劣，人若舉業高華秀美，則人不敢輕視。每見仕宦顯赫之家，其老者或退或故，而其家索然者，其後無讀書之人也；其家鬱然者，

〔註52〕〔清〕王士晉：《宗規》，見陳宏謀輯：《五種遺規》，《訓俗遺規》卷2。
〔註53〕〔明〕呂維祺：《呂維祺語錄·論子》，《古今圖書集成·明倫彙編·家範典》第39卷，「教子部」。
〔註54〕〔明〕方孝孺：《遜志齋集》卷1，《宗儀九首》。

其後有讀書之人也。」〔註55〕讀書爲求功名本無可厚非，因爲這也是謀生的一種重要手段，更何況「致君澤民」的抱負需要有相應的社會地位才能實現，也就是說，治國平天下理想的實現，要有一個適合其實現的平臺，在傳統社會，這個平臺就是相應的官職。當然，明清士紳對子弟的期許是進德修業的完美結合。但現實往往不盡人意、難遂人願，當兩者發生衝突或子弟能力有限，不能盡善盡美時，明清士紳將德業的修煉放在了首要位置。

姚舜牧說，「蒙養無他法，但日教之孝悌，教之謹信，教之泛愛眾，親仁，看略有餘暇時，又教之文學，不疾不徐，不使一時放過，一念走樣，保完眞純，俾無損壞，則聖功在是矣，是之謂蒙以養正。」〔註56〕姚氏首先強調要教子弟以孝悌、謹信、仁愛等道德品質。其次，學有餘暇時，則教以知識學習。這正是對孔子「弟子入則孝，出則弟，謹而信，泛愛眾而親仁。行有餘力，則以學文。」〔註57〕觀點的繼承與發揚。比較而言，道德教育是處於優先學習的地位。

明清時期，士紳家訓中幾乎人人都談到德教的重要性及優先性。雖然他們的家訓中也有揮之不去的「功名」情結，但當「功名」與「做人」產生衝突需要抉擇時，他們會將「做人」放在首位，而將「功名」放在次要位置。而與做人的學習目的相關的道德教育的重要性就凸顯出來。在他們看來，致科第、入仕途、求取功名並非讀書的唯一出路，也非讀書的唯一目的。如明人顧憲成教誡子弟說，「若肯刻苦讀書，到得工夫透徹，連舉人進士也自不難，何有於一秀才？若又肯尋向上支要做個人，……連舉人進士也無用處，何有於一秀才？」〔註58〕他把中舉當作讀書所實現的低層次境界，而最高境界則是做人，做好人。何謂好人呢？就是要用儒家的仁義禮智信等倫理道德規範言行。概而言之，就是爲子要孝順，做官要清廉，做事要勤奮，生活要勤儉，待人要誠信，交友要坦誠，等等，涵蓋在生活的各個方面。

自宋代以來，世人勉勵蒙童讀書的名言之一就是：書中自有黃金屋，書中自有顏如玉。「由於有一種政治權力、經濟財富與社會名望這三種主要價值資源聯爲一體的情況，而政治權力又是其中表現最突出的，所以，仕成爲主

〔註55〕　〔清〕張英：《聰訓齋語》，《叢書集成新編》第33卷，第221頁。
〔註56〕　〔明〕姚舜牧：《藥言》，《叢書集成新編》第33卷，第197頁。
〔註57〕　《論語・學而》。
〔註58〕　〔明〕顧憲成：《示淳兒帖》，《叢書集成續編》第61卷，第41～42頁。

要出路。」〔註 59〕但是，至少在明清士紳的家訓中，他們並不將追求功名富貴當作敦促子弟讀書學習的首要目的或唯一追求：「世間極佔地位的是讀書一著，然讀書佔地位，在人品上不在勢位上。」〔註 60〕他們強調讀書的目的是爲了變化氣質：「先賢云：讀書變化氣質。未有豪傑而不讀書者也，也未有讀書而不變化者也。信夫，讀書之功大矣。」〔註 61〕他們認爲世人崇奉的聖賢豪傑都是讀書之人，只要讀書就能變化人的氣質。（讀書）「必使人欽敬，人不敢勿視其人，德性也溫和，行事決不顚倒。」〔註 62〕「夫讀書中舉中進士作官，此是小事，第一要明理作個好人。」〔註 63〕

讀書學習還能夠指導個體的實際行動，使個體更加趨於完善，成爲道德完人。楊繼盛指出：「讀書見一件好事，則便思量：我將來必定要行；見一件不好的事，則便思量：我將來必定要戒。見一個好人則思量：我將來必要與他一般；見一個不好的人則思量：我將來切休學他，則心地自然光明正大，行事自然不會苟且，便爲天下第一等好人矣。」〔註 64〕「教子弟只是令他讀書，他有聖賢幾句話在胸中，有時借聖賢言語照他行事、開導之，他便有醒悟處。」〔註 65〕

讀書不僅可以修身，還可以養性。讀書可以擴大知識面，擴大人的見識，使人不再陷於偏激之中，其結果是人的性情得到涵養，從這一方面來說，讀書自然起到養性的作用。張英認爲，如果不讀書，精神沒有寄託，人就會無所事事，對生活既沒有期待，也沒有展望，這種人實際上已經對生活失去信心。相反，讀書可以涵養精神，陶冶性情，使人心有所寄託，對未來有所展望與期待，不至於無所事事，百無聊賴。「多讀書，遠觀今古，可以免憂。」「不合時宜，遇事觸忿，此亦一病，多讀書則能消之。」〔註 66〕因爲「人心至靈至動，不可過勞，亦不可過逸，惟讀書可以養之，每見堪輿家平時用磁石養針，書卷乃養心第一妙物，閒適無事之人，鎮日不觀書，則起居出入，

〔註 59〕 何懷宏：《選舉社會及其終結》，第 29 頁。

〔註 60〕 〔明〕姚舜牧：《藥言》，《叢書集成新編》第 33 卷，第 201 頁。

〔註 61〕 〔清〕李淦：《燕翼篇》，《叢書集成續編》第 62 冊，第 21 頁。

〔註 62〕 〔清〕張英：《聰訓齋語》卷 1，《叢書集成新編》第 33 卷，第 220 頁。

〔註 63〕 〔清〕鄭板橋：《板橋家書》，《濰縣署中寄舍弟墨第二書》，第 93 頁。

〔註 64〕 〔明〕楊繼盛：《楊忠愍集》卷 3，《赴義前一夕遺囑》，影印文淵閣四庫全書本。

〔註 65〕 〔清〕魏象樞：《庸言》，〔清〕陳宏謀輯：《五種遺規》，《訓俗遺規》卷 3。

〔註 66〕 〔明〕吳麟徵：《家誡要言》，《叢書集成新編》第 33 卷，第 187 頁。

身心無所棲泊耳，目無所安頓，勢必心意顛倒，妄想生嗔，處逆境不樂，處順境亦不樂，每見人棲棲皇皇，覺舉動不礙者，此必不讀書之人也。」〔註67〕

當代學者陳來在分析古代蒙學讀物後指出：在把功利的追求合理化爲倫理性準則方面，蒙學讀物是相當成功的。他分析《三字經》說：「『上致君，下澤民，揚名志，顯父母，光於前，裕於後。』中的致君澤民是儒家的社會功利思想；光耀祖宗，顯榮父母，遺澤後代，是世俗儒家特有的家族思想；傳聲揚名，是個人成就的追求目標。這使得《三字經》最後歸結爲社會成就，家族成就和個人成就，顯示出明顯的成就取向。實際上，如果把《三字經》作爲一個體系來看，可以說上述三種成就目標構成了其體系的終極關懷。把倫理規範與成就追求融爲一體，這可以說是世俗儒家倫理的特色。」〔註68〕

陳來認爲蒙學讀物屬於通俗儒家倫理讀物，其內容顯示出家族主義、個人功利與儒家道德倫理的結合，在宋代以後的中國民間流行極廣。他通過研究指出，這種民間通俗讀物中顯示出了功利成就的追求更高於道德價值的追求。「在世俗儒家文化中，以功名爲形式，極力突出了個人成就的自我實現。這種突出，與正統儒家倫理強調的道德價值的實現不同，而是強調能力價值的實現。從而，成就的追求甚至在世俗的目標價值系譜中更高於道德價值的追求。這樣一種價值觀的結果，其在人的行爲上所體現的影響，顯然不會局限於對科舉功名的追求，而必然會呈現爲對包括經濟成就在內的多數世俗目標的追求。世俗儒家倫理把這種追求加以正當化和合理化，在適宜的經濟制度環境下，就有可能成爲經濟發展的動力性資源。」〔註69〕如果說陳來的這一研究結論適用於針對蒙童及粗通文墨者的蒙學讀物，那麼，我們以爲，代表中上層思想的士紳家訓中顯示出的是道德價值的追求卻更高於功利成就的追求。或者說至少是對功利的追求披上了一層道德面紗，不是那麼直白與赤裸，我們可以兩相比照。

如宋代以來流行甚廣的《神童詩》對追求功名的勸諭就很直露，茲撮錄如下：

> 天子重英豪，文章教爾曹。萬般皆下品，惟有讀書高。〔註70〕

〔註67〕　〔清〕張英：《聰訓齋語》，《叢書集成新編》第33卷，第217頁。
〔註68〕　陳來：《中國近世思想史研究》，《蒙學與世俗儒家倫理》，第440頁。
〔註69〕　陳來：《中國近世思想史研究》，《蒙學與世俗儒家倫理》，第442頁。
〔註70〕　《神童詩》，王炳照編：《蒙學十篇》，北京師範大學出版社1990年版，第85頁。

少小須勤學，文章可立身。滿朝朱紫貴，盡是讀書人。〔註71〕

自小多才學，平生志氣高。別人懷寶劍，我有筆如刀。〔註72〕

學乃身之寶，儒爲席上珍。君看爲宰相，必用讀書人。〔註73〕

大比因時舉，鄉書以類升，名題仙桂籍，天府快先等。〔註74〕

喜中青錢選，才高壓重英，螢窗新脫跡，雁塔早題名。〔註75〕

年少初登第，皇都得意回，禹門三級浪，平地一聲雷。

一舉等科日，雙親未老時，錦衣歸故里，端的是男兒。〔註76〕

又如清人王筠所著流行甚廣的《教童子法》：

設命中無功名，則所學者無可以自娛，無可以教子，不能使鄉
里稱善人，士友稱博學。〔註77〕

我們再來看看明清士紳家訓中對兩者的比較：

教不同，有善不善焉，善者必正之於蒙師，節其衣食，戢其喜
怒，而不使之順與縱也。教之敬謹慈愛，尊古法，恒下人，教之重
廉恥、信行；教之習苦，知稼穡艱難，非徒口之，且身以示之，如
此則子之不賢者鮮矣。……然則，今之教子者教之作家教之工文章，
皆善矣，胡以其子不皆賢、其家不皆興也？曰，所謂教之善者亦在
正其人而已矣，賢不賢原繫於其人，不繫於作家與工文章也。其人
賢則家雖貧或不能文章，其興也可必，其人不肖則其能作家與工文
章，皆適足以成其惡而速其敗。〔註78〕

教子者，先宜去其傲心，養其謙德，使能溫恭退讓，行無邪僻，
雖終身韋布，亦不失爲克家之子，苟不知謙順，好自高大，縱使發
科取第，才名蓋世，適足以招尤賈禍，非全身保家之道也。〔註79〕

士紳家訓中指出教育的主要目的是修德，與「發科取第」相比，修德是置於

〔註71〕《神童詩》，王炳照編：《蒙學十篇》，第 85 頁。

〔註72〕《神童詩》，王炳照編：《蒙學十篇》，第 86 頁。

〔註73〕《神童詩》，王炳照編：《蒙學十篇》，第 86 頁。

〔註74〕《神童詩》，王炳照編：《蒙學十篇》，第 87～88 頁。

〔註75〕《神童詩》，王炳照編：《蒙學十篇》，第 87～88 頁。

〔註76〕《神童詩》，王炳照編：《蒙學十篇》，第 88 頁。

〔註77〕〔清〕王筠：《教童子法》，韓錫鐸編：《中華蒙學集成》，遼寧教育出版社 1993
年版，第 1272 頁。

〔註78〕〔清〕金敞：《家訓紀要》，《叢書集成續編》第 61 卷，第 59 頁。

〔註79〕〔清〕金敞：《家訓紀要》，《叢書集成續編》第 61 卷，第 60 頁。

首要位置的。

我們再來看看普通人家族譜中的相關勉學內容：

> 丕振家聲，首先讀書，……吾宗自爾文公昆季為弟子員，代興
> 文學，今則食餼於庠，科貢不絕，名登仕版，甲第聯綿，庶乎不墮
> 家聲矣。願吾子孫世續書香。〔註80〕

其發出的信息是「名登仕版、甲第聯綿」才能使家聲不墜。

而清朝康熙年間當徒人王際有在其家訓中對科舉考試者進行直接的物質
獎勵：

> 鼓舞後賢，公祠宜示獎勵，入泮給花紅二兩，出貢給花紅四兩，
> 中舉給花紅六兩，中進士給花紅八兩，中元者另加四兩。〔註81〕

可見，士紳之家和普通家庭對於子弟讀書目的是不盡相同的，士紳家訓與流
行於社會上的訓蒙書對子弟勉學的誘導也不盡相同，普通家庭和訓蒙書中的
勉學目的是以登科第，取青紫為目的。而士紳家訓提倡勉學，其首要目的是
為了培養品德，修煉德行，當然，他們也不迴避求取功名，但和進德修業相
比，求取功名是屈居次位的。而世俗家訓和普通的訓蒙文卻將求取功名放於
首位，個中差異，顯示出飽受儒學的士紳對「謀道」的青睞與看重。

教子學習不外乎為了求取功名和進德修業，明清士紳對子弟的期許當然
是二者的完美結合，以求達到「內聖」、「外王」的最佳組合。但事實往往不
能盡逐人願，當兩者發生衝突或子弟能力有限，不能盡善盡美時，明清士紳
在家訓中對子弟的期許是將德業的修煉與學習放在了首要位置。

在科舉時代，道德修煉優於知識學習這一觀點被走科舉之路而成功的士
紳提出，就更顯得難能可貴。相對來說，士紳階層傳播的還是精英文化，他
們本身深厚的文化底蘊，並能夠提供子弟學習的經濟條件，使得他們能夠坐
而論道，也使得他們在論道時，將道德價值的追求置於功名成就的追求之上。
如王陽明指出：「吾非徒望爾輩但取青紫，榮身肥家，如世俗所尚，以誇市井
小兒。爾輩須以仁禮存心，以孝悌為本，以聖賢自期。務在光前裕後，斯可
矣。」〔註82〕也就是說，作為士紳階層，他們所追求的目標相較於世俗社會

〔註80〕〔清〕盛清學等修：江蘇《毗陵盛氏族譜》，卷1「祖訓」，同治十三年追遠堂
木活字印本。

〔註81〕〔清〕王際友：《毗陵長溝朱氏祠規》，轉引自費成康：《中國的家法族規》，
上海科學院出版社，1998年版，第283頁。

〔註82〕〔明〕王陽明：《王文成全書》卷26，《贛州書示四姪正思等》。

更高尚，如果說世俗社會對物質利益、功名等的追求，是其首要的目標，那麼士紳階層在家訓主張兩者兼舉，但他們將物質利益放在了次要位置，或者說他們訓誡子弟對謀道的追求要高於謀食的追求。

三、「爲學之道，治心爲上」：治學的方法

明清士紳在家訓中強調的學習內容包括品德的修煉（即修身），我們已在修身一章中進行了闡述，此不贅述。除此之外，還包括知識與技能的學習，具體來說也就是讀書、寫作等內容。由於宋明以來的傳統社會對體育教育不夠重視，統治者只強調「文治」而不重視「武功」，上行下效，明清士紳在家訓中很少提及鍛鍊身體等體育教育內容，家訓中的相關學習思想也只談及知識學習思想。

（一）「事必有法，然後可成」

儒家先賢非常注意學習方法，荀子指出：「君子之學也，入乎耳，著乎心，布乎四體，形乎動靜；端而言，蠕而動，一可以爲法則。小人之學也，入乎耳，出乎口。口耳之間則四寸耳，曷足以美七尺之軀哉！」〔註83〕學習是一個全身心投入的活動，在學習的過程中，必須調動身體的各個器官。宋儒朱熹也指出凡事都要講究方法，讀書學習更是如此：「事必有法，然後可成，師舍是則無以教，弟子舍是則無以學，曲藝且然，況聖人之道乎？」〔註84〕

明清士紳雖然不能充分認識到教子方法的科學性，但他們根據前人的學習經驗和自身的學習體會，總結出了一些行之有效的學習原則與方法，雖然有些已經不合時宜，但還是有很大一部份的學習方法可以爲我們當今借鑒。他們的這些學習原則與方法，也打破了人們長期以來對古人讀書學習方法的錯誤認識。

我們常常對古人強調背誦嗤之以鼻，實際上明清士紳在家訓中訓導子弟學習時，對單純死記硬背也並不看好，清人馮班認爲記誦雖然說不上是什麼學習的好方法，但總比不讀書不學習要強。他還建議不要鑽牛角尖，遇到難懂之處，暫時置之不理，等到讀多了，知識積累達到一定程度，再來領悟就會豁然開朗：「儒者之業，莫如讀書。記誦以爲博，是讀書病處，亦強似不讀。

〔註83〕《荀子・勸學》。
〔註84〕〔明〕丘濬：《大學衍義補》卷72，《治國平天下之要》，影印文淵閣四庫全書本。

讀書有一法，覺有不合意處，且放過去，到他時或有悟入，不可便說他不是。」
〔註 85〕清人陸隴其也大致說出了該讀何書，讀書的方法與指歸，讀書與作文
科舉等的關係：「讀書要將聖賢有用之書爲本，而勿但知有時文，要循序漸進
而勿欲速，要體貼到自己身上而勿徒視爲取功名之具。」〔註 86〕

具體說來，明清士紳主學習方法主要表現在以下幾方面：

第一，早教與惜時

早教的理論古已有之。《禮記》中提到：「子能食食，教以右手；能言，
男『唯』，女『俞』。……六年，教之數與方名。七年，男女不同席，不共食。
八年，出入門戶，及即席飲食，必後長者，始教之讓。九年，教之數日。十
年，出就外傅，居宿於外，學書記……」〔註 87〕另外《大戴禮記・保傅》、《白
虎通義》中都有早期的意義及早教內容的系統論述。

明清士紳結合自身經驗和兒童生理髮育特點，對早教的思想進行了繼承
和發展。他們建議當兒童稍有知識時，就要對他們進行啓蒙教育。史搢臣說，
「父母教子，當於稍有知識時，見生動之物，即昆蟲草木，必教勿傷，以養
其仁；尊長親朋，必教恭敬，以養其禮；然諾不爽，言笑不苟，以養其性。
稍有不合，即正言厲色以諭之，不必暴戾鞭撲以傷其忍。」〔註 88〕崔學古指
出，「生徒良知方長，智識初開，恒取古人嘉言美行，以涵養之，如《廸吉錄》、
《善過格》諸書，及史書典實，果報昭然者，閒時與之講說，足以悚動心目，
感發天良。」〔註 89〕那麼，這個「稍有知識」的具體時間是什麼時候呢？大
體說來，是從六七歲開始。此時，兒童智力漸開，他們對一切事物都充滿了
好奇之心，這時如果對他們進行正確引導，則有助於兒童的進一步發展，但
如果聽之任之，則有可能錯過兒童發展的第一個最佳教育時機。

兒童心理學研究認爲，七歲時，兒童基本上掌握了本民族的口頭語言，
認識了不少事物及其事物之間的聯繫和關係，積累了一定的生活知識和經
驗，從各方面做好系統地學習文化知識的準備。這一時期，既是兒童心理、
生理髮展最爲迅速的時期，也是可塑性最大的時期，如果環境刺激豐富，教
養方式合理，就會促進兒童心理的正常發展，反之，則會阻礙兒童心理的正

〔註 85〕〔清〕馮班：《鈍吟雜錄》卷 1，《家戒》上。
〔註 86〕〔清〕陸隴其：《示大兒定徵》，《叢書集成續編》第 61 卷，第 80 頁。
〔註 87〕《禮記・內則》。
〔註 88〕〔清〕史搢臣：《願體集》，〔清〕陳宏謀輯：《五種遺規》，《訓俗遺規》卷 2。
〔註 89〕〔清〕崔學古：《幼訓》，《叢書集成續編》第 61 卷，第 302～303 頁。

常發展。〔註90〕

明清士紳雖然不能從理論上認識兒童心理發展的特點，但他們從傳統經驗及自身體認中得出兒童必須早教的感性認識。清人王士晉指出，「族中各父兄，須知子弟之當教，又須知教法之當正，又須知養正之當豫，七歲便入學塾學字學書，隨其資質，漸長有知識，便擇端愨師友，將正經書史，嚴加訓迪，務使變化氣質，陶鑄德性。」〔註91〕他建議族人，既要知道子弟應該教育，又要知道教育子弟要用正確的方法，還要懂得教育要及時。清人王心敬也建議：「日後子孫但非癡聾瘖啞，當七八歲後，必須令之從師讀書，……以下些義理種子。」〔註92〕明人方孝孺也建議，以七歲為分界線，七歲以前，男孩女孩雜處，但八歲以後就要區分男女，並對子弟適時地進行教育：「樹木生有枝，子弟教及時；七年異男女，八歲分尊卑。二五學書計，逢人多禮儀。三五學射御，四五加冠緌。」〔註93〕

崔學古不但指出早教的具體時間，而且對於兒童此後人生的各個發展階段，應該注意的教育問題，教育方法，都進行了詳細的說明。

> 教訓童子在六七歲時，不問知愚，皆當用好言勸諭，使知讀書之高，勤於教導，使不憚讀書之苦。若徒事呵斥而撲責，不惟無益，且有損也，至八九歲時，年方稍長，或可用威，若遇聰穎者，即如前法，亦足警悟，其或未覺，略用教笞，此在一兩月或半年一用，方可示威，若久用不止，則彼習以為常，必至恥心喪盡，頑鈍不悛矣，至十四五歲，尤為邪正關頭，正養中養才之候，循循誘掖，自當水到渠成，其要只在收其放心，勿使之稍涉家務外務，專心讀書，不責自進。故先輩教子弟，遇其聰穎者，單用善言警悟，往往不苦而自成，即遇愚頑，亦加撲責，撲後仍用好言勸諭，亦每知悔而能新。不然者，則下愚不移，雖撲責之，無益也。顧為父師者教子弟，只費自己口舌之煩，講貫之詳，督課之勤，兼以自己持身之壯，出話之正，子弟見之，自然知悚，斷不在恐責撲間也。若不得已而用責，數則不威，輕亦致玩，故不責則已，責則須威。或預約人勸解，

〔註90〕李山川主編：《小學兒童教育心理學》，中國科學技術大學出版社 1995 年版，第 25 頁。

〔註91〕〔清〕王士晉：《宗規》，〔清〕陳宏謀輯：《五種遺規》，《訓俗遺規》卷 2。

〔註92〕〔清〕王心敬：《豐川家訓》，《叢書集成續編》第 61 卷，第 105 頁。

〔註93〕〔明〕方孝孺：《遜志齋集》卷 23，《勉學詩》。

以留餘地，又必有其候，空心勿責，方飯勿責，勿亂責，勿出不意，

從背後掩責，凡此皆足致疾，慎之，慎之。〔註94〕

他將兒童及青少年教育分爲三個應注意的階段，即六七歲時，八九歲時，和
十四五歲時。在兒童六七歲時，要好言相勸，不要呵責打罵；八九歲時，要
將勸導與威嚴相結合；到十四五歲時，爲父兄者，要將言傳與身教結合，教
育子弟，而不能多加責罵，即使萬不得已而責罵，也要選擇好時機，以起到
事半功倍的效果。

　　明清士紳普遍讚賞從胎教即開始進行人生各階段的系列教育，他們有的
指出當孩子「稍有知識」、「智識初開」時，就開始對其施教，有的則對於子
弟應當開始接受系統學習的年齡設定在七歲左右，他們將七歲作爲一個分水
嶺，七歲之前，男女可以雜處，不用進行正規的學習；二是主張結合幼兒年
齡特點，適時地教育幼兒利用其耳目口體等感覺器官，在感知事物的過程中
學會仁愛、禮讓等道德品質。且根據其生長特點，隨時隨物進行教育，這時，
要循序善誘，不要嚴加苛責，培養其讀書學習的習慣與興趣。

　　根據子弟不同年齡階段的認知水平，隨其生理發展特點而教其不同的學
習內容。這種看法與現代兒童心理學對兒童的認知特點的研究相契合。現代
兒童心理學研究表明：心理狀態集中專一，認知能力敏銳，可塑性強是幼兒
心理上的優勢。家長與教師應抓住這一有利時機，對幼兒進行適當的、有利
於身心發展的教育。

　　除早教外，明清士紳在家訓中反覆勸誡子弟要珍惜時間。光陰苦短，人
生有限，而要學習的知識卻無限，在有限的人生和無限的知識之間要想找到
一個平衡點，那就是要珍惜時間，儘量利用有限的時間學習大量的知識。陳
獻章和方孝孺根據晝夜和四時的變化，論證時光短暫，訓誡子弟要珍惜時間，
有所作爲，不應白白浪費時間，一無所成。陳獻章認爲，「日往則月來，東西
若推磨。及時願有爲，何啻短檠課。強者能進取，不能空墜墮。四書與六經，
千古道在那。願汝勤誦讀，一讀一百過。嗟余老且病，終日面壁坐。古稱有
志士，讀書萬卷破。」〔註95〕方孝孺建議：「人心最靈智，自棄獨何忍。聖門
本弘大，梯礎多接引。會高愚魯資，直解配顏閔。流年急如箭，髮白難再眞。

〔註94〕〔清〕崔學古：《幼訓》，《叢書集成續編》第 61 卷，第 297 頁。

〔註95〕〔明〕陳獻章：《景陽讀書潮連賦比勗之》，轉引自趙忠心：《中國家庭教育五
　　　　千年》，中國法制出版社 2003 年版第 282 頁。

及時不努力，老大成蠢蠢。」〔註96〕

　　傅山更明確地指出人早年記憶力特強，但「如此能記，時亦不過六七年耳，出三十則減五六，四十則減八九，隨看隨忘，如隔世矣。」因此他主張子侄們抓住這一良好時機，在精神健旺、記憶力好時，「專心致志」讀書。〔註97〕張履祥也持同樣的觀點，他基於人的記憶力早年強於晚年的客觀事實，認為「二十歲以前所讀之書，與二十歲以後所讀之書迥異」，提出「六經秦漢之文，詞語古奧，必須幼年讀」，因為「長壯後，雖倍蓰其功，終屬影響。」〔註98〕要乘著記憶力好時，記誦深奧難記的古書。這些讀書方法雖是士紳自身經驗的總結，卻切合人的生理特點，具有科學性。

　　汪瑔用人生壽命有限來告誡兒子要惜時，要珍惜十歲至二十歲這數年時間：「人生不滿百年，壽者只有七十八十，中壽者只有六十五十止耳，五十以後，則漸衰矣，十歲以前又無所知識，中間僅得四十年耳。此四十年中世運之變遷，家道之隆替，父母妻子友朋之所當為者，何限其無所事事，只有十歲至二十歲未婚前之數年。此數年中宜不啻如金惜之。」〔註99〕作者用淺近易懂的語言，將人生細分，十歲以前，懵懂無知，年老以後生命衰竭，這兩個時間段都不宜讀書，而中間的幾十年光景還有許多事情干擾，只有未結婚之前的十年時間，人被外事所干擾要少些，這時是一個比較好的讀書時間，所以一定要珍惜。說理透徹，使人深信時不我待，從而珍惜如金般的光陰。

　　那麼怎樣做算得上是珍惜時間呢？汪惟憲給出了具體方法：

> 古人讀書貴精不貴多。非不事多也，積少以至多，則雖多而不雜，可無遺忘之患。此其道如長日之加益，而人頗不覺也。是故由少而多，而精在其中矣。一言以蔽之，曰：無間斷。間斷之害，甚於不學。……若名為士人而悠悠忽忽，一暴十寒，人生幾何，凡所謂百年者皆妄也。必也甫離成童即排歲月次第，為立以中下之資自居，每日限讀書若干。一歲之中，除去慶唁祭掃交接遊宴之事，大率以二百七十日為斷，此二百七十日中須嚴立課程，守其道而無變，十年之間，經書可畢。且如此繩繩不已，則資之鈍者亦敏。而書可

〔註96〕　〔明〕方孝孺：《遜志齋集》卷23《勉學詩》，影印文淵閣四庫全書本。
〔註97〕　〔清〕傅山：《霜紅龕家訓》，《叢書集成續編》第 60 卷，第 601 頁。
〔註98〕　〔清〕張履祥：《楊園先生全集》卷 4，《訓子語》。
〔註99〕　〔清〕汪瑔：《示兒》，《叢書集成續編》第 61 卷，第 78 頁。

　　漸增。再加十年，子史古文俱漸次可畢矣。〔註100〕
這段話包含以下幾點意思：第一，他讚賞古人讀書貴精不貴多的傳統，無數
的「精」結合在一起就是多。第二，他主張讀書要不間斷，反對一曝十寒。
第三，子弟在成童時就安排好學習時間，制定日學習計劃。第四，一年之中，
除去應酬的時間，大致還有 270 天，這 270 天的時間，要嚴格規定學習的課
程，這樣堅持不懈地執行下去，十年的時間就可以讀完經書了。第五，所讀
之書日益增多，再過十年，應讀的子史古文基本可以讀完。汪氏強調的是讀
書由精積多，不間斷，制定嚴格的學習計劃，並堅持不懈地實施下去，最終
就能完成學習任務，更可貴的是汪氏對資質駑鈍的人，也寄予希望，認爲只
要他們持之以恒，堅持不懈地學習下去，最終也會機敏聰穎。

　　明清士紳認爲，子弟若無所追求，不珍惜時間，不勤奮學習，就會鬆懈
下來，且會無所事事，不務正業，因此容易走上邪路。不但個人最終一事無
成，還會危及家庭乃至家族的興旺與昌盛，甚至會導致家道敗落。不由得他
們不重視這一問題。明清以前的帝王、士大夫家訓中也提到立志、惜時、勤
奮等學習原則，但是，和明清時期相比，明清時期士紳家訓中對立志、勤奮、
惜時等學習方法卻成了普遍訴求，這是明清時期士紳家訓的一個顯著變化。

　　明清時期，隨著人口的劇增，參加科舉考試的人數相應增多，而錄取進
士的比例卻未相應增加，我們從表 3-2 中可以看出：明朝洪武 26 年（1393 年）
的總人口是 6055 萬，錄取進士人數是 100 人，進士在總人口中所佔比例是
0.000055％；清代嘉慶 25 年（1820 年）全國總人口是 26428 萬，錄取進士數
是 246 人，進士錄取數在總人口中的比例是 0.000031％，和同屬科舉時代的
兩宋相比，進士錄取人數在總人口中的比例要少得多。而生員數自明末以來，
也一直停留在最初年取約 25300 多名，總數約 50 萬人之多。〔註101〕這樣，科
舉競爭日趨激烈，「做成一種要求『速成』的惡性競爭」。〔註102〕以至於道光
時期出現了這樣的現象：「人期速效，十五而不應試，父兄以爲不才，二十而

〔註100〕〔清〕汪惟憲：《寒燈絮語》，《叢書集成續編》第 60 卷，651 頁。
〔註101〕清人陸以湉指出：「今天下歲取生員二萬五千三百餘名，約計現在之數，以三
　　　　十年爲準，凡歲試科名各十，共得員五十萬名。」〔清〕陸以湉：《冷廬雜識》，
　　　　中華書局 1984 年版，第 21 頁。
〔註102〕梁其姿：《施善與教化——明清的慈善組織》，河北教育出版社 2001 年版，
　　　　第 201 頁。

不與膠庠，鄉里得而賤之」。〔註103〕速效的結果是對子弟教育時間的提前及希望子弟珍惜時間呼聲的更加高漲。

此時家訓中也出現了對讀書這一精神追求，用物質追求來比附、用物質追求來刺激的現象，他們希望以此強化子弟的精神追求，「以積貨財之心積學問。」〔註104〕對於一味追求「速效」，清人崔學古也提出了應對之策：「為父師者，不量子弟之資稟，不顧學問之生熟，而惟欲速以求成，不知工夫有序，何可一旦助長。故昔謂教子弟，不必躐等，當知循序，不必性急於一時，而在操功於悠久，日復一日，月復一月，年復一年，毫不放空，亦不逼迫，憂而遊之，使自得之，自然慧性日開，生機日活。」〔註105〕

明清以前官僚士大夫家訓中的早教和惜時思想與明清士紳家訓中的早教和惜時思想相比，有失之籠統之感。而明清士紳家訓中相關的早教和惜時思想則更趨具體，如傅山、汪璨、汪惟憲均對人生學習時間進行了量化分析，給人以切實可行感覺，可操作性強，更利於子弟對時間緊迫形成深刻認識，這既是對傳統惜時思想的繼承，實際上也是科舉焦慮的一種投影。

第二，「勤懇勿懈，細心有恒」

如果說早教是從施教者一方來說的話，那麼「勤懇勿懈，細心有恒」則是從受教者一方來講的。學習更需要後天的勤奮努力，有了個體的主觀努力，資質一般者，也能夠取得優異的成績；如果個體自身不努力，即使稟賦優越，也可能因不事學習而變得愚鈍、頑劣。明清士紳也熟知個中緣由，他們在家訓中也反覆強調個體的主觀努力，其中包括持之以恒地勤奮學習與專心學習。

明人何倫指出，學習要反覆熟嚼，這個熟嚼的過程，實際上就是勤奮學習的過程，通過反覆熟嚼，最終將所讀內容全部消化，內化成自己的知識，成為自己知識結構中的重要組成部份：「讀書以百遍為度，務要反覆熟嚼，方始味出，使其言皆若出於吾之口，使其意皆若出於吾之心，融會貫通，然後為得。如未精熟，再加百遍可也，仍要時時溫習。若工夫未到，先自背誦，含糊強記，終是認字不真，見理不透，徒敝精神，無益學問。」〔註106〕鄭板

〔註103〕〔清〕戴均衡：《桐鄉書院四議：課經學》，盛康輯：《皇朝經世文編續編》，卷65，見沈雲龍主編：《近代中國史料叢刊》，文海出版社1979年版，第84～85輯。

〔註104〕〔清〕孫奇遇：《仲氏家訓》，《叢書集成續編》第61卷，第87頁。

〔註105〕〔清〕崔學古：《幼訓》，《叢書集成續編》第61卷，第297頁。

〔註106〕〔明〕何倫：《何氏家規》，《叢書集成續編》第61卷，第32頁。

橋指出，「讀書宜勤懇勿懈，看書宜細心有恒。」〔註107〕

　　漢儒董仲舒在《春秋繁露》中指出人的天賦是有限的，這一有限性決定了人必須專心做事，不能心有二用。「目不能二視，耳不能二聽，手不能二事，一手畫方，一手畫圓，莫能成。」〔註108〕「專」包含兩層含義，它既包括學習態度要專心，也包括學習知識要專精，唯其如此，才能在某一方面有精深的造詣，成爲眞正的專門人才。

　　所謂學習態度要專心，就是指要用心做事，用心學習。清人潘德輿指出治學的過程實際上就是治心的過程，「讀書不易熟，非盡關資質之鈍，心不易入，耳未聽著讀也。不拘何事，入心則易，不入心則難，獨讀書而不然乎？故爲學之道，一言以蔽之，曰治心。」〔註109〕

　　除了學習態度要專心，還要在一定時期內，專心於某一件事，學習某一項內容，如明人許雲村所說，「專心肅容，記遍數，……務要心口眼三到，毋得目視東西，手弄他物，一書已熟，方讀一書，毋務泛觀，毋務強記。」〔註110〕人的能力是有限的，怎樣將這有限的能力儘量發揮出來，又不至於出現力所不能及的情況，就需要專心於事，合理分配時間，合理分配精力，優化配置資源。

　　清人焦循指出，「唯一事各還一事之體，緣其體而精之，不妨一人專精一事，養由基之射，王良之御，田何之經，司馬子長之史，相如之賦是也。以一人兼之，亦必各如其體，而不相雜，乃爲眞博眞通。」〔註111〕

　　第三，循序漸進，積少成多；培養興趣，勞逸結合

　　學習是一個由小漸大、積少成多的過程，要循序漸進，不能速成，更不能揠苗助長。所謂的循序漸進是指讀書要按照書本的邏輯體系和學習者的認知水平及知識水平有系統、有步驟地進行。對此，明清士紳也有充分的認識。明人許雲村建議，學習要由易到難，由少漸多，溫故知新，循環往復：「初讀蒙訓，日四句至六句，次讀古文孝經，日二行至三行，次讀古小學，朱子小學，日三行至四行，看讀背讀通讀如後法，乃讀大學論語孟子中庸集注，漸

〔註107〕　〔清〕鄭板橋：《板橋家書》，《濰縣署中諭麟兒》，第167頁。
〔註108〕　〔漢〕董仲舒：《春秋繁露》，卷12，《天道無二》，影印文淵閣四庫全書本。
〔註109〕　〔清〕潘德輿：《示兒長語》，韓錫鐸編：《中華蒙學集成》，遼寧教育出版社1993年版，第1256頁。
〔註110〕　〔明〕許雲村：《許雲村貽謀四則》，續修四庫全書本。
〔註111〕　〔清〕焦循：《里堂家訓》卷下，《叢書集成續編》第60卷，第672～673頁。

增至千字止，自孝經以下，讀過書，日帶溫，倍不輟。乃讀易、詩正文，就取中間關涉倫理者一二篇，令習詠歌成聲，又易一二篇，循環諷誦如常業，乃讀周禮儀禮禮記左氏春秋正文，乃讀本經連注，每日所讀以上諸書，隨日所授，先與訓釋意義，則心解易熟，亦漸開善端，少長業次，但勿間其功，切勿窮其力也。」〔註112〕清人陸隴其也告誡子弟讀書要循序漸進，不能操之過急：「汝讀書要用心，又不可性急。『熟讀精思，循序漸進』此八個字，朱子教人之法也，當謹守之。」〔註113〕

在明清士紳看來，聖賢經典微言大義，要細細揣摩，體會其中的奧妙，不能走馬觀花。他們倡導讀經書要精深，不要速成：「讀書以精熟為貴，聖賢書與濫時文不同，豈可如此草草讀過！此皆欲速而不精之故。欲速是讀書第一大病，工夫只在綿密不間斷，不在速也。能不間斷，則一日所讀雖不多，日積月累，自然充足。若刻刻欲速，則刻刻做潦草工夫，此終身不能成功之道也。」〔註114〕陸隴其甚至給出了具體的時間分配：「日間須用一二個時辰工夫在《四書》上，……先將一節數反覆細看，看得十分明白毫無疑了，方始及於次節，如此循序漸進，積久自然觸處貫通，此是根本工夫。……次用一二個時辰將讀過書挨次溫習，不可專讀生書忘卻看書溫書兩事也。」〔註115〕

孔子曾指出「知之者，不如好之者，好知者不如樂之者。」說明愛好和興趣是學習取得良好效果的最佳途徑。明清士紳也將其發揚光大。章學誠指出：「至功力所施，須與精神意趣相為浹洽，所謂樂則能生，不樂則不生也。」〔註116〕學習是一個長期的過程，不能一日暴十日寒，要勞逸結合，這樣在悠然從容中掌握學問，這才是學習的最高境界。實際上，只有對所讀之書倍感興趣，使用適當的學習方法，注意勞逸結合，最終就會進入讀書的最佳境界。

第四，溫故知新、勤做筆記

學習心理學研究表明，識記之後，遺忘很快開始，最初一段時間不僅遺忘很快，而且遺忘得也多，防治遺忘的方法之一就是要經常複習，反覆複習，溫故而知新，這樣才有利於記憶和鞏固知識。

〔註112〕〔明〕許雲村：《許雲村貽謀四則》，續修四庫全書本。

〔註113〕〔清〕陸隴其：《示大兒定徵》，《叢書集成續編》第 61 卷，第 80 頁。

〔註114〕〔清〕陸隴其：《示大兒定徵》，《叢書集成續編》第 61 卷，第 79 頁。

〔註115〕〔清〕陸隴其：《示三兒宸徵》，《叢書集成續編》第 61 卷，第 79 頁。

〔註116〕〔清〕章學誠：《章學誠遺書》卷 9，《家書四》，文物出版社 1985 年版，第 92 頁。

　　明人許雲村建議，在讀新書時不忘溫習已學舊書，這樣循環往復，周而復始，所學內容全部精熟於心：「童子自幼至長，讀過經書，不貴好勝務多，但貴解義極熟，昔人讀咒萬遍不溫，亦忘，既讀常溫，工夫尤宜有準無間，早背正授書，須帶前授書三葉，加至六葉，必通連正帶看讀十遍方倍，日日除前以三六葉爲定，夜間溫倍從頭讀過，書量生熟量時力，亦須看讀數遍乃倍，讀數遍，漸讀漸加，葉數卻漸減，遍數自十葉加至二十葉，熟則加至三十葉，又加至四十五十葉，極熟加至六十葉則止。漸溫至三葉六葉帶書處，周則復始，一葉不可遺，一日不可間。」〔註117〕

　　安徽桐城張氏家族，世代科第蟬聯，被稱爲科舉世家，他們對讀書有獨到的深刻認識，張英認爲讀書應根據年齡特點而讀，要注意前後貫通、活學活用。

　　　凡讀書，二十歲以前所讀之書與二十歲以後所讀之書迥異，幼年知識未開，天眞純固，所讀者雖久不溫習，偶而提及，尚可數行成誦，若壯年所讀，經月則忘，必不能持久，故六經秦漢之文，詞語古奧，必須幼年讀，長壯後，雖倍蓰其功，終屬影響，自八歲至二十歲，中間歲月無多，安可荒棄，或讀不急之書，此時時文固不可不讀，亦須採典雅純正，理純詞裕，可歷二三十年無弊者，讀之，若朝花夕落，淺陋無識，詭僻失體，取悅一時者，安可以珠玉難換之歲月，而讀此無益之文，何如誦得左、國一兩篇，及東西漢典貴華腴之文數篇，爲終身受用之實乎？且更可異者，幼齡入學之時，其父兄必令其讀詩書易左傳禮記兩漢八家文。及十八九作制義，應科舉時，便束之高閣，全不溫習，此何異衣中之珠，不知採取？而向途人乞漿乎？且幼年之所以讀經者，本爲壯年擴充才智，驅駕古人，使不寒儉，如畜錢待用者然，乃不知尋味其義蘊，而弁髦棄之，豈不大相刺繆乎？我願汝曹將平昔已讀經書，視之如拱璧，一月之內，必加溫習，古人之書，安可盡讀？但我所已讀者，決不可輕棄，得尺則尺，得寸則寸，毋貪多，毋貪名，但讀得一篇，必求可以背誦然後思通其義蘊，而運用之於手腕之下，如此則才氣自然發越，若會讀此書，而全不能舉其詞，謂之畫餅充饑，能舉其詞，而不能運用，謂之食物不化，二者其去柺腹無異。〔註118〕

〔註117〕〔明〕許雲村：《許雲村貽謀四則》，續修四庫全書本。
〔註118〕〔清〕張英：《聰訓齋語》，卷2，《叢書集成新編》第33卷，第222頁。

現代心理學研究表明，讀書時調動多種感覺器官同時進行，學習效果會更好。學習除了要用眼口腦，也要發動其它器官，以發揮綜合效用，勤做讀書筆記也是調動更多感官的一種很好的學習方法。勤做筆記，既包括用筆記下重要內容，日後經常複習，強化記憶；也包括記下不懂內容，以便有機會求教於大方；還包括記下有用的內容，以便隨時發揮作用。

鄭板橋指出勤作筆記，可以用作將來作時文的素材：「閱書時見有切於實用之句，宜隨手摘錄。若能分門別類，積成巨冊，則作文時可作材料，利益無窮也。」〔註 119〕勤作讀書筆記，還包括摘錄下重要內容，以便將來再鞏固加深理解，「觀看《史記》，頗切實用，每日規定看十頁，必須自首至尾，逐句看下，有要緊處，摘錄讀書日記簿。有費解處另紙摘出，求解於先生。」〔註 120〕明人席本楨建議，讀書時記下疑義疑字，懂得後就一一刪掉，不懂之處尋找時機請教他人：「平日批玩古今，遇有疑義疑字，特置一小冊，逐時記寫，飯畢相對，一一參考，既明瞭者即勾去，餘俟多聞廣記之士乘便請教，如此則實實擴充進益，比相聚閒談者天壤矣。」〔註 121〕

作筆記還有一妙用，就是讀書時偶有靈感，能夠隨時記錄下來，以防其如雨落大海般了無蹤影：「札記之功，必不可少，如不札記，則無窮妙緒，皆如雨珠落大海矣。……今使日逐以所讀之書與文，作何體會，箚而記之，則不致於漫不經心，且其所記，雖甚平常，畢竟要從義理討論一番，則文字亦必易於長進，何憚而不為乎？札記之功，日逐可以自省，此心如活水泉源，愈汲愈新，置而不用，則如山徑之茅塞矣。」〔註 122〕

清人李光地認為，作筆記時，心隨筆動，隨時在思考；作筆記時，對主要內容進行歸納總結，要做摘要，必然會細細品讀所看內容，這也會促使讀者仔細讀書；筆記要探究奧秘，這使讀者要深思熟慮；讀書達到一定的高度，能夠考究異同，判斷是非，辨難解疑，則又是一種境界。「凡書，目過口過，總不如手過，蓋手動則心必隨之，雖覽誦二十遍，不如鈔撮一次之功多也。況必提其要，則閱事不容不詳；必鈎其玄，則思理不容不精。若此中更能考究同異，剖斷是非，而自紀所疑，附以辯論，則濬心愈深，著心愈牢矣。」〔註 123〕李氏認

〔註 119〕〔清〕鄭板橋：《板橋家書》，《濰縣署中諭麟兒》，第 160 頁。

〔註 120〕〔清〕鄭板橋：《板橋家書》，《濰縣署中諭麟兒》，第 167 頁。

〔註 121〕〔明〕席本楨：《古今格言類編》，《叢書集成續編》第 61 卷，第 82 頁。

〔註 122〕〔清〕章學誠：《章學誠遺書》，《家書一》，第 92 頁。

〔註 123〕〔清〕李光地：《榕村集》卷 21，《雜著》，《摘韓子讀書訣課子弟》，影印文

爲，做筆記的「手動」方法遠比僅僅「目動」、「口動」的效率要高，而「手動」本身也是對讀書的直接促進，因爲手動時，並非簡單地抄寫，而是要「提其要」、「鈎其玄」，受此壓力，閱讀者就得「閱事不容不詳」、「思理不容不精」。在做筆記的同時，如果能夠比較異同，判斷是非，加以議論，那麼讀書的效率就會更高。在讀書筆記的諸多作用中，他似乎更看重的是其有利於作文的功能，說明了科舉制度對士紳階層的潛意識影響，他們已不自覺地將其內化爲個人自覺意識。

概括起來，明清士紳強調作讀書筆記的重要性，主要是從以下幾方面來認識的，第一，讀書筆記有助於對所讀內容的深入瞭解，因讀書筆記是對所讀內容的高度概括；第二，記下重要內容，隨時強化記憶，也可作爲作文素材，有助於作文水平的提高；第三，有利於隨時捕捉到靈感，並記錄下來；第四，記下一時難以理解的字詞，日後弄懂，有助於對所讀內容的深化理解。

第五，制定計劃、量力而行，務求廣博與精深

人的精力是有限的，怎樣用有限的精力學習儘量多的內容，則需要合理規劃學習時間，謹慎選擇學習內容。讀書時，要將階段性學習和久遠性學習結合起來。階段性的讀書目標使人在完成之餘，富有成就感，從而增強讀書興趣；而久遠性的讀書目標使人讀書有明確的方向而不至於半途而廢，荒蕪學業。清人蔡世遠指出，讀書要限定時間，儘量多讀，「讀書最要限程，讀經史性理，隨力自限，總是每看必反己自考，古文亦隨力讀，時文以應試，晚間以餘力及之。」〔註124〕

學習的廣博和精深是一對矛盾的兩面，怎樣做到呢？需要對所學知識進行分類，需要廣泛涉獵，不須精深認識者，輒只須泛泛而讀；需要瞭解其中奧妙，則要對其進行深入鑽研。

博學不僅表現在對知識的全面把握，而且還表現在學習者讀書有疑問時，要廣泛地考究，詳細地求證。清人馮班指出：「古之名人皆是博學大才，一時重譽，所傳文字，又經歷代具識審鑒，以至今日，其有遺繆乃是萬中之一，近世輕薄之流，果於非古，非惟貽笑，將來亦懼有損盛德，凡我同人，讀古有疑，恐是思之未至，毋憚博訪詳問，慎勿任意詆呵也。」〔註125〕唯古

淵閣四庫全書本。
〔註124〕〔清〕蔡世遠：《壬子九月寄示長兒》，《叢書集成續編》第61卷，第104頁。
〔註125〕〔清〕馮班：《鈍吟雜錄》卷7，《戒子帖》。

是從是古代學者的通病，馮班也不例外，但其主張讀書有疑時要博訪詳問則是值得後人學習。

　　讀書既要廣博，更要深入瞭解，也就是對知識的系統把握，如果只是囫圇吞棗，沒有深入學習所學知識，只會有害而無益，馮班甚至把這類人稱爲損友，嚴禁家人結交。「陶公讀書止觀大意不求甚解，所謂甚解者，如鄭康成之禮，毛公之詩也。世人讀書，正苦大意未通耳。今者朝讀一書，至暮便竟，問其指歸尚不知所言何事，自云吾師淵明，不惟自娛，更以教人，少年倦於討求，從之而廢。凡我同人，若遇此輩，所謂損友，絕之可也。」〔註126〕

　　一般說來，人們都欣賞、佩服那種過目成誦的神童本領，但是鄭板橋卻反對這一做法：

> 讀書以過目成誦爲能，最是不濟事。眼中了了，心下匆匆，方寸無多，往來應接不暇，如看場中美色，一眼即過，與我何與也。千古過目成誦，孰有如孔子者乎？讀《易》至韋鞭三絕，不知翻閱過幾千百遍來，微言精義，愈探愈出，愈研愈入，愈往而不知其所窮。雖生知安行之聖，不廢困勉下學之功也。……且過輒成誦，又有無所不誦之陋。……若一部《史記》，篇篇都讀，字字都記，豈非沒分曉的鈍漢！更有小說家言，各種傳奇惡曲，及打油詩詞，亦復寓目不忘，如破爛櫥櫃，臭油壞醬悉貯其中，其齷齪亦耐不得。〔註127〕

鄭板橋主張：第一，反對對讀書內容沒有深入瞭解的過目成誦。在他看來，因爲過目成誦，而至對文章沒有深入的瞭解，沒有細緻地探研，最終所讀對自己沒有多大的幫助，所學不能爲己所用，熟讀也無益，背誦也無益。所以他主張精心品讀、細細把玩，用心體會。第二，對於名篇佳作要有韋編三絕的閱讀精神，反覆閱讀，細細把玩，深入研討，探索其中奧秘。第三，要有記有忘，該記的就記，該忘的就忘，不能將記憶的寶庫中充塞無用之物。這一認識和現代記憶心理學的理論若何節拍，現代心理學認爲，記憶與遺忘是辯證統一的關係，只有主動遺忘一些東西，才能有效地記住一些東西。人們大多以過目成誦爲能事，而鄭板橋能夠指出其中的弊病，並教育子弟要謹防這一弊端的出現，是頗有眼光的。

〔註126〕〔清〕馮班：《鈍吟雜錄》卷7，《戒子帖》。
〔註127〕〔清〕鄭板橋：《板橋家書》，《濰縣署中寄舍弟墨第一書》，第89頁。

清人馮班也反對快讀：「開卷疾讀，日得數十卷，至老死不懈，可曰勤矣。然而無益，此有說也，疾讀則思之不審，一讀而止，則不能識憶其文，雖勤讀書，如不讀也。讀書勿求多，歲月既積，卷帙自富，經史大書只一遍讀，亦不盡。」〔註128〕

清人李光地還指出精深讀書的妙用，他認為，精讀一書，不僅有利於鍛鍊記憶力，在閱讀其它書籍時，原書就成為根底與基礎。但是這一根底與基礎要慎選，否則就不能起到應有的作用，所以，要選擇那種有利於打好基礎能夠觸類旁通的書籍：「讀書要有記性，記性難強，某謂要練記性，須用精熟一部書之法。不拘大書小書，能將這部爛熟，字字解得道理透明，諸家說俱能辨其是非高下，此一部便是根，可以觸悟他書。……倘熟一部沒要緊的書，便沒用。如領兵，卻親待一夥極作奸犯科的兵，交友，卻結交一班無賴的友，如何聯屬得來？」〔註129〕明清士紳實際上是將其所掌握的先賢的嘉言善行加以吸收，進而轉化成符合時代特色的、家人子弟容易理解且極易掌握的語言，用以訓誡家人子弟，以期收到良好的效果。

明清士紳關於學習的思想與方法，在家訓中表現得比較零散，並不系統全面，只是他們對某一方面有深刻的認識後，訴諸筆端，所以，單篇家訓關於相關的學習原則與方法並不全面，但我們將大量的家訓集結起來，卻發現其中蘊含豐富的學習思想，這些思想既是他們訓誡家人的經驗總結，也成為後人學習的寶貴經驗。

不可否認，士紳階層讀書繞不開科舉入仕這一目的，怎樣在有限的時間內學習到儘量多的知識，使子弟儘快走上科舉之路，儘快獲取功名，是他們關注的重要問題。這樣一來，學習方法就顯得非常重要。而這些士紳也是飽讀詩書者，他們對讀書最有發言權，將自己的讀書經驗與教訓傳授給家族子弟，使其少走彎路，快速成長，就成了士紳家長的期待。

明清士紳結合自己的階層特點，在繼承前人提出的學習思想的基礎上，提出了自己的學習思想，而且成為士紳家訓中普遍訴求。而在科舉時代，一個家族的興旺發達，只能靠家中子弟努力向學，勉勵子弟勤奮學習就成了這一時期家訓中的通用語言。由於科舉焦慮的影響，他們提到的學習方法中，比較重視早教、惜時等，顯示出一種「速效」的渴望。

〔註128〕〔清〕馮班：《鈍吟雜錄》卷2，《家戒》下。
〔註129〕〔清〕李光地：《榕村語錄》卷24，《學》。

（二）「博通四書，遍覽五經」

到底讀何書，怎樣讀書？明清士紳都給子弟推薦有大同小異的讀書內容和極爲豐富的讀書經驗。除了讀書修身外，讀書還有一個重要目的是：掌握所讀內容，將其加入已有的認知系統中，豐富自己的知識積累，提高自己的文化涵養，加強自己處理事物的能力，增強科舉競爭的優勢，所以，讀何書，怎樣讀，就成了明清士紳訓誡子弟讀書的重要議題。

1. 讀書內容：以經書爲主，兼採史、子、集等（書）

明清時期，社會取士的標準是科舉考試，科舉考試的內容是四書五經，四書五經也成了士紳在家訓中勸導子弟的首選對象。而傳統經典之所以一直爲世人所傳誦，世世代代成爲世人學習的典範，還與其有獨特的魅力不無關係。所以，即便爲修身而讀書，四書五經也是士子必讀書目。

荀子對傳統經典的價值進行了評價：《書》是記載古代政事的書，《詩》是收集有和諧樂理的詩歌編輯而成的，《禮》是禮法的總綱，也是依禮法條文類推出來的具體法律準則的綱要，所以達到禮的要求才算學到了終點。《禮》的恭敬而有節文，《樂》的中正而又和諧，《詩》《書》內容的廣博，《春秋》的微言大義的道理，這些典籍把天地間的一切事物都包括殆盡了，凡是學習者，就必須閱讀這些經典。〔註130〕

明清兩朝，政治上突出特點之一，是中央政權高度集中。高度集中的政治權力同樣也要求意識形態的高度統一，反映到科舉制度上，就是考試程序的絕對統一。元代本已規定明經取士的辦法：以儒家的四書五經爲考試的主要內容，四書用朱熹集注，五經以程朱傳注爲主。但是同時又規定四書題「並用朱氏章句集注，復以己意結之。」〔註131〕明代沿襲元代的科舉考試程序，但對朱學更加情有獨鍾。明永樂時，翰林學士胡廣等纂輯了《四書大全》、《五經大全》、《性理大全》三書，作爲學校、科舉考試的準繩，明成祖下詔說：

> 六經者，聖人爲治之跡也。六經之道明，則天地人心可見，而至治之功可成。六經之道不明，則人之心術不正，而邪說橫行，侵尋盡害，欲求善治，烏可得乎？朕爲此懼，乃命儒臣編修五經、四書，集諸家傳注爲大全。……使天下之人獲睹經書之全，探見聖賢之蘊，由是窮理以明道，立誠以達本，修之於身，行之於家，用之

〔註130〕《荀子·勸學》。
〔註131〕〔明〕宋濂等撰：《元史》卷81，《選舉志》，中華書局 1976 年點校本。

於國，而達之天下，使家不異政，國不殊俗，大回淳古之風，以紹

先王之統，以治熙皞之治，將必有賴於斯焉。〔註132〕

四庫館臣在編纂《四書大全》時說：「於是，明代士子為制義以應科目者，無不誦習大全，而諸家之說盡廢。」〔註133〕一方面，為科舉應試，明朝士子僅僅誦習各類「大全」；另一方面，僅誦「大全」又導致思想意識的高度統一，以至諸家之說盡廢。又因各類「大全」倉促成書，未能廣採諸家之說、彙集前人的研究成果，以至後來出現了「場屋經義專主朱說取人」的現象〔註134〕。

孔子曾說，不學《詩》，無以言，不學《禮》，無以立。〔註135〕而學《詩》則「可以興，可以觀，可以群，可以怨。邇之事父，遠之事君。多識於鳥獸草木之名。」〔註136〕

康熙皇帝也曾指出學《詩》的意義：「觀其美刺，而善惡之見昭矣。觀其正變，而隆替之治判矣，觀其笙歌下管閒歌合樂之所詠歎，而祖功宗德之實著矣，千載而下，因言識心，故曰，可興可觀可群可怨也，夫子雅言之教，稱引誦說，惟《詩》最多。」〔註137〕《禮》是規範人的行為的指南，其中「大而冠婚喪祭，朝聘射饗之規；小而揖讓進退飲食起居之節，君臣上下賴之以序，夫婦內外賴之以辨，夫子兄弟婚媾姻婭賴之以順而成，故曰，動容中禮，而天德備矣，制定成禮，而王道成矣。」〔註138〕儒家的推薦及《詩》獨有的經學地位，使得自漢代以來，《詩》一直是士子研究、學習的重點內容之一。

孔子及其弟子的嘉言懿行錄於《論語》，成為後人效法的榜樣，《論語》是「孔門高弟所撰，觀其立言，直是見得聖人處。」〔註139〕孟子發展了孔子的學說，「孟子有功於聖門不可言。如仲尼只說一個志，孟子便說許多養氣出來；只此二字，其功甚多。」〔註140〕所以五經及四書中的《論語》、《孟子》自從漢代「獨尊儒術」以來，就一直是學子學習的重點。明清時期，由於理

〔註132〕《四書大全》卷首，影印文淵閣四庫全書本。

〔註133〕《四書大全》卷首。

〔註134〕〔明〕陸容著：《菽園雜記》，卷15，中華書局1985年版，第181頁。

〔註135〕《論語·季氏》。

〔註136〕《論語·陽貨》。

〔註137〕〔清〕康熙：《庭訓格言》，《叢書集成續編》第60卷，第560頁。

〔註138〕〔清〕康熙：《庭訓格言》，《叢書集成續編》第60卷，第560頁。

〔註139〕〔宋〕程頤、程顥：《二程集》，《遺書》卷23，中華書局1981年版，第305頁。

〔註140〕〔宋〕程頤、程顥：《二程集》，《遺書》卷18，第221頁。

學家的倡導，《大學》和《中庸》被抬高到和《論語》、《孟子》同等重要的地位。

清人潘德輿曾高度概括五經的特點：「《易》，只是分個陰陽；《書》，只是分個治亂；《詩》，只是分個貞淫；《春秋》，只是分個邪正；《禮》，只是分個敬怠。君子扶陽而抑陰，制治而鑒亂，保貞而防淫，黜邪以崇正，主敬以勝怠；小人一切反是。故五經之道行而天地位、萬物育，五經之道衰而三綱淪、九法斁。」〔註 141〕

這些經典也有其自身的弊端，對此，荀子曾評價：「《禮》、《樂》法而不說，《詩》、《書》故而不切，《春秋》約而不速。」〔註 142〕沒有外人的指導和外物的輔助，僅憑個體自身的力量，很難學好這些文獻典籍。荀子主張，要瞭解這些聖賢經典的真實意義，就必須要出外就傅，尋師訪友，以助己學。隨著時間的推移，歷朝歷代解釋經書的傳疏注等著作日益增多，除了外出就學，選擇適當的書籍來輔助學習也成為學習聖賢經典的常見方法。

人的資質不同，並非人人都適合通過讀書走科舉之路、治學之路，但是，還是需要通過讀書掌握做人的道理，對他們來說，怎樣在有限的時間之內，通過閱讀必要的書籍，學會做人，瞭解基本常識，為其將來治家、應世做好準備，就顯得非常重要。那麼，這類子弟，該讀何書？和以科舉應試為職業期許的子弟相比，其讀書內容不盡相同。清人王心敬指出：「子弟如氣質駑下，不能博涉五經全史，經如《書經》、《禮記》卻須精習一部，《小學性理綱目》，《大學衍義》數書亦須教之常行觀玩，使知做人正路、性命源流、聖學宗旨、古今治亂、歷代人物梗概。斷不可令習天文讖緯、星象術數。」〔註 143〕

清人魏世儼也給出了大致相同的讀書名單：「人家子弟欲其恂謹醇樸，異日有所成就，先須教之以熟讀小學，小學熟讀後教之讀《近思錄》，《近思錄》熟讀後教之讀《大學》，《大學》熟讀後教之讀論、孟，論、孟熟讀後教之讀《中庸》，從此漸次推廣，及於他書，總之，字字句句令其心解神會，節節步步導以身體力行，涵育薰陶，引之有漸，優游厭飫，使其自得，久久純熟，不患不為遠到之器也。」〔註 144〕

〔註 141〕〔清〕潘德輿：《示兒長語》，龔書鐸：《中華蒙學集成》，第 1252 頁。
〔註 142〕《荀子‧勸學》。
〔註 143〕〔清〕王心敬：《豐川家訓》，《叢書集成續編》第 61 卷，第 105 頁。
〔註 144〕〔清〕魏世儼：《寄兄弟書》，《叢書集成續編》第 61 卷，第 85 頁。

　　明代士紳劉良臣更將四書五經上升到「四時五行」的重要地位。他認爲讀好四書五經就會識盡天下之理，處理好天下的事情。實際上，他們仍然將讀四書五經當作處理事情的根本、認識道理的基礎。「天下之理，五經載之盡矣，天下之事，五經處之至矣，諸史則成際，百家皆緒餘也，一經不通，則爲偏學，一經精通可互參考，四書五經如四時五行，四德五常，缺一不可也。」〔註145〕

　　除了四書五經，明清士紳也在家訓中倡導子弟閱讀史書、子集等，以備經世之用。明末士紳吳麟徵指出：「世人貴經世，經史最宜熟。工夫逐段做去，庶幾有成。」〔註146〕清人傅山也指出，「除經書外，史記、漢書、戰國策、左傳、國語、管子、騷、賦皆須細讀，其餘任其性之所喜者略之而已。」〔註147〕

　　如此繁複、深淺不一的學習內容，怎樣分配學習順序呢？明人許雲村指出：「詩、書、二禮未明，則不可以學春秋，五經未明則不可以學易，夫未知其粗者，則其精者豈能知也？邇者未盡則其遠者豈能盡也？學者多好高慕遠，求名而遺實，踰分而遠探，躐等而力窮，故人異說，家異傳，聖人之意晦而不明也，六經自火於秦，傳注於漢疏，釋於唐，議論於宋，日起而日變，學者亦當知其先後，不以彼之變而變吾之良知也。」〔註148〕他主張由粗入精，由淺入深，直指聖賢本意，閱讀聖賢元典，體味聖賢本意。

　　清人張履祥不但給子弟指出了應讀之書，而且還給出了相應的輔助工具：「《小學》是讀書做人的基本。《四書》，聖學之淵源，義理之統宗，六經、義理互相發明，不治經，則書義不能通達，異說足以奪之。《易》是傳家一經，尤當加意；《近思錄》，治經之階梯；范氏《唐鑑》，讀史之門戶；《大學衍義》，經史之條貫；《性理》、《通鑑綱目》，則經史之匙鑰蓍龜也。學者當務之急，具此數書。其它經籍文字，可以類推。」〔註149〕這些書都是必不可少的基礎與根本，「皆宜涉獵。」〔註150〕

　　傳統經典或因其被官方規定爲科舉考試的內容，或因其自身有適合世人修身、求知、應世等特殊作用，受到明清士紳的青睞，他們因此在家訓中倡

〔註145〕〔明〕劉良臣：《鳳川子克己示兒編》，續修四庫全書本。
〔註146〕〔明〕吳麟徵：《家誡要言》，《叢書集成新編》第33卷，第187頁。
〔註147〕〔清〕傅山：《霜紅龕集》，續修四庫全書本。
〔註148〕〔明〕許雲村：《許雲村貽謀四則》，續修四庫全書本。
〔註149〕〔清〕張履祥：《楊園先生全集》卷14，《家書》。
〔註150〕〔清〕鄭板橋：《板橋家書》，《濰縣署中諭麟兒》，第160頁。

導家人弟子學習。不可否認，明清士紳強調閱讀四書五經有與科舉考試相因應的一面，但大多數士紳並不把追求科舉考試，當作讀書的唯一目的，也並不僅從所讀之書是有助於科舉考試這一層面來訓誡子弟，而是從其中蘊含豐富的做人道理、有助於促進個體品德的完善、進而練達事務等方面來激勵子弟，這是士紳有別於普通世俗民眾突出之處，也是士紳家訓有別於流傳於民間的蒙學讀物等世俗讀本之處。

相較於聖賢經典來說，大多士紳對切近現實生活的詩文卻持反對態度。許雲村建議：「卑俗之詩勿誦，俚近之文勿觀。」〔註151〕鄭板橋也說：「惟無益之小說與彈詞，不宜寓目，觀之非徒無益，並有害處也。」〔註152〕他們普遍認爲這些通俗的小說、詩、文會亂人心志，動搖心旌，離經叛道，不利於修身與做人，與社會主流意識形態相悖，容易將子弟引入「歧途」，所以，受到他們的鄙棄與反對。究其根源，是因爲這些彈詞、小說均屬通俗文學、市井文化，或者說是屬於市民階層的俗文化，與士紳掌握的雅文化有所不同。明清士紳反對子弟閱讀世俗文學，從某種意義上來說，是要保護自己的階層文化優勢，將不屬於本階層的文化拒之門外，以彰顯階層特色，這種做法，也是一種階層自保行爲。

2.「讀書爲練達世務」

如何讀聖賢經典呢？明清士紳十分強調「行」，即行動，付諸實踐，切實體會聖賢書中的道理。清人孫奇逢建議：「爾等讀書，須求識字。或曰：焉有讀書不識字者？余曰：讀一『孝』字，便要盡事親之道；讀一『弟』字，便要盡從兄之道。自入塾時，莫不識此字，誰能自家身上，一一體貼，求實致於行乎？童而習之，白首不悟，讀書破萬卷，只謂之不識字。」〔註153〕

儒家思想主張，人們通過內修聖人之道，以實現外行王者之治的家國情懷。「內聖」、「外王」的完美結合是其最高理想。通過讀書指導做人，修身達到一定程度後，下一個目標，就是要外行王者之治，將自己的抱負施展天下，實現「致君澤民」。

讀書不是目的不是終點，讀書是起點是手段，讀書是爲了指導個體做人，以便在將來的應世中能夠應付裕如，學以致用。或者說，他們認爲讀書是爲

〔註151〕〔明〕許雲村：《許雲村貽謀四則》，續修四庫全書本。
〔註152〕〔清〕鄭板橋：《板橋家書》，《濰縣署中諭麟兒》，第 167 頁。
〔註153〕〔清〕孫奇逢：《孝友堂家訓》，《叢書集成新編》第 33 卷，第 208 頁。

了明理，而明理是為了適用，通過讀書明白事理，以指導自己的日常行動。魏象樞曾語，「讀書不達世務，真是腐儒；讀書不體聖言，真是呆漢。」「讀書志在聖賢，非徒科第。」〔註154〕

　　讀書不是為名利計、為科名計、為文章計：「讀書不破名利關，不足言大志；讀書非為科名計也，讀書非為文章計也，此展卷時便當曉得。」〔註155〕練達事務是否僅是致君澤民而已呢？實際上，練達事務的方式多種多樣，並非「致君澤民」才算練達事務，「事務」就在身邊，「事務」無處不在，無時不在。「經世」首先是從身邊事情做起，「讀書所以明理，明理所以適用。今人將適用二字看得遠了，以為至君澤民，然後謂之適用，此不然也。即如今日在親長之前，便有事親長之理；處宗族之間，便有處宗族之理；以至於親戚朋友鄉黨州里無一不然；以至於左右僕妾之人亦莫不然。此際不容一處缺陷，處之當與不當，正見人實際學問。」〔註156〕確實，「致君澤民」是讀書人的最高理想、終極目標、最佳意境。但是，這個目標的實現不但有主觀條件制約，還有客觀條件限制，當條件不成熟時，即使不能致君澤民，在家中，在族裏，在鄉里，同樣可以練達世務，如在親長面前，怎樣侍奉親長，在宗族之間，怎樣與宗族中人相處，推及與身邊僕人親戚朋友乃至鄉黨州里人相處都可以見得學問與涵養，練達事務時時處處都存在，並非一定要「致君澤民」才算練達。唐彪說：「讀書者，當朝溫夕誦，好問勤思，功名富貴，聽之天命。惟舉孝悌忠信，時時勤勉，苟能表率鄉間，教導子侄，有禮有恩，上下和睦，即此便足尊貴，何必入仕然後謂之仕哉！至於不能讀書者，安心生理，顧管家事，能幫給束脩薪水之資，使讀書者得以專心向學，成就一才德邁眾之人，則合族有光，即此便是學問，何必登科及第然後謂之出人頭地也。」〔註157〕

　　但在現實生活中要處理好讀書與練達事務之間的關係：有時讀書之人會拘泥於書中之理而不知變通；而經歷世事多之人，又遇事圓滑，沒有定見，這都是讀書與練達事務時應努力避免的極端。所以，讀書時要體任事務，而處理事務時又須依據書中之理，必要時，要適當變通，唯其如此，才能處理

〔註154〕〔清〕魏象樞：《庸言》，〔清〕陳宏謀輯：《五種遺規》，《訓俗遺規》卷3。
〔註155〕〔清〕潘德輿：《示兒長語》，韓錫鐸：《中華蒙學集成》，第1252頁。
〔註156〕〔清〕張履祥：《楊園先生全集》，卷13，《書》12，《答顏孝嘉》。
〔註157〕〔清〕唐彪：《人生必讀書》，〔清〕陳宏謀輯：《五種遺規》，《訓俗遺規》，卷3。

好讀書與練達事務之間的關係，才是讀書與經世的完美結合，所讀之書才真正發揮用處。

很明顯，明清士紳之於讀書的首要目的均在如何做人，並非為了考試應舉，他們倡導讀書的重要性均是從加強子弟的品德修養方面出發。陸隴其的話具有典型性，他說：「非欲汝讀書取富貴實欲汝讀書明白聖賢道理，免為流俗之人。讀書做人不是兩件事，將所讀之書句句體貼到自己身上來，便是做人的法。如此，亦叫得能讀書。人若不將來身上體會，則讀書自讀書，做人自做人，只算作不曾讀書的人。」〔註158〕王心敬也指出：「凡所讀之書，讀時期於反上身來貼切理會，遇事遇境期將所讀者依傍行習，久之則書與我浹洽，讀時既津津有味，行事亦非格格不合，汝讀一部勝十部，讀一句勝十句也，若徒入耳出口，雖多奚益？」〔註159〕陸隴其指出：「讀書要將聖賢有用之書為本，而勿但知有時文。要循序漸進，而勿欲速。要體貼到自己身上，而勿徒視為取功名之具。」〔註160〕如果「看聖賢書，不實求之於踐履。」那麼，「書終與我無與」，所以，「有讀書到老只是故吾者。」〔註161〕

古人倡導所讀書雖然也包括經史子集，但主要為經書，這些多為當今所謂的社會科學類，對經書中的主要內容進行踐行，也主要就是切身體驗，見賢思齊。除此之外，由於傳統社會輕視自然科學，與自然科學緊密相連的治學方法即理論聯繫實際，也自然被傳統社會所忽視，明清士紳在家訓中強調踐行，僅僅是單純的簡單的個體體認，主要是對道德知識的修煉。

讀書要切身體會，包含兩層含義，一是將所讀之書中的內容在自己身上驗證，自己所做所為，符合聖賢意思，則繼續努力，自己言行不符合聖賢經典，則加以改正，向聖賢看齊。二是用聖賢經典中的精髓指導自己的行動，在實際行動中運用聖賢的精髓，最終將其內化為自己的知識。「讀書不能身體力行，便是不曾讀書。只『慎言語，節飲食』六字，吾嘗諄諄致戒，……不用父言，便是忤逆不孝，尚何學問之可言乎？吾素不喜浮華，只驗爾等日用動靜間，有一分敬慎意思，便是學力進步處，吾便一開顏。不然，雖學成揚名，非吾好也。」〔註162〕薛瑄在《戒子書》中告誡家人讀書的方法，包括誦

〔註158〕〔清〕陸隴其：《示大兒定徵》，《叢書集成續編》第 61 卷，第 79 頁。
〔註159〕〔清〕王心敬：《豐川家訓》，《叢書集成續編》第 61 卷，第 105 頁。
〔註160〕〔清〕陸隴其：《示大兒定徵》，《叢書集成續編》第 61 卷，第 79 頁。
〔註161〕〔清〕金敞：《家訓紀要》，《叢書集成續編》第 61 卷，第 56 頁。
〔註162〕〔清〕陳確：《陳確集》，《文集》卷 16，《書示兩兒》，第 384 頁。

讀、講貫、思索、體認：「若小學，若四書，如六經之類，誦讀之，講貫之，思索之，體認之，反求諸日用人倫之間。聖賢所謂父子當親，吾則於父子求隨意盡其親；聖賢所謂君臣當義，吾則於君臣求所以盡其義；聖賢所謂夫婦有別，吾則於夫婦思所以有其別；聖賢所謂長幼有序，吾則於長幼思所以有其序；聖賢所謂朋友有信，吾則於朋友思所以有其信，於此五者，無一不致其精微曲折之詳，則日用身心自不外乎倫理，庶幾稱其人之名得免流於禽獸之域矣。」〔註163〕

　　「書中自有顏如玉，書中自有黃金屋」、「朝爲田舍郎，暮登天子堂」這些俗語給人們以思維定勢，似乎古人讀書只是爲了做官求富貴，光前裕後，榮耀鄉里。但我們從明清士紳家訓中看出，家長對家中子弟怎樣讀書以及讀何書是極爲關心的，他們普遍勸導子弟勤奮讀書，他們勸導子弟讀書的首要目的，大多都還是主張讀書爲明理做人，其次才是科舉應試。若能夠做到如下情形，則是讀書的最佳結果：「道德文辭舉業，三者本相通而不相悖，相資而不相害，義理得於心，發於詩，又不求工而自工，移而爲舉業，易易事耳，措之事功，體用兼備矣。」〔註164〕

　　王亞南曾說：「中國人傳統地把做官看得很重要，我們有理由說是由於儒家的倫理政治學說教了我們一套修齊治平的大道理；我們還有理由說是由於實行科舉制而鼓勵我們『以學干祿』，熱衷於仕途；但更基本的理由，卻是長期的官僚政治，給予了做官的人，準備做官的人，乃至從官場退出的人，以種種社會經濟的實利，或種種雖無明文確定，但卻十分實在的特權。那些實利或特權，從消極意義上說，是保護財產，而從積極意義上說，則是增大財產。」〔註165〕明清時期，科舉考試幾乎成了取士的唯一標準，立身行事、光大門楣、永續家風、承先裕後、致君澤民等都需要積極參與科舉考試，以科舉功業、入仕當官來實現。明清士紳雖然受傳統儒家文化的影響而主張謀道爲先，謀食爲後，但當食都成問題時，又焉能謀道？爲仰事俯育、求生謀食，爲家庭光大，士紳們在家訓中都不免要提到與科舉考試有關的相關事宜。他們提到的讀書內容雖然駁雜，但是與科舉考試有緊密聯繫的四書五經卻是學習的核心內容，科舉考試必備的時文創作經驗在家訓中的大量出現，也是這一時期家訓內容的一個重要變化。

〔註163〕〔明〕薛瑄：《敬軒文集》卷12，《書》，影印文淵閣四庫全書本。
〔註164〕〔明〕劉良臣：《鳳川子克己示兒編》，續修四庫全書本。
〔註165〕王亞南：《中國官僚政治研究》，中國社會科學出版社2005年版，第97頁。

　　勸勉子弟勤奮學習，是中國傳統社會古已有之的不變定律，尤其是儒家一脈相承的主要傳統。儘管如此，在門第時代，除了部份有遠見的帝王和官僚士大夫會督促子弟勤奮學習外，其重要性並沒有引起社會的足夠重視。官僚士大夫子弟具有血緣、門第、出身、家世等先賦性因素，無須考試同樣可以享受世代相傳的高官厚祿，條件優渥。對此，余英時曾經有過評價：「克勤克儉、光陰可惜，這些都是儒家的古訓，本無待外求，但是門第時代的儒家倫理對這一方面則重視不足。」〔註166〕明清時期，世代顯赫的門第已經不復存在，那些享有高官厚祿的官宦之家，也可能且升暮沉，朝榮夕墜，家世、門第、身份已不能永葆。保家榮身的唯一方法是應試走科舉之路，讀書學習又是科舉考試的必由之路，即便子弟天賦資質不利於走科舉之路，他們也要求子弟讀書以明理做人，或練達事務。總之，無論是出於何種目的，讀書學習成了明清士紳訓誡子弟家訓中的主旋律，而諸如勤奮惜時、循序漸進等學習方法也經常被提及。

（三）厚積博發、收放自如

　　漢學家曼素恩曾說：「所有精英家庭的父母都認為，應該充分實現了人類潛質的人，不僅要會閱讀還要會寫作，……在這種意義上，寫作往往變得異乎尋常地複雜，要掌握文言文，就要死記硬背遠溯至上古時期的幾百種古代經典、史學與文學的篇章，這種背誦過程會產生一個巨大記憶庫，庫中儲存有學生在他的讀書生涯中將一再遇到並運用的大量含有名句與著名引喻的散文與詩詞。於是，讀書便成為一種積累過程，在這個過程中讀者會通過喚起對多年前讀過的名句與作者姓名的回憶來持續地強化童年的記憶。同樣地，作者的文學年齡，取決於這位作者能在多大程度上通過引經據典在每個讀者心中喚起他們曾經背誦過的經書和文史篇章。」〔註167〕

　　讀書與作文是相輔相成的關係，讀書到了一定的程度，輒應開始作文，而作文又是以讀書為基礎，「讀書而不解書，猶食美物而不化也。喜讀文而不喜讀書，猶好飲酒而不啖飯也；不喜讀書而常常作文，猶無米而朝夕炊爨也。」〔註168〕門第時代也罷，科舉時代也好，讀書作文都是文人士子的一

〔註166〕余英時：《余英時文集》第3卷，《儒家倫理與商人精神》，第275頁。
〔註167〕〔美〕曼素恩：《綴珍錄》，定宜莊、顏宜葳譯，江蘇人民出版社2005年版，第17頁。
〔註168〕〔清〕潘德輿：《示兒長語》，韓錫鐸：《中華蒙學集成》，遼寧教育出版社1993

個重要的標誌性特點。古人嚮往立德、立功、立言「三不朽」的功績，而所謂的「立言」的過程實際上就是寫作的過程，這就需要有很好的寫作功底。「學問之業，以屬文爲要，雖有堯舜之治、孔顏之教，非文不傳，敍事之文，尤爲重大。……非博通經史，四部便覽，九流百家，未易言文。」〔註169〕科舉時代，作文是檢驗應試者水平的一個重要標杆。期望通過立功聞名於世者，需要作文作爲科舉應試之後立功的敲門磚；期望立言著稱於世，同樣要有好的寫作能力，才能寫下不朽作品。有鑒於此，明清士紳多在家訓中就自己掌握的創作經驗，對子弟進行多方位的指導。

　　作文與讀書總是相輔相成的，讀書是寫作的積累過程，作文是對所讀內容的概括和提煉乃至運用，讀書是根本。確實，沒有深厚的積累，怎能寫出優秀的作文？而積累主要是從書中來，「讀書破萬卷，下筆如有神」正是古人作文成功經驗的總結。明清士紳主張在學習時，要選擇範文，仔細研讀，學習其規矩與格式，但他們不主張將全副精力都集中於此。學習也主張以讀書爲主，反對單純閱讀時文，讀時文可能對其格式了然於胸，但一旦落筆，卻有無從下手之感，因爲沒有大量讀書，沒有堅實的作文基礎。「方作舉業，雖不能不看時文，然時文只當將數十篇看其規矩格式，不必將十分全力盡用於此。若讀經讀古文，此是根本工夫。根本有得，則時文亦自然長進。」〔註170〕涂天相也建議：「教子弟勿令遽讀時文，遽作時文。遽讀時文，則喜其易而以讀古書爲難；遽作時文，則趨於華而以敦實行爲迂。但令多讀古書，勉敦實行，不患舉業不精、科第不得也。」〔註171〕鄭板橋也建議：「單讀時文，無裨實益，宜加以看書工夫。……見有切於實用之句，宜隨手摘錄，若能分門別類，積成巨冊，則作文時，可作材料，利益無窮也。」〔註172〕讀書達到一定程度時，就可以嘗試寫作，概括起來，明清士紳在家訓中主要列舉了以下寫作方法。

1. 精選佳作，把玩體味

　　創作的第一步是模仿。選擇好的文本，進行模仿學習，學習其整體構思，

年版，第1256頁。
〔註169〕〔清〕焦循：《里堂家訓》卷下，《叢書集成續編》第60卷，第673頁。
〔註170〕〔清〕陸隴其：《示大兒定徵》，《叢書集成續編》第61卷，第80頁。
〔註171〕〔清〕涂天相：《靜用堂家訓》，《叢書集成續編》第61卷，第86頁。
〔註172〕〔清〕鄭板橋：《板橋家書》，《濰縣署中諭麟兒》，第160頁。

謀篇佈局，遣詞造句等寫作方法，對其反覆揣摩，對文章的間架結構、立意等了然於心，對名篇佳作要認真體味，精心把玩，真正瞭解、學習古人作文的精妙之處，使自己下筆流暢、活潑生動。清人沈赤然建議：「凡學古文，須從八大家入手，先辨體例，次看命意，又次看章法、句法、字法，則一題到手，胸中自有成竹，然不可過於模擬，又不可失之雕繪及有意艱澀也。即詞順而理比矣，然後讀史記、漢書，師其結構剪裁之法，深厚雅健之詞，更參之以左傳莊子，觀其錯綜離合之奇，詼詭連抃之妙，古文能事盡於此矣。」〔註173〕楊繼盛也主張，選擇好相應的文本後，就要記誦，閱讀，體會，把玩。「習舉業只是要多記多作四書本經記文一千篇，讀論一百篇，策一百問，表五十道，判語八十條，其餘功惟熟讀「五經」、《周禮》、《左傳》。好古文讀一二百篇，每日作文一篇，每月作論三篇，策二問。」〔註174〕

清人張英將讀書與作文形象地比喻為領兵打仗：「作文以握管之人為大將，以精熟墨卷百篇為練兵，以雜讀時藝為散卒，以題為堅壘。若神明不爽朗，是大將先墜雲霧中，安能制勝？人人各有一種英華光氣，但須磨煉始出。」〔註175〕他將寫作者比作大將，作文題目比作堅壘，以精熟墨卷百篇比作練兵，雜讀時藝比作散卒，告訴子弟讀文多而不熟，到關鍵時刻不能派上用場，反而白白勞精費神，於事無補。

精選、熟讀與深思是張英倡導作文準備的三部曲。緊隨其後的是多練。「時文以多作為主，則工拙自知，蹊徑自熟，氣體自純，讀文不必多，擇其精純條暢，有氣局詞華者，多則百篇，少則六十篇，神明與之渾化，始為有益。」〔註176〕擷取數篇謀篇佈局與遣詞造句俱佳的時文，通過細細品味與揣摩，將其完全消化，轉變為自己的知識，以指導自己的作文。而那種貪多務博、過眼即忘的習作方式，並未完全吸收所選佳作中的精華。

選擇經典文本，仔細研磨，涵泳其中，沉潛玩索，天長日久，聖人經典的精髓轉化為自己知識中的精華，作文就會漸入佳境。「文至六藉，孔門至矣。夫既嘗已講明，則本原何等深厚，識見何等高廣，由是只將晚周先秦盛漢人辭說論辯紬繹反覆浸淫，久而蘊藉深，當時氣骨風神忽不自知，其默與之化

〔註173〕〔清〕沈赤然：《寒夜叢談》，《叢書集成續編》第 60 卷，第 721 頁。
〔註174〕〔明〕楊繼盛：《楊忠愍集》卷 3，《赴義前一夕遺囑》。
〔註175〕〔清〕張英：《文端集》，第 46 卷，《雜著》，影印文淵閣四庫全書本。
〔註176〕〔清〕張英：《聰訓齋語》卷 2，《叢書集成新編》第 33 卷，第 222 頁。

矣，乃本孔氏六經，理趣而一，以周秦漢辭氣出之自然，意遠格高，語深辭雅，垂諸典冊，簡編蒼然淵然莫可追企，是謂文章家有本當行，古稱言立不朽者，蓋理勝則辭自雅，馴氣充則勢自雄暢，況又多覽險詞奇筆，則篇章句子自有材料，應副湊泊。」〔註177〕

　　張英也主張，選擇了精品時文之後，重要的就是要對其進行理會把玩，否則，傷精費神，卻無裨益。所謂理會把玩，就是要看其遣詞造句，謀篇佈局，讀起來朗朗上口，回味起來，其味無窮。「所謂理會者，讀一篇則先看其一篇之格，再味其一股之格，出落之次第，講題之發揮，前後豎義之淺深，詞調之華美，誦之極其熟，味之極其精，有與此等相類之題，如何推廣擴充，如此，讀一篇有一篇之益，又何必多，又何能多乎？……古人有言：『讀生文，不如玩熟文。』必以我之精神，包乎此一篇之外；以我之心思，入乎此一篇之中。」〔註178〕

2. 學習模仿，勤學苦練

　　兒童心理學研究表明，模仿既是兒童學習時心理上的需要，也是兒童寫作的重要途徑。閱讀與寫作相結合，是培養兒童從模仿向創作發展的主要措施。〔註179〕兒童需要模仿，照著範文仿寫，仿中練功，仿中求異，從仿到作，是兒童寫作的基本規律。模仿是創作的基礎，沒有模仿就沒有創造，而在創作中也難免有模仿的痕跡，這都是正常現象。所以在創作的初期階段，需要精選佳作以學習模仿，但學習模仿是學習其方法，而並非簡單抄襲、印版。「字與文不同者，字一筆不似古人即不成字，文若為古人作印版，則尚得謂之文耶？」〔註180〕

　　作文創作要有積極的精神，勇敢的態度，敢於拿筆嘗試。作文創作要勤於練習，謀篇佈局要珠圓玉潤，一氣呵成，「勿作影響語，勿作艱澀語，勿作累贅語，勿作雷同語，」。唯有給人以讀之順口，味之深長的感覺，才算是一篇佳作。此外，寫作時也要注意舉一反三，觸類旁通。張英曾語，「一題入手，先講求書理極透徹，然後布格遣詞，須語語有著落，……出落之次第，講題之發揮，前後豎義之淺深，詞調之華美，誦之極其熟，味之極其深，有與此

〔註177〕〔明〕許雲村：《許雲村貽謀四則》，續修四庫全書本。
〔註178〕〔清〕張英：《聰訓齋語》卷2，《叢書集成新編》第33卷，第222頁。
〔註179〕李山川主編：《小學兒童教育心理學》，第216頁。
〔註180〕〔清〕傅山：《霜紅龕家訓》，《叢書集成續編》第60卷，第604頁。

等相類之題，有不相類之題，如何推廣擴充，如此，讀一篇有一篇之益，又何必多，又何能多乎？」〔註181〕

王筠主張，作文寫作要先放後收、收放自如，「放」是爲了培養寫作興趣，激發寫作欲望，有話可說，有言可發，有思想可表達；「收」是爲了議論得當，圍繞中心和主題，避免不著邊際、離題萬里。在放與收的多次磨合中，使寫作水平逐步臻於佳境。「作詩文必須放。放之如野馬，踢跳咆嗥，不受羈絆，久之必自厭而收束矣。此時加以銜轡，其俯首樂從。且弟子將脫換時，其文必變而不佳，此時必不可督責之，但涵養誘掖，待其自化，則文境必大進。……作文而不脫換，終是無用才也。屢次脫換，必能成家者也。」〔註182〕焦循認爲作文要文隨題動，變化無窮：「時文之題出於四書，分合裁割，千變萬化，工於此技者，亦千變萬化以應之，不失銖寸……其法全視乎題，題有虛實兩端，實則以理爲法，必能達不易達之理，虛則以神爲法，必能著不易傳之神。」〔註183〕

一篇好的文章，立意要新，不拾古人牙穢，不發古人已發之議論，作文一定要闡明主旨，不可東拉西扯、不著邊際，讓人捉摸不透，文筆要清新，筆氣要流暢。初稿完成後，要仔細檢查，反覆潤色推敲，只有在多次修改後，作文才會圓潤流暢而趨於完美。好的文章有一種光華髮越於外，有一種氣勢蓬勃激蕩，最終寫出的文章表現出一種特質，也就是有一種氣勢，有一種光華。「凡物之殊異者，必有光華髮越於外，況文章爲榮世之業，士子進身之具乎？非有光彩，安能動人？」〔註184〕這種光華的氣質，就是文章要雄奇、灑脫、俊逸、奔放，使人一經拿起，就會有愛不釋手，不讀完決不放手的想法。

精選佳作，玩味體會，是學習其方法，而不是雷同、抄襲。明人袁衷說：「余幼學作文，父書『八戒』於稿簿之前曰：『毋剿襲，毋雷同，毋以淺見而窺，毋以滿志而發，毋以作文之心而妄想俗事，毋以鄙穢之念而輕測眞詮，毋自是而惡人言，毋倦勤而怠己力。』」〔註185〕這『八戒』既有作文的要求，也有作人的要求，作文訓練的同時不忘道德修養。明清士紳在家訓中既重視知識教育，也重視道德教育和人生教育，三者有機結合，成爲一個不可分割

〔註181〕〔清〕張英：《聰訓齋語》卷2，《叢書集成新編》第33卷，第222頁。
〔註182〕〔清〕王筠：《教童子法》，韓錫鐸：《中華蒙學集成》，第1269頁。
〔註183〕〔清〕焦循：《里堂家訓》卷下，《叢書集成續編》第60卷，第675頁。
〔註184〕〔清〕張英：《聰訓齋語》卷2，《叢書集成新編》第33卷，第222頁。
〔註185〕〔明〕袁衷等輯：《庭幃雜錄》卷下，《叢書集成新編》第33卷，第179頁。

的整體，是其突出特色。

明清時期士紳鼓勵子弟讀書學習，強調讀書學習的重要性。這一時期學習思想在繼承前人的基礎上更爲豐富，這既成爲明清士紳家訓的一大特色，也極大地豐富了傳統社會的學習思想。士紳們在家訓中普遍提到讀書學習的重要性，其原因如下：

第一，是由士紳階層本身的階層特色所決定。

士紳大致包括通過讀書參加科舉考試而步入仕途的人、將要步入仕途的人和從仕途中退出的人。他們最突出的優勢就是擁有知識，而這些知識又是與國家主流意識形態相一致的，在明清時期又表現爲程朱理學，也就是說，士紳階層的知識構成是以程朱理學爲核心的知識體系，其中富含學習思想。

儒家思想強調教化、主張學習一直是其不變的主題，關於學習的方法、學習的原則，既系統又全面。明清士紳們均希望通過學習以求達到「內聖外王」的完美結合。所謂的「內聖」就是通過學習，使個體的道德修煉趨於完善；所謂「外王」是指用個體所學得的知識治理國家、改造世界，「內聖」是「外王」得以實現的基礎，「外王」是「內聖」的終極目的。而要想達到「內聖」與「外王」的完美結合，離不開讀書學習。「士紳正是通過對知識的佔有以及與政治特權的結合，形成一個特殊的知識階層，在明清兩代充當著社會權威、文化規範的角色。對於傳統社會秩序的穩定和延續發揮了重要作用。」〔註186〕

擁有知識，既是明清士紳的階層特點，也是他們安身立命、立身行事的基礎，擁有知識，參加科舉考試，獲得了更多的特權，例如，可以優免徭役，明朝建立之初就規定：府州縣學生員「免其家徭役二丁」。〔註187〕一旦榮升爲官，更是享盡優待，明政府規定，在編派徭役時，「止編民戶，不及官甲」。明末曾經有人總結業儒的好處：「常見青衿子，朝不謀夕，一叨鄉薦，便無窮舉人，及登甲科，遂鐘鳴鼎食，肥馬輕裘，非數百萬則數十萬，誠思胡爲乎來哉？……彼且身無賦，產無徭，田無糧，物無稅，且庇護奸民之賦徭糧稅，

〔註186〕徐茂明：《明清以來鄉紳、紳士與士紳諸概念辨析》，《蘇州大學學報》（哲學社會科學版）2003 年第 1 期。

〔註187〕〔明〕申時行等重修：《明會典》卷 78，《學校・儒學・選補生員》，上海：商務印書館 1936 年版。

其人之正未艾也。」〔註188〕「進可以治世，退可以修身」是他們對擁有知識功能的詮釋。無論是獨善其身還是兼濟天下，都需要讀書學習。方孝孺指出：「學者，君子之先務也。不知為人之道，不可以為人；不知為下之道，不可以事上；不知居上之道，不可以為政。欲達是三者，舍學而何以哉？故學將以學為人也，將以學事人也，將以學治人也，將以矯偏邪而復於正也。」〔註189〕方氏準確地指出無論是做人、事人還是治人，都需要學習。

第二，科舉取士的制度決定。

自從隋唐實行科舉制度以來，傳統的門第社會被科舉社會所取代。明清時期，國家各級官員大多都是經由科舉考試選拔而成，銓選入仕「捨科第無他途」。科舉考試消滅了貴冑世家，世襲的貴族不復存在，科舉時代取代了門第時代。人是社會的動物，社會文化是人賴以生存的精神家園。明清士紳將讀書學習作為他們的終極關懷，這種終極關懷作為一種牢牢吸附於士紳內心深處的心理定勢，顯然受到社會文化傳統的影響。「淺一層看，個人心理與文化的關係，似是矛盾的，因為文化一方由個人心理所創生，而地方個人心理又為文化所決定。深一層看，文化的構成，不論是物質的抑或精神的，其成因雖然由個人的創造，但任何特殊的心理內容，卻來自文化。」〔註190〕從傳統社會中的「士」為四民之首觀念，傳統儒家文化中的「學而優則仕」，到科舉時代的科舉取士，以及與此相應的官本位制度，是明清士紳將讀書學習作為終極關懷的重要原因，科舉取士的社會文化決定了明清士紳家訓中對子弟的讀書學習的心理期許。

在傳統社會士農工商四類職業中，士是一個較高等級的職業，是受到社會普遍看好或欣羨的職業，明清時期，雖然傳統的四民觀受到挑戰，士商滲透的現象愈益普遍，但「士」仍是一個受人追捧的職業。士人在社會上不但享有各種特權，而且受到時人的尊重與豔羨。士人的言談舉止受到他人的模仿，士人所到之處，每每成為核心人物。擁有士人身分，使得他們享受到許多有形和無形的好處，明清士紳自然也希望他們所享受的好處由其子孫後代

〔註188〕〔清〕計六奇輯：《明季北略》，卷 12，《陳啓新疏三大病根》，中華書局 1984
　　　　年版，第 194 頁。
〔註189〕〔明〕方孝孺：《遜志齋集》卷 1，《宗儀九首》。
〔註190〕黃文山：《文化學的方法》，莊錫昌編：《多維視野中的文化理論》，浙江人民
　　　　出版社 1987 年版，第 12 頁。

永久享受下去。對於子弟的擇業選擇，他們首選儒業：石成金建議：「若氣質愚鈍不能讀書，就教他做正經生理。爲農也可，爲工也可，爲商賈也無不可。」〔註191〕龐尙鵬主張擇業首儒次農，工商亦可。〔註192〕可以看出，明清士紳建議子弟擇業是「首儒」，只有當子弟「氣質駑鈍不能讀書」時，他們才會同意子弟選擇其它職業，所以，「儒」業或「士」業，是他們心中揮之不去的情結。

社會心理學認爲，伴隨自我認知、自我情感而產生的是自我意向，即各種思想傾向和行爲傾向。自我意向常常表現於個體思想和行爲的發動、支配、維持和定向。具體到明清士紳來說，他們的業儒情結產生的自我意向就是希望子弟重視學習，繼承儒業。士紳的頭銜不是家族財產，不能遺傳，要想擁有特權，要想躋身上流社會，唯有讀書一途。是學習成就了士紳，要永居士紳階層而不下墜，同樣需要學習來鞏固。所以，這些成功的士紳會將其成功的學習經驗傳授給子弟，勉勵其努力學習，這樣代復一代，就形成了一個良性的學習鏈。

同處科舉時代的宋朝，其時，士紳家訓中卻並未把治學放於首要地位。宋代積弱不振，面對周邊少數民族的熾盛，與帝王一樣，宋代士人處於苟安之勢，難以發揮其治平之用，治國無門，只有轉求治家，以發揮其「經世」抱負。本來，儒家思想中，將治家作爲治國之操練，或爲治國之準備，或者說，是爲將來治國的準備之計。但是，「南宋時期，儒學家因朝廷未能收復北方失地深受挫折，越來越把興趣放在自下而上地建設更理想的社會——重組家庭和地方社會，創建書院，通過出版物傳播信息。」〔註193〕治國無望之後，他們將全部心血放於治家之上，以期通過訓誡子弟灌輸其理想和抱負，以期子弟幫助其完成未竟事業。正因爲如此，宋代家訓中對治理家庭中的人際關係的處理極爲詳細，這是士大夫專注治家的一大特色。如北宋司馬光《家範》中有父子夫妻兄弟等共計二十門類，對家庭人際關係進行系統梳理。又如南宋袁采的《袁氏世範》、葉夢得的《石林家訓》等，都是熱衷於對家庭人際關係處理的訓誡，而其中對於勉學、讀書、經世卻著墨不多，這是與明清士紳家訓重督導子弟學習特色的顯著不同之處。

〔註191〕 〔清〕石成金：《傳家寶》，第35頁。
〔註192〕 〔明〕龐尙鵬：《龐氏家訓》，《叢書集成新編》第33卷，第192～193頁。
〔註193〕 〔美〕伊沛霞：《內閨：宋代的婚姻和婦女生活》，《導言》，胡志宏譯，江蘇人民出版社2004年版，第3頁。

明清時期，雖然也發生了許多政治事件，士紳階層也因此屢受打壓，但總的來說，他們還是能夠施展自己的抱負，他們也能夠把「外王」當作自己的終極抱負，爲達到「外王」的理想之治，他們自然在家訓中力勉子弟讀書學習，這樣，讀書學習成爲這個時期士紳家訓中的主打內容。同爲科舉時代，因爲生活的環境不同，而使得他們在家訓中的側重點也就有霄壤之別。

四、小　結

明清士紳是科舉考試的受益者，擁有知識是他們有別於其它階層的符碼，他們渴盼通過系統的知識學習後，順利參加科舉考試，走上仕途路，再享受仕宦者的一系列特權；他們也期望通過出仕，實現他們的人生抱負，這既是明清士紳的個人抱負，也是他們對子弟的殷殷厚望，期待子弟以儒業作爲職業。即便修身進德，同樣需要讀書學習。由於科舉考試的巨大效應，這時士紳家訓中大都以科舉考試爲準繩。雖然他們大多數在家訓中並不把科舉入仕作爲對子弟的讀書的首要期待，但與科舉有著千絲萬縷聯繫的明清士紳在內心深處對科舉有一種揮之不去的情結，這自然反應在他們對子弟讀書及作文的內容及方法的期待上：讀書是以四書五經爲主，作文是以作與科舉考試有關的時文爲主，指導子弟的學習方法又有一種早教、速成的特色。

但是，明清士紳對於勸勉子弟讀書的目的，並不僅僅限於科舉入仕，許多士紳甚至將科舉入仕作爲次要要求來期待子弟的。他們期望子弟通過讀書，將書中聖賢思想在自己身上體認，指導自己的言行，以期成爲完人。由於儒家思想將讀書的最終目的規範爲治國平天下，或者說是爲求達到「外王」的終極目的，明清士紳在家訓中期待子弟讀書的終極目的是希望子弟能夠用聖賢經典指導其練達事務，指導其經濟天下，正因如此，他們在期望子弟立志是望其立下「堯舜君民之志」，以便將來能夠兼濟天下，造福一方。以民胞物與的情懷及治國平天下的理想，指導其實際行動，是明清士紳家訓乃至整個儒家思想中的閃光點，非常值得我輩學習。

在強調讀書與作時文的同時，明清士紳非常強調方法與技巧。怎樣在極短時間裏，在有限人生中，快速掌握知識，以便能夠盡快參加多輪科舉考試，盡早嶄露頭角，既實現個人抱負，又能光宗裕祖，且可實現修齊治平的宏願，就需要掌握讀書作文的方法與技巧。而大多數家訓作者，本身就是科舉考試中的成功者，他們有極豐富的讀書學習方法與技巧，他們也會毫無保留地傳

授給其子弟，正因爲如此，明清士紳家訓中彙聚了豐富的學習方法，可以看出，明清士紳非常注重學習方法的運用，他們並非只知死讀書，讀死書，他們在繼承儒家學習方法的同時，因應時代變化，結合自己的體會，提出了許多值得今人繼續發揚光大的學習方法。

因受傳統倫理思想的影響，即便談到讀書時，明清士紳也會和傳統倫理結合起來，一方面說明他們受傳統倫理文化影響之深，另一方面也說明他們已將傳統倫理不自覺地與自己的日常言行結合起來，對其進行創造性的發揮，應用到日常生活的方方面面，表現出治學的倫理化特點。如清人陸隴其提出讀書與做人合一的觀點：「讀書做人，不是兩件事。將所讀之書，句句體貼到自己身上來，便是做人法，如此方叫得讀書人；若不將來身上理會，則讀書自讀書，做人自做人，只算做不曾讀書的人。」〔註194〕

同處科舉時代，明清士紳和宋代士大夫家訓相比，其關注的重點卻並不相同，宋代士大夫面臨長期以來外患的憂慮困擾，將秩序、正位、內外法度等問題當作關注的熱點，具體到家訓即以關心治家爲主，在治家中，尤其注重家庭人際關係的處理，如夫妻關係、父子關係、兄弟關係、主僕關係等，這與明清士紳家訓中重點關注治學問題大異其趣。

〔註194〕〔清〕陸隴其：《三魚堂文集》卷6，《示大兒定徵》。